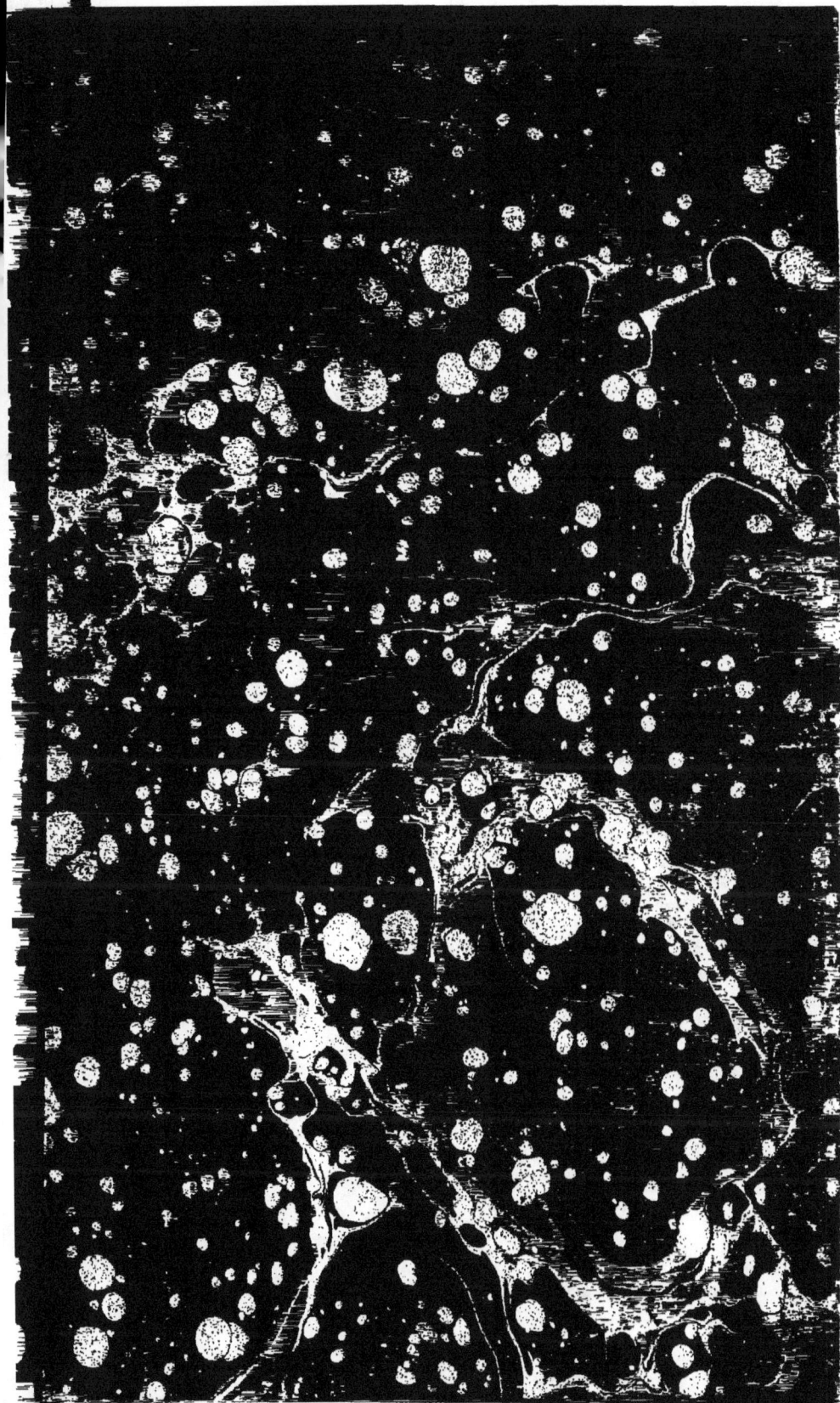

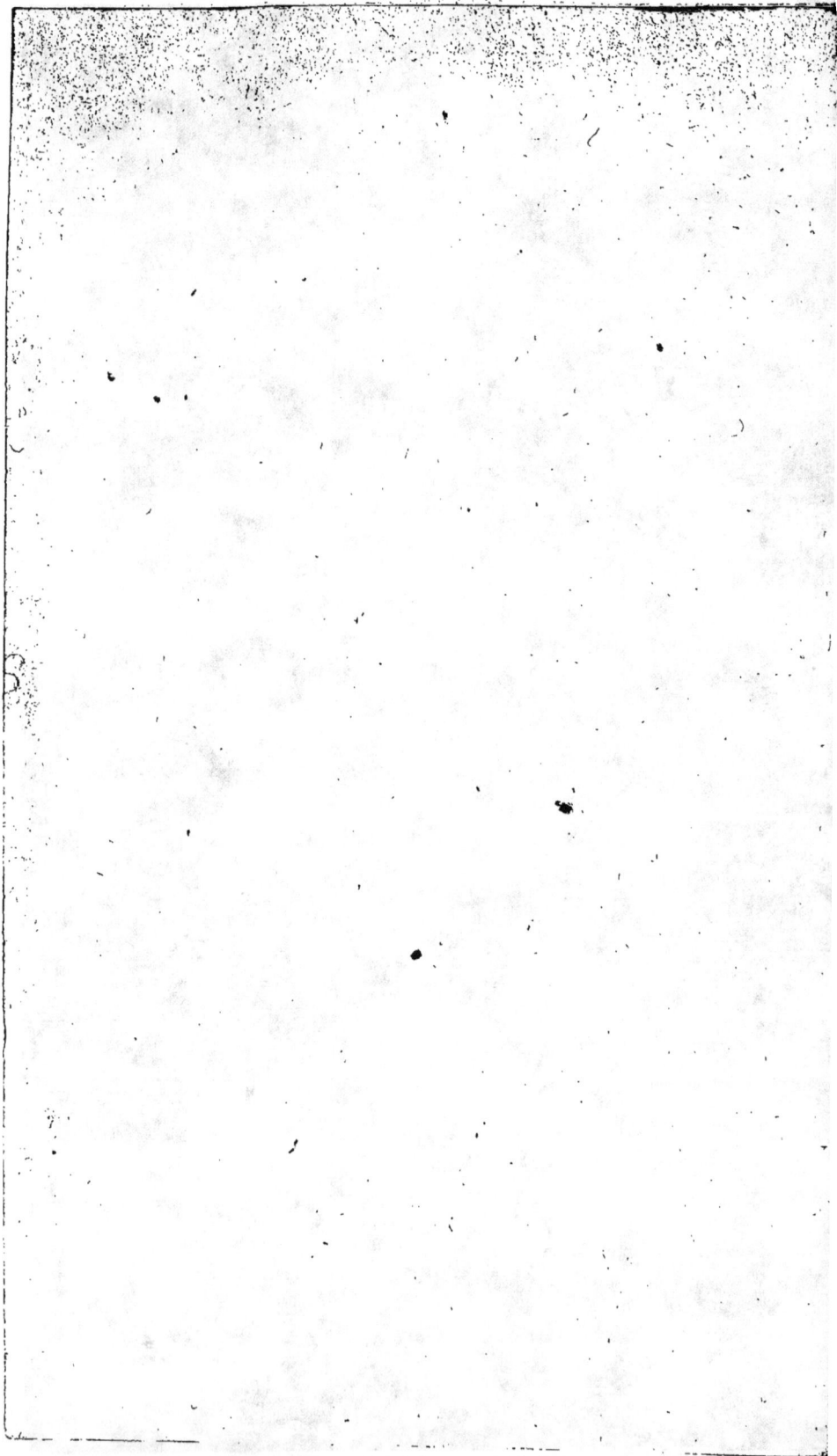

# COURS

# DE LÉGISLATION

## ET

# DE JURISPRUDENCE

## FRANÇAISES.

# COURS
## DE LÉGISLATION
### ET
## DE JURISPRUDENCE
### FRANÇAISES;

Par le Citoyen PROUDHON, Professeur
de Législation à l'École centrale du
Département du Doubs.

PREMIERE PARTIE.

Sur l'État des Personnes.

TOME PREMIÈR.

---

*Indocti discant, et ament meminisse periti.*

---

A BESANÇON,

Chez TISSOT, Imprimeur - Libraire
et Marchand Papetier, Grand'rue N.º 473.

SEPTIÈME ANNÉE RÉPUBLICAINE.

# A V I S
## *AUX SOUSCRIPTEURS.*

Oɴ ne peut apprendre la législation civile d'un pays, sans s'attacher d'abord à l'étude des lois sur l'état des personnes, puisqu'elles composent, à proprement parler, l'organisation sociale. Cette considération nous ayant forcé à entrer dans quelques développemens des principes que nous avions à traiter, la première partie de notre cours comprendra un second volume de la même grosseur à peu-près que celui-ci; il sera accompagné d'une table alphabétique, très détaillée, renfermant les matières traitées dans les deux; il est sous presse et sera fini dans peu de temps.

# ERRATA.

Pages    28, *ligne* 13. au lieu de, lib. 1. tit. 2. *lisez*, lîb. 2. tit. 1.

*Id. ligne* 17. au lieu de, on composé, *lisez*, ou composé.

47. *ligne dernière.* ou primitif, *lisez*, ou permissif.

5o. *ligne* 21. dont les principes, *lisez*, dont le principe.

5₂. *note* 2. au lieu de, et lib. 3₂. §§. 6 et 7. ff. *de receptis arbitris.* 4. 8. *lisez*, lege 3₂. §§. 6. et 7. *de receptis arbitris.* lib. 4. tit. 8.

₁13. *note* 1. au lieu de, lib. 3. tit. 13. *lisez* lib. 3. tit. 18.

A la transition de la page 128 à la page 129, au lieu de, aux étrangers et d'avoir, *lisez* aux étrangers d'acquérir et d'avoir.

151. *ligne* 16. une disposion, *lisez* une disposition.

155. *ligne* 1.ᵉʳᵉ suivant un autre, *lisez*, suivant une autre.

186. *ligne* 14 après le mot divorce, ajoutez, se remarie.

204. *ligne* 19. Que la case, *lisez*; Que la cause.

211. *ligne* 3. suivant le degrés, *lisez*, suivant le degré.

21₄. *ligne* 1.ᵉʳᵉ les alliés à ses degrés, *lisez*, les alliés à ces degrés.

*Id. lignes* 16. et 17. les alliés au même degré, *lisez*, les alliés aux mémes degrés.

₂26. *ligne* 12. du 20 septembre 1793, *lisez*, du 7 septembre.

270. *ligne* 10. éponse, *lisez*, épouse.

279. *note* 2. tit. 17, *lisez*, tit. 7.

296. *note* 1.ᵉʳᵉ L. 11, *lisez*, L. 7.

312. *note* 1. L. unicâ. §. 17. *lisez*, §. 16.

321. *ligne* 4. nous croyons, *lisez*, nous voyons.

371. *ligne* 19. mérite d'un clause, *lisez*, mérite
d'une clause.

# INTRODUCTION.

LA LÉGISLATION FRANÇAISE, dans son état actuel, comprend la constitution de l'an III, les décrets des corps législatifs, et ce qui n'a pas encore été abrogé, soit dans les coutumes, soit dans les ordonnances, soit dans le droit romain.

Une des bizarreries les plus remarquables de l'ancien ordre de choses, était sans doute la diversité des coutumes et usages des différentes provinces de France : différence de législation qui présentait l'aspect de pays étrangers les uns aux autres, et qui non-seulement produisait chaque jour une foule de difficultés en jurisprudence, mais même qui rendait en quelque sorte la science des lois impossible en France. C'est ainsi que l'homme instruit du droit de Franche-Comté, souvent ignorait presque entièrement celui d'Alsace, et qu'en passant d'une province dans la plus voisine, le Français avait peine à reconnaître le Français dans les usages opposés à ceux de son lieu natal.

Un des plus grands bienfaits de la révolution, sera de faire disparaître ce germe de rivalité, par la promulgation d'un code civil, uniforme pour toute la république. Notre impatience à l'attendre est d'autant plus juste, que c'est dans l'unité du corps politique que se trouve principalement sa force morale, et que cette unité est l'effet immédiat de la législation, puisque c'est l'empire des lois qui réunit les hommes, et la justice de leurs dispositions qui concilie le plus puissamment les esprits.

Mais un travail aussi étendu ne peut être l'ouvrage d'un jour, et le passage d'une législation à une autre ne se franchit point avec la promptitude de l'éclair. Ce code fût-il publié aujourd'hui, comme on ne peut donner d'effet rétroactif aux lois, il serait encore indispensable de connaître les anciennes pour régler l'effet de toutes les transactions sociales antérieures : cette connaissance sera nécessaire pendant tout le temps requis pour la prescription, à dater de la promulgation du code.

En attendant cet évènement désiré, nous n'avons donc pas cru pouvoir nous refuser aux vœux des élèves de l'école centrale du Doubs, qui nous ont demandé l'impression de cet ouvrage.

Réunir sur chaque point de droit les principes les plus certains de notre législation éparse, en les rapportant, comme à leur base fixe, aux maximes de la constitution de l'an III ; classer et analyser rapidement et dans leur ordre naturel, toutes les dispositions de nos lois tant nouvelles qu'anciennes, en tant que celles-ci sont encore en vigueur; rapporter le texte des unes où les autres gardent le silence ; les concilier dans les décisions qui en résultent : tel est le dessein que nous nous sommes proposé.

Non-seulement la jeunesse qui se destine à l'étude des lois, y trouvera l'avantage de pouvoir en méditer le sens dans le texte même, en vérifiant les citations nombreuses qui les indiquent ; mais même les fonctionnaires publics, et les différentes personnes qui concourent à l'administration de la justice, trouveront aussi le moyen de faciliter leurs recherches, puisque d'un seul coup d'œil on appercevra à chaque article, les lois qui y sont relatives.

Ce travail serait, sans doute, d'une grande utilité, si le dessein en était bien exécuté. Nous ne nous flatterons pas d'avoir rempli notre objet ; mais nous espérons que le public aura de l'indulgence en faveur du zèle qui nous a porté à le lui offrir, pour donner une influence plus générale à la partie de l'enseignement qui nous est confiée, et exciter l'émulation de ceux qui pourront mieux faire.

La législation française, comme nous l'avons déjà dit, se compose actuellement, tant de la constitution et des décrets, que de ce qui est encore en vigueur dans les édits et coutumes, et dans le droit romain.

En ce qui concerne l'ancienne coutume du pays où nous écrivons, ainsi que les édits et ordonnances, le peu qui reste encore en usage de ces lois réprouvées par le génie de la liberté, ne permet pas de consumer ici un temps utile à retracer l'histoire de cette législation expirante.

Quant au droit romain, renfermé dans ces recueils fameux qui servent de code à presque toutes les nations policées, qui par-tout est respecté comme la raison écrite, et dans lequel nos législateurs actuels ont puisé presque tous les principes proposés dans le projet du nouveau code civil; il est d'autant plus intéressant d'en donner ici une notice historique, que ce récit n'est autre chose que l'histoire de la liberté et de l'asservissement de la plus fameuse nation parmi les anciens peuples du monde.

Une autre raison non moins déterminante, c'est que les lois romaines constituent le droit commun parmi nous ( 1 ) comme dans beau-

---

( 1 ) Art. V , tit. XIX. des coutumes générales de la ci-devant Franche-Comté.

coup d'autres parties de la France ; que les tribunaux étant obligés de s'y conformer dans leurs décisions, il faut que les jeunes étudians prennent une idée de la source dans laquelle ils seront sans cesse obligés de puiser.

Ce qu'on entend en général par le droit romain, est renfermé dans quatre parties qui en font autant de recueils, c'est-à-dire le *Digeste* ou les *Pandectes*, les *Institutes*, le *Code* et les *Novelles*.

Rome fondée par ROMULUS, l'an 753 avant l'ère chrétienne, reçut par sa constitution l'établissement d'un sénat pardevant lequel devaient être portées toutes les affaires d'un intérêt majeur pour l'état. Il fut d'abord composé de cent membres pris parmi les hommes les plus remarquables du peuple; mais ce nombre fut, par la suite, considérablement augmenté.

Ce Peuple, dans sa naissance, n'eut d'abord d'autres lois ( 1 ) que la volonté de ses rois. Ils lui donnèrent ensuite des réglemens. Il fut divisé en deux ordres. Le premier ordre, qui fut le berceau de la noblesse romaine, comprenait les patriciens, c'est-à-dire, les premiers sénateurs

---

( 1 ) L. 2. §. 1. ff. *de origine juris.* 1. 2.

et leurs descendans ; le second fut composé du restant de la masse du peuple, et appelé plébéien. Il fut aussi distribué en trois tribus et en trente curies.

Ce peuple, après sa constitution, fut dans la suite en possession de sanctionner dans ses assemblées générales, les lois proposées par ses rois, et d'en proposer lui-même lorsqu'il était convoqué à cet effet, et que son avis lui était demandé ; mais ses résolutions, régulièrement parlant, devaient être confirmées par le sénat. On voit cependant dans l'histoire d'Horace, meurtrier de sa sœur qui avait insulté à son triomphe après sa victoire sur les Curiaces, que le peuple, dans les circonstances impor- tantes, usait de sa souveraineté. Horace avait été condamné au tribunal des *Duumvirs*, es- pèce de commissaires nommés par le roi pour le juger. Le roi lui-même, qui ne pouvait plus que faire exécuter la sentence, lui suggéra d'en appeler au peuple comme au tribunal souverain, et il y fut absous.

Le sénat, de son côté, eut d'abord une part considérable dans la direction des affaires publiques. Il veillait à la sûreté et au main- tien de la police, dont il était exclusive- ment chargé lorsque le roi était obligé de sortir pour aller à la tête des armées ; et en tout temps il décidait en dernier ressort des affaires contentieuses qui lui étaient renvoyées. Mais son influence, ainsi que celle du peuple, devint moindre sous cette première forme de gouvernement, à mesure que les rois de Rome marchaient vers le despotisme qui occasionna leur chûte.

Rome fut ainsi gouvernée pendant 244 ans, sous sept rois différens ; et après l'expulsion des Tarquins, dernière famille règnante, elle se constitua en République. Mais dans un pays où la barbarie de l'esclavage était usitée, on ne pouvait guère avoir d'idées justes sur l'égalité des droits de l'homme. Rome libre du joug de ses rois, conserva des traces de son antique abaissement : l'ordre des patriciens ne fut point aboli. Le sénat, qui eut une part principale à la révolution, puisque c'est de son sein qu'elle sortit, sut en diriger les mouvemens, sans en être renversé lui-même. L'empire que donne la permanence du pouvoir, joint à la confiance du peuple qu'il s'était acquise en tempérant la puissance des rois, lui servit d'appui pour maintenir l'aristocratie des patriciens.

C'était toujours parmi eux que le peuple

devait élire tous ses magistrats. Ce germe de rivalité entre les deux ordres, fut souvent la source de convulsions politiques. Ce ne fut que dix-sept ans après, que, pour appaiser le peuple qui s'était assemblé hors de la ville, et qui refusait de s'enrôler pour l'armée, on accorda aux plébéiens la faculté de nommer parmi eux des tribuns et des édiles pour les défendre de l'oppression des patriciens; et c'est alors qu'on porta la loi *Tribunitia*, sur l'établissement du tribunat ; loi par laquelle on abrogea en même temps le code *Papyrien*, qui était le recueil des édits des rois.

Après cette suppression, Rome se trouvant sans code fut rendue à ses anciens usages, et se gouverna quelque temps par les résolutions prises dans les assemblées générales des deux ordres, sur la convocation qui en était ordonnée par le sénat ou les consuls. Les décrets de ces assemblées étaient, à proprement parler, les lois du peuple romain, ou ses *populiscites*.

Les consuls qui furent établis après l'expulsion des Tarquins, et qui avaient succédé à une partie de la puissance des rois, avaient la direction des armées ; l'exécution des lois et des décrets du sénat leur était confiée : ils rendaient même la justice aux particuliers et réglaient ce qui avait rapport au droit public, concurremment avec le sénat ou avec le peuple, suivant que les affaires qui se présentaient étaient de nature à être renvoyées au sénat, ou portées aux assemblées générales de la nation.

Le sénat, de son côté, avait la direction ordinaire du trésor public : il envoyait les ambassadeurs pour les déclarations de guerre ou les traités de paix, et recevait les envoyés des autres nations. C'est à son tribunal qu'étaient portées toutes les contestations intéressant le bien général de l'état, et en l'absence des consuls il était seul dépositaire de la haute police. Sur la proposition des consuls ou d'un de ses membres, il rendait des arrêts de réglemens, connus sous le nom de senatus-consultes, lesquels avaient force de loi et s'exécutaient toujours par provision dans les cas d'urgence, mais qui pouvaient être rejetés ensuite dans les assemblées du peuple, et auxquels les tribuns eurent le droit d'apposer leur *veto*, pour en empêcher la publication.

C'est d'abord avec l'alliance orageuse de ce triple pouvoir, royal en quelque façon dans les consuls, aristocratique dans le sénat, et démocratique dans les tribuns, que Rome jeta les fondemens de sa grandeur future.

Mais dans ce premier état des choses, elle
n'avait point encore de législation proportionnée
au génie de la liberté qu'elle avait reconquise.
Ses anciens usages ne lui convenaient plus;
le pouvoir des consuls allait en croissant; il
lui fallait des lois républicaines suivant lesquelles ils fussent obligés de juger eux-mêmes :
d'ailleurs les décrets du sénat, incohérens
dans leurs principes, se succédaient mutuellement et tombaient à leur tour en désuétude.

Le peuple inquiet sur le sort de sa liberté,
se plaignit de cette confusion; et sur sa récla-
mation, on envoya à Athènes et dans les
autres villes de la Grèce, dix hommes qu'on
appela les *Décemvirs*, pour y faire un recueil
des lois les plus convenables à un état républicain.

Ces envoyés ayant rempli leur mission, et
de retour l'an de Rome 302, on grava sur
dix tables ce qu'ils avaient compilé de meilleur
dans les lois de Licurgue et de Solon, et on
leur accorda le pouvoir d'y ajouter et de les
interpréter pendant un an. Ils y ajoutèrent en
effet plusieurs dispositions qui furent gravées
sur deux autres tables, lesquelles réunies aux
dix précédentes, formèrent le nombre de
douze, et furent ensemble affichées au-dessus

de la tribune aux harangues. C'est de-là qu'est venu le nom fameux de la loi des *douze Tables*.

Cette loi écrite en style extrêmement concis, renfermait peu de détails; il en fallait souvent des interprétations. Le sénat continuait de rendre des décrets; le peuple, de son côté, s'assemblait pour prendre des résolutions. La loi *Horatia* que fit porter le consul Horatius, l'an de Rome 304, c'est-à-dire deux ans après la composition de la loi des douze Tables, et ensuite la loi *Hortentia* portée par le dictateur *Hortentius*, donnèrent force de loi à ces résolutions qu'on appelait plébiscites. Elles étaient prises dans les assemblées populaires, convoquées à la demande des tribuns, et sur les propositions qu'ils en faisaient, sans la participation des sénateurs ni des consuls : mais l'ordre sénatorial pouvait y mettre son *veto*, comme, à son tour, le peuple en usait à l'égard des sénatus-consultes. Nonobstant ce droit du sénat, souvent les résolutions du peuple n'en avaient pas moins, par le fait, force de loi, dans l'impuissance où étaient les sénateurs de lui résister et d'user du *veto*.

Une nouvelle magistrature créée l'an de Rome 387, introduisit un autre genre de législation; ce furent les édits des préteurs.

Leurs fonctions étaient, par leur importance, presque à l'*instar* de celles des consuls. Ils étaient élus toutes les années pour rendre la justice ; chacun d'eux proposait un édit qui avait force de loi, mais seulément pendant l'année de judicature de son auteur. Le préteur, dans son édit, exposait la manière dont il rendrait la justice pour l'application des lois existantes ; mais il en élaguait, autant que possible, les subtilités, et en abandonnait quelquefois la rigueur pour se rapprocher de l'équité naturelle.

Les préteurs pouvaient aussi, durant l'année de leur magistrature, faire des changemens dans leurs édits ; mais plusieurs l'ayant fait par corruption, *Cornelius*, tribun du peuple, leur fit ôter ce droit, par une loi publiée l'an de Rome 686.

Ils continuèrent cependant à proposer chaque année leurs différens édits, dont plusieurs dispositions, eu égard à leur grande équité, passaient en usage et devenaient ainsi règles de jurisprudence, quoique les édits eux-mêmes n'eussent force légale que pendant l'exercice annuel du préteur.

Au reste, les préteurs ne furent à proprement parler que des magistrats particuliers qui ne décidaient point des affaires publiques concernant le gouvernement. Il en fut établi par la suite dans toutes les provinces, et même plusieurs dans les grandes villes; et ce nom devint commun aux édiles et aux différens magistrats chargés de rendre la justice aux citoyens.

Les édiles étaient comme des espèces de substituts de préteurs, chargés d'une jurisdiction moins étendue. A eux appartenait de décider les contestations concernant la police des marchés et des bâtimens : ils furent aussi dans l'usage de proposer des édits particuliers, à l'*instar* de ceux des préteurs.

Il est sensible que cette grande multiplication de divers édits dut enfin beaucoup embarrasser la jurisprudence romaine : c'est pourquoi l'empereur Adrien en fit faire une compilation, qu'il publia sous le nom d'édit perpétuel, avec défense aux préteurs d'y rien changer par la suite ( 1 ).

Au milieu de cette multiplication de lois, dont le nombre allait toujours en croissant, les jurisconsultes romains donnaient des avis aux plaideurs, composaient des traités de droit et des commentaires sur les lois. Plusieurs étaient

---

( 1 ) *Pothier*, tome 1, page 8.

en grande réputation; et quoique leurs décisions n'eussent d'abord aucune force légale,
celles des plus célèbres acquirent peu-à-peu
beaucoup de poids et passaient en usage, parce
que l'étude de la jurisprudence romaine était
devenue extrêmement embarrassante et difficile.

Auguste trouva dans cet usage un moyen
d'augmenter son pouvoir. Quoiqu'en général
ces jurisconsultes fussent d'une grande probité,
ce ne fut pas sans exception. Plusieurs d'entre
eux, par leurs interprétations subtiles et com-
plaisantes, se montrèrent faciles à servir l'am-
bition de cet empereur. Il leur accorda des di-
plomes pour enseigner publiquement et en son
nom, le sens des lois; il les établit ensuite
comme des espèces d'arbitres publics, en
donnant aux décisions de plusieurs d'entre eux
une force judicielle, à laquelle les tribunaux
étaient obligés de se conformer.

Grand nombre des successeurs d'Auguste
suivirent son exemple et adoptèrent cette institution. On en voit des traces jusque sous
les fils de Constantin, dit le Grand, l'an 339.

Le peuple romain qui s'était montré si
grand dans les temps de sa liberté, qui avait
fait tant d'efforts pour la soutenir, et avait

toujours été si jaloux du droit de s'assembler pour se donner ses lois, après plus de quatre siècles et demi de gloire, plia enfin sa tête sous le joug des empereurs, et conféra entre les mains d'Auguste, par la loi *Regia*, l'exercice de la souveraineté et le pouvoir de faire des lois ( 1 ). Après tous les traits héroïques dont ce peuple avait honoré sa liberté, l'histoire est surprise d'arriver à ce dénouement. Mais les guerres civiles avaient long-temps désolé la république, l'énergie du peuple romain s'était éteinte par ses malheurs; et c'est ici un exemple fameux, qui prouve combien les temps de dissentions intestines et d'anarchie, sont rapprochés de ceux du despotisme.

Cependant la politique adroite de l'empereur fut de conserver au peuple quelque ombre de liberté. Les assemblées ne lui furent pas d'abord interdites, et il y eut encore plusieurs plébiscites portés sous son règne.

Le dernier plébiscite contenu dans la loi *Junia Norbona*, sur le sort des affranchis, est de l'an 19, cinquième du règne de Tibère. Cet empereur alla plus loin qu'Auguste son prédécesseur. Il porta pour ainsi dire le dernier

---

( 1 ) L. 1. ff. *de constitutionib. principium.* Lib. 1. tit. 4.

coup de hache à la racine de la liberté romaine. Il défendit dès-lors les comices et transféra entre les mains du sénat, le pouvoir législatif dont ils jouissaient, pour faire remonter par degrés, d'abord entre les mains d'un petit nombre, ensuite entre celles d'un seul, l'exercice de la puissance souveraine qu'il voulait envahir exclusivement.

Quant aux sénatus - consultes, ils continuèrent d'avoir lieu pendant long-temps, soit d'après les anciens usages, soit en vertu de la loi de Tibère. Les empereurs se servirent souvent de cette forme législative, afin de ne pas rebuter le peuple, jusqu'à ce qu'ils l'eussent accoutumé à la servitude. Pour cela, ils présentaient, ou par eux-mêmes ou par quelques-uns de leurs premiers officiers, aux assemblées du sénat, les projets de réglemens qu'ils voulaient faire admettre ; les sénateurs, qui leur étaient presque toujours entièrement dévoués, les admettaient ordinairement par acclamation. Les lois décrétées de cette manière, et qui auparavant avaient toujours porté le nom de sénatus-consultes, portèrent aussi quelquefois celui d'ordonnance du prince, parce qu'il les publiait lui - même, et qu'en les rendant, on n'avait fait que sanctionner ses projets.

Mais

Mais enfin, l'empereur Léon, en abrogeant la loi de Tibère par sa novelle 78, effaça jusqu'à la dernière trace de ce reste de puissance, dont le sénat, depuis long-temps, avait cessé de faire usage.

Tel était à peu près l'état de cette branche de la jurisprudence romaine, lorsque Justinien fut proclamé empereur d'Orient en 527. Un de ses premiers soins fut de la tirer du chaos où elle était ensevelie. Dès l'an 530 il chargea Tribonien son questeur, de faire une compilation des commentaires des jurisconsultes anciens les plus célèbres ; d'y recueillir, soit les fragmens de la loi des douze tables, soit les lois, les sénatus-consultes et les édits des préteurs qui y étaient rapportés, ainsi que les décisions les plus conformes à l'équité et à la justice, par lesquels ces grands hommes avaient honoré la jurisprudence romaine.

Tribonien s'associa pour ce travail, quinze autres jurisconsultes, des plus savans de son temps. Ils y employèrent trois années, pendant lesquelles ils compilèrent plus de deux mille volumes ( 1 ). Ils en formèrent un recueil, contenu en un seul corps d'ouvrage, qui est ce que

---

(1) L. 2, § 1, cod. *de veteri jure enucleando.* L. 1, tit. 17.

nous appelons le *Digeste* ou autrement les
*Pandectes*, qu'ils présentèrent à la sanction de
l'empereur.

Justinien, avant que d'en ordonner la publication, chargea de nouveau Tribonien, avec
deux autres jurisconsultes, d'en composer un
extrait en raccourci, sous la dénomination d'*institutions*, pour faciliter l'étude du droit.

Ce second ouvrage fut fini en très - peu de
temps et sanctionné près d'un mois avant le
digeste. Les institutes furent en effet publiées le
19 novembre, et les pandectes le 14 décembre 533.

Le digeste est réparti en cinquante livres,
lesquels sont divisés en différens titres énon-
ciatifs des matières qui y sont principalement
traitées. Les lois y sont classées les unes après
les autres, par ordre de numéros, mais sans
méthode dans leurs séries. Plusieurs d'entr'elles
sont sous-divisées en paragraphes.

Lorsqu'on cite une loi du digeste, on ne
parle pas ordinairement du livre ; on indique
seulement le titre et le numéro de la loi, et
celui du paragraphe ; ou bien on indique les
premiers mots de la loi, avec le titre. L'une ou
l'autre de ces deux manières suffit pour la
trouver, à l'aide de la table des titres qui est
au commencement du volume.

Mais il faut observer qu'on accompagne ces citations du signe *ff.* ou du mot *digest.* en abrégé, pour indiquer que c'est dans le digeste, et non dans les institutes ou le code, qu'il faut chercher. Ainsi L. 44, §. 3, *ff. de conditionibus et demonstrationibus*, indique la loi quarante-quatrième, paragraphe trois, au digeste, titre *de condition.*, etc.

Les institutes sont divisées en quatre livres, les livres en titres, et les titres en paragraphes. Lorsqu'on y puise des citations, on énonce le titre et le numéro du paragraphe, avec un I, pour indiquer que c'est dans les institutes qu'il faut chercher. Ainsi §. 3, institut. *de inutilibus stipulationibus*, indique le paragraphe trois du titre *de inutilibus*, etc.

On pourrait aussi dans les citations, soit du digeste, soit des institutes, indiquer le livre et le numéro du titre, ce qui abrégerait les recherches de celui qui veut vérifier et qui n'est plus alors obligé de recourir à la table des titres. C'est le parti que nous avons pris dans le cours de cet ouvrage.

Tel est l'historique abrégé de la composition du digeste et des institutes. Venons à celles du code et des novelles.

Le digeste et les institutes sont les recueils

des lois du peuple romain ; le code est celui
des constitutions des empereurs qui ont succédé à la république. Rome devenue libre par
l'expulsion du dernier des Tarquins, 244 ans
après sa fondation, retomba sous le joug de
nouveaux maîtres 461 ans après, lorsque César,
ensuite de la bataille de Pharsale, se fit dictateur perpétuel. Il naquit dès-lors un nouvel
ordre de choses, mais d'une manière bien différente.

Un peuple pour devenir libre, n'a besoin
que d'un élan de sa volonté, parce que c'est
sa propriété inaliénable et sacrée qu'il revendique. Les tyrans n'agissent pas de même ;
l'astuce leur est nécessaire.

Convaincus de cette vérité, les empereurs
qui connaissaient le génie du peuple qu'ils voulaient dominer, craignirent de lui montrer la
servitude. Il était habitué à faire ses lois, ils
le laissèrent encore quelque temps dans cet usage ;
et ce ne fut que Tibère qui, comme nous l'a-
vons vu, prohiba les comices, la cinquième
année de son règne.

Dès-lors, le sénat seul fut chargé de faire
les lois. L'exercice du pouvoir législatif ayant
été ainsi concentré, les empereurs n'éprouvaient
plus d'obstacles. Tout plia sous leur puissance.

Le sénat leur devint entièrement dévoué ; et comme il leur était plus commode et plus sûr de régner d'abord sous son nom, que d'affecter tout de suite, une autorité qui aurait pu déplaire à la nation; ils ne firent pas, dès le principe, des constitutions en leur nom propre. L'usage des sénatus-consultes rendus sur leurs demandes, continua encore pendant quelque temps. Ce ne fut que vers le règne d'Adrien (en 117), qu'ils n'eurent plus de ménagement.

Quoi qu'il en soit, c'est la collection de leurs constitutions qu'on appelle aujourd'hui le *code*.

Il y a eu quatre recueils de ce nom : l'un, appelé code *grégorien*, du nom de Grégoire, jurisconsulte qui en fut le collecteur, renfermait les édits des empereurs, depuis Adrien jusqu'aux temps de Dioclétien et Maximien qui vivaient en 284.

Le second, appelé le code *hermogénien*, du nom d'Hermogène, son compilateur, renfermait les édits des empereurs, depuis Valérien jusqu'au temps de Constantin.

L'un et l'autre de ces deux premiers recueils, sont tombés entièrement dans l'oubli, et il n'en est resté que quelques fragmens.

Le troisième fut le code *Théodosien*, composé par ordre de l'empereur Théodose le

jeune, dont il porte le nom. Il fut publié en
438 : il a été long-temps en usage, et est parvenu jusqu'à nous.

C'est de ces trois premiers recueils, ainsi
que des autres constitutions impériales, faites
postérieurement à leur publication, que Justinien composa le sien, qui fut dès-lors en
usage, et dont les lois sur le droit privé nous
régissent encore en partie.

Il l'avait déjà fait faire et mis au jour dès
l'an 529; mais après la compilation des *pandectes*, on s'apperçut de plusieurs imperfections
dans divers points de jurisprudence, sur lesquels
la composition du digeste avait répandu du jour
et fait adopter d'autres dispositions. Justinien
avait d'ailleurs porté ensuite plusieurs autres
lois qui n'y étaient pas renfermées. Il ordonna
en conséquence, qu'on en fît une nouvelle
édition entièrement complète. Elle fut exécutée.
Il la publia en 534, et déclara que la
première demeurerait entièrement abrogée.

Le code, à l'*instar* de la loi des douze
tables, est divisé en douze livres; et chacun
des livres, sous-divisé en différens titres énon-
ciatifs des matières contenues dans les lois
qui y sont renfermées.

On cite les lois du code comme celles du

digeste, par le numéro de la loi et l'indication du titre, ou par les premiers termes de la loi, toujours avec l'indication du titre, en ajoutant un C, pour désigner que c'est au code qu'il faut chercher.

La quatrième et dernière partie du droit romain, est renfermée dans les novelles, dont il est nécessaire de donner encore ici la notice.

Après la promulgation du digeste, des institutes et du code, Justinien fit encore plusieurs édits, soit de circonstances, soit pour décider des questions controversées devant les tribunaux, soit aussi pour changer différens points de jurisprudence. Toutes ces constitutions appelées *novelles*, du mot latin *novellæ*, parce qu'elles étaient plus récentes que les autres parties du droit, furent réunies en un seul recueil, en 565. Ce dernier corps d'ouvrage ne portait d'abord aucune division générale, autre que la distinction des novelles, les unes des autres; mais il a été divisé en neuf parties, sous la dénomination de *collations des authentiques*, par des commentateurs du douzième siècle, (en 1140). Cette division est arbitraire, et le législateur y fut toujours étranger.

Les novelles sont au nombre de 168; on les cite dans leur ordre, avec l'indication des chapitres dans lesquels elles sont divisées.

Il existe encore treize édits de Justinien, et d'autres novelles de ses successeurs Justin II, Tibère II et Léon, mais qui ne font pas partie du corps de droit, quoiqu'elles soient recueillies à la fin du volume où sont renfermés le code et les autres novelles.

Un docteur du douzième siècle, appelé *Irnérius*, a fait un extrait des novelles qu'il a rapportées dans les différens titres du code auxquels elles sont relatives, soit comme dérogeant à quelques lois de ces titres, soit comme portant de nouvelles décisions.

Ces extraits sont connus sous le nom *d'authentiques*, et on les cite comme et de la même manière que les lois du code, c'est-à-dire, en énonçant les premiers mots de l'*authentique*, et le titre où elle est puisée. Mais ces extraits n'ont aucune autorité par eux-mêmes; ce n'est qu'autant qu'ils se trouvent conformes aux novelles dont ils sont tirés, qu'ils peuvent avoir une force légale.

Le droit romain renferme beaucoup de dispositions qui ne peuvent convenir à nos mœurs, non-seulement en ce qui a rapport au droit

public, parce que notre constitution est différente de celle de la république romaine ; mais
même en ce qui concerne le droit privé, sur
plusieurs matières ; telles que, par exemple,
sur l'esclavage, que l'humanité fera toujours
bannir de la république française. Mais sur d'autres matières, telles que les conventions, ses décisions ne vieilliront pas, parce que la raison
est de tous les temps. C'est sur-tout dans le
digeste, qui renferme les véritables lois du peuple romain, qu'on croit trouver le chef-d'œuvre
de la sagesse humaine. Il semble qu'à mesure
que ses armées portaient au dehors la gloire
de son nom jusqu'aux extrémités du monde, le
génie de la liberté ait fait reculer les bornes de
la raison, aux hommes célèbres qui dirigeaient
sa législation civile. Sagesse dans les maximes ;
enchaînement dans les principes ; étendue dans
les préceptes ; sagacité dans les décisions ; noblesse et précision dans le style ; tout, dans ce
recueil fameux, a subjugué l'esprit des peuples
qui l'ont admis comme la raison écrite ; ensorte qu'on peut dire, que Rome après sa chûte,
a eu la gloire de régner encore par l'empire
de la raison, sur l'univers policé.

Quant au code, la diffusion et l'obscurité
de ses lois le font tellement contraster avec le

digeste, qu'il semble que la raison se soit obs-
curcie dans l'empire romain, à mesure que le
génie de la liberté s'y est éteint.

Si Justinien n'avait pas eu de puissans col-
laborateurs pour la composition de ces recueils,
on ne pourrait lui contester la réputation
d'un grand législateur, par l'immensité de ses
travaux, et le choix des décisions réunies dans
ces corps d'ouvrages : mais il semble qu'il n'ait
survécu à leur sanction, que pour ensevelir une
partie de sa gloire législative dans ses novelles.
Obscurité dans les expressions; diffusion dans
le style; inconstance dans les principes : c'est
en vain qu'on y chercherait le génie d'un législateur habile.

Comme il est de principe en législation,
qu'une loi postérieure déroge aux précédentes
qui pourraient lui être contraires, et que, dans
le fait, les novelles ont été publiées après le
code, et le code après le digeste; lorsqu'on
trouve un conflit dans les lois de ces différens
recueils, c'est aux novelles, et ensuite au code,
qu'il faut accorder la préférence.

Quant aux *institutes*, comparées avec le *digeste*, plusieurs auteurs ont pensé que le digeste
ayant été publié le dernier, il devait, dans
tous les cas, l'emporter sur les institutes.

D'autres, ayant égard seulement à la composition postérieure des institutes, soutiennent
qu'elles dérogent aux lois du digeste (1).

Mais comme d'une part il paraît étrange
de donner indifféremment la préférence à l'un
sur l'autre par la seule diversité du temps de
la composition, et que d'autre côté Justinien,
par son édit du 14 décembre 533, ayant
déclaré que l'un et l'autre de ces recueils
n'auraient force légale que dès le 28 du même
mois (2), il ne peut y avoir de priorité de date
à alléguer entre ces deux codes, quoique réellement rendus publics à diverses époques ;

Il est par conséquent plus juste de décider,
d'après *Heineccius*, que les institutes doivent
céder au digeste, chaque fois qu'il s'agit d'expliquer un texte par un autre auquel on ne
voit pas que le législateur ait voulu déroger
formellement dans la composition postérieure ;
parce que les institutes sont un extrait du
digeste, et que naturellement l'extrait doit
être rapporté au premier original.

Qu'au contraire, lorsqu'il paraît clairement
que le législateur a voulu déroger à sa pre-

---

(1) *Vide* Zoezium, *in proemio ad pandectas.*
(2) L. 2. §. 23 *eod. de veteri jure enucleando, lib.* 1.
*tit.* 17.

mière composition , ce sont les *institutes* qu'il faut suivre , soit parce qu'elles ont été faites postérieurement , soit parce qu'elles sont aussi l'extrait de plusieurs lois renfermées dans la première publication du code, lesquelles sont postérieures aux décisions dont est composé le digeste.

C'est en suivant cette marche , qu'on doit concilier l'antinomie apparente qui se trouve entre le § 7 de la loi 7 , au digeste *de acquirendo rerum dominio*, lib. 41 , tit. 1 ; et le § 25, aux institutes *de rerum divisione*, lib. 1.<sup>er</sup> tit. 2 : l'un et l'autre de ces textes sont relatifs à l'acquisition du domaine, par spécification. Dans l'un comme dans l'autre , il est établi en principe, que lorsqu'un corps est fait on composé avec une matière qui n'appartient pas à celui qui a fait l'ouvrage , et qui travaillait pour lui-même ; comme si quelqu'un se faisait un habit avec la laine d'autrui , ou un vase, avec un métal qui ne serait pas à lui, il faut distinguer le cas où la nouvelle espèce peut être réduite à sa première forme, de celui où cela ne serait pas possible : que dans le premier, c'est le maître de la matière qui demeure aussi propriétaire du nouveau corps spécifié ; que dans le second, au contraire, c'est à celui dont la nouvelle espèce est l'ouvrage, à qui elle appartient. Mais ces deux textes renferment une contradiction, en ce que, dans celui des institutes, il est dit qu'un homme qui aurait battu les épis de blé d'un autre, deviendrait maître de la graine, parce qu'on ne peut la réduire à son primitif état, tandis que la décision contraire est portée dans la loi du digeste ; par la raison que celui qui fait sortir le blé de l'épi, ne forme point une nouvelle espèce, mais qu'il ne fait que découvrir celle qui était déjà dans son état naturel. Et comme dans l'un et l'autre de ces textes, le même principe est établi ; qu'il n'y a de différence que dans les conséquences ; il est visible que le législateur, dans la rédaction des institutes, n'a pas voulu établir un droit nouveau, et qu'en conséquence on doit suivre de préférence le prescrit de la loi du digeste.

On trouve une pareille contradiction entre la fin du § 31, du même tit. des institutes, et le § 2 de la loi 6, au digeste, *arborum furtìm cæsarum* ; lib. 47, tit. 7, sur la question de savoir auquel des deux propriétaires voisins doit appartenir un arbre qui pousse ses racines dans les fonds de l'un et l'autre. C'est encore ici

la loi du digeste qui doit l'emporter; en sorte
que celui-là doit être regardé comme propriétaire de l'arbre de l'héritage duquel sort le tronc
en totalité, nonobstant que le texte de l'institute
paroisse décider qu'il suffit que les racines
inférieures prennent leur nourriture dans le
fonds voisin, pour que le maître de ce fonds
soit associé à la propriété de l'arbre.

On voit par cette notice abrégée des lois
romaines, qui font une partie de notre droit
commun, combien est étendue l'étude de la législation et de la jurisprudence françaises; puisque pour s'en instruire, il faut à chaque instant pénétrer les secrets d'une langue qui nous
est étrangère; chercher dans les rapports de
l'histoire le sens des expressions du législateur,
et réunir la connaissance des temps et des
faits les plus reculés. Que sera-ce, si de tout
cela nous rapprochons les recueils gothiques
de nos anciennes coutumes qui sont encore
en vigueur, ainsi que les édits et déclarations,
et les décrets des corps législatifs? C'est ainsi
qu'il faut, pour remplir cette tâche, rassem-
bler un nombre prodigieux de lois éparses dans
d'immenses recueils; les comparer et concilier entre elles, approfondir les principes qui
leur servent de base, pour pouvoir saisir les

rapports qui les lient dans leurs conséquences.

A la vue de cette prodigieuse multiplicité de lois, quel est le Français assez peu ami de son pays, pour ne pas desirer ardemment la sanction d'un code uniforme de lois républicaines ?

JEUNES ÉLÈVES! vous qui vous destinez à cette pénible, mais si noble carrière; que les obstacles qu'elle vous présente ne fassent que ranimer votre courage. Mais pourquoi vous parler d'obstacles, quand le génie républicain n'en reconnaît plus? La patrie vous réclame; vous lui devez le tribut de vos talens et de vos veilles. N'envisagez ici que les services qu'elle a droit d'attendre de vous; l'autorité des lois n'est pas moins nécessaire pour assurer le triomphe de la paix au-dedans, que la force des armes pour vaincre les ennemis du dehors : quelle différence en effet mettrait-on entre des lois ignorées et l'absence même des lois? La force du gouvernement et le bonheur public, reposent donc principalement sur cette branche de l'instruction. C'est là que la jeunesse qui s'y consacre, doit puiser les connaissances nécessaires pour répondre aux espérances que la République a sur elle. C'est par ses nobles travaux, dans cette vaste carrière qu'elle peut

se rendre capable de servir un jour digne-
ment sa patrie, dans l'exercice des fonctions
qui lui seront confiées.

Instruire l'homme sur ce qu'il se doit à
lui-même, et sur ce qu'il doit aux autres;
lui apprendre à pratiquer la justice, et lui
indiquer par-là, la route qu'il doit suivre pour
arriver au bonheur auquel nous aspirons tous.
Tel est en général le but de l'enseignement
de la législation.

Jeunes élèves! puissent mes efforts en cette
pénible tâche, correspondre à la noble émulation qui vous anime! Puissiez-vous vous-
mêmes, en méditant les préceptes des philo-
sophes célèbres qui ont illustré la République
romaine, et que vous trouverez souvent cités
dans cet ouvrage, y puiser la vraie philo-
sophie, l'amour sacré de la sagesse et de la
justice, qui les distingua du reste des législateurs du monde! Puisse le génie de la
liberté élever vos ames à la hauteur des
leurs, et vous rendre dignes aussi d'affermir
et d'illustrer la République française, en la
servant avec honneur et courage dans les
emplois qu'elle vous destine un jour!

# COURS
## DE LÉGISLATION
### ET
## DE JURISPRUDENCE FRANÇAISE.

## CHAPITRE PREMIER.

*Des Actes de Naissances, Mariages, Divorces et Décès.*

AVANT que d'entrer dans le détail des droits du citoyen, il est nécessaire de donner une idée des actes qui lui servent de titres pour établir son état.

Ils sont soumis à des règles générales, qui les concernent tous également; & chacun d'eux doit en outre être revêtu de quelques formes particulières.

*Règles générales sur la tenue des actes civils.*

Ces actes sont consignés sur différens registres publics, à l'exception de ceux de mariages & divorces, qui jusqu'à présent ont été réunis sur le même ( 1 ).

---

( 1 ) Art. IV, section V, tit. IV de la loi du 20 septembre 1792.

3

Chacun des registres doit être double, à l'exception de celui des publications de mariages ( 1 ).

Ils devaient être cotés & paraphés par les administrations de district ( 2 ), aujourd'hui par celles du canton ( 3 ), & envoyés chaque année dans toutes les communes de leur ressort; à l'exception de ceux de mariages, dont un double est ouvert seulement au chef-lieu de la municipalité, depuis la loi du 13 fructidor an VI.

Le citoyen chargé de leurs dépôt & rédaction, est appelé officier public. Dans les communes au-dessous de cinq mille habitans, c'est l'agent municipal ou son adjoint qui exerce cette fonction ( 4 ); & dans les autres communes, l'administration municipale choisit un de ses membres pour la remplir.

Ces actes doivent être inscrits sur les registres à ce destinés, & non sur des feuilles volantes, à peine de 100 fr. d'amende ( 5 ), de desti-

---

( 1 ) Art. IV, tit. IV, sect. II, loi du 20 sept. 1792.

( 2 ) Art. II, tit. II de la même loi.

( 3 ) Art. XIX de la loi du 21 fructidor an III. Bult. 185. n.º des lois 1128, 1ᵉ série.

( 4 ) Art. XII, tit. II de la loi du 19 vendémiaire an IV, Bult. 194, n.º des lois 1160.

( 5 ) Art. V, tit. II de la loi du 20 septemb. 1792.

tution de l'officier public, & de privation des droits de citoyen, pendant dix ans.

Ils doivent l'être de suite, sans blancs; & toute rature doit être approuvée comme le corps de l'acte, à peine de 10 fr. d'amende ( 1 ), & de 20 fr. en cas de récidive; sans préjudice des peines portées au code pénal, en cas d'altération ou de faux.

A la fin de chaque année, l'un des registres doubles est envoyé aux archives de l'administration centrale ( 2 ), & l'autre déposé au secrétariat de la municipalité ( 3 ).

Toute personne peut en demander des extraits à l'homme public qui en est chargé ( 4 ), c'est-à-dire, à l'officier public pour le registre de l'année courante; & pour ceux des années antérieures, au secrétaire-greffier de la municipalité, ou au secrétaire en chef du département.

Si l'un des registres se trouvait perdu, il serait remplacé par une copie faite & collationnée sur l'autre par l'administration centrale; laquelle copie doit être cotée & paraphée à

---

( 1 ) Art. IV, tit. II de la loi du 20 septembre 1792.

( 2 ) Art. XII & suivans du même titre.

( 3 ) Art. XIII *ibid.* ——— ( 4 ) Art. XX *ibid.*

chaque page, par deux des membres de cette administration ( 1 ).

Si les deux étaient égarés, il y serait suppléé ( 2 ) au moyen de listes dressées par trois commissaires choisis dans le sein de chaque commune par l'administration municipale des lieux, sur l'attestation des parens, ascendans ou autres, & d'après les documens qu'on pourrait tirer des papiers de famille.

Les listes ainsi composées doivent être publiées sur les lieux, & déposées au secrétariat municipal, pendant deux mois, avant que d'être arrêtées. S'il s'élevait des contestations à cet égard, c'est au tribunal civil du département qu'elles doivent être portées ( 3 ).

Il est défendu d'insérer sur ces registres, aucune qualification, énonciation ou expression tendantes à rappeler le régime féodal, nobiliaire, ou la royauté ( 4 ).

Dans les communes où il n'y aurait ni agent

---

( 1 ) Art. I de la loi du 2 floréal an III, Bult. 139, n.º des lois 780. 1.ere série.

( 2 ) Art. II & suiv. de la même loi.

( 3 ) Voyez les dispositions de la loi précitée, sur toutes les formes à obferver.

( 4 ) Loi du 8 pluviôse an II & art. II de celle du 6 fruct. suivant: Bult. 44, n.º des lois, 240 : 1.re série.

ni adjoint; ou, en cas d'absence de l'un & de l'autre, qui est-ce qui serait compétent pour recevoir les actes constatant l'état civil des citoyens?

Suivant l'article IV du titre I<sup>er</sup>. de la loi du 20 septembre 1792, lorsque l'officier public était pris parmi les membres du conseil général de la commune, il devait, en son absence, être remplacé par le maire ou un officier municipal, ou un autre membre du conseil général; d'où l'on doit conclure, qu'en pareille circonstance, c'est encore aujourd'hui un des autres membres présens de l'administration municipale, qui doit recevoir les actes dont il s'agit, & que les commissaires envoyés quelquefois dans les communes par l'administration centrale, en vertu de l'article XXII de la loi du 27 mars 1791, pour y faire exécuter les lois à défaut d'administrateurs municipaux, ne peuvent être compétens pour recevoir les actes civils, parce qu'ils n'ont pas les pouvoirs constitutionnels d'administrateurs.

## Des Actes de Naissances en particulier.

A la naissance d'un enfant, le père, s'il est présent; à son défaut, le chirurgien ou la sage-femme qui auront assisté à l'accouchement, ou celui qui a la direction de la maison dans laquelle il a été fait, sont tenus d'en faire la déclaration à l'officier public, dans les 24 heures ( 1 ); & si cette déclaration était négligée plus de trois jours, les susdites personnes encourraient la peine d'emprisonnement prononcée par forme de police correctionnelle, & qui ne pourrait excéder deux mois pour la première fois, & six en cas de récidive ( 2 ).

L'enfant doit être porté à la maison commune, & le déclarant y paraître avec deux témoins majeurs, de l'un ou de l'autre sexe, parens ou non parens : de quoi il est dressé acte, portant le jour, l'heure & le lieu de la naissance, la désignation de son sexe, le nom qui lui est donné ; les noms, prénoms, profession & domicile de ses père & mère, ainsi que ceux des témoins qui signent avec le déclarant; & s'ils ne peuvent ou ne savent signer, il en est fait mention ( 3 ).

En cas de péril imminent, l'officier public est tenu de se transporter dans la maison où est le nouveau né, sur la requisition qui lui en est faite ( 4 ).

_____

( 1 ) Art. I, tit. III, loi du 20 septembre 1792.

( 2 ) Art. I de la loi du 19 décembre 1792.

( 3 ) Art. VII & suivans, tit. III, loi du 20 feptembre 1792.

( 4 ) Art. VI, *ibid.*

S'il s'agit d'enfant trouvé, l'officier de police de l'arrondissement est obligé de se rendre au lieu de l'exposition, de dresser procès-verbal des marques extérieures, vêtemens de l'enfant, & autres indices qui peuvent éclairer sur sa naissance, ainsi que d'informer sur le délit, & de recevoir les déclarations de ceux qui peuvent avoir connaissance des auteurs de cette exposition.

Il doit ensuite envoyer à l'officier public de la commune, une expédition de son procès-verbal, que celui-ci transcrit sur le registre des naissances, dans lequel il donne un nom à l'enfant ( 1 ).

Il est défendu aux officiers publics d'insérer sur leurs registres aucune énonciation étrangère aux déclarations qui leur sont faites ( 2 ). Et si une femme voulait déclarer que l'enfant qu'elle a mis au monde n'appartient pas à son mari, cette déclaration doit être rejetée comme immorale & attentatoire aux droits de l'enfant ( 3 ).

### Des Actes de Mariages.

Il existe deux espèces de registres pour les mariages, dont l'un est destiné à en recevoir

---

( 1 ) Art. IX et suivans, *ibid.*
( 2 ) Art. XII, tit. III, *ibid.*
( 3 ) Loi du 19 floréal an II.

l'acte de célébration, & l'autre à y consigner les actes préparatoires, telles que les publications & oppositions.

Le premier de ces registres doit être ouvert en double minute, au chef-lieu du canton ou dans les municipalités particulières des cantons divisés en plusieurs municipalités ( 1 ).

Le second n'est pas en double minute ( 2 ); & lorsque l'année est finie, il doit seulement être déposé aux archives de la municipalité de canton. Ce registre doit encore exister dans toutes les communes; la loi du 13 fructidor an VI n'ayant rien changé aux formalités auxquelles il est relatif. Il est destiné à recevoir les publications de mariages, lesquelles doivent contenir les prénoms, noms, professions & domiciles des futurs époux, ceux de leurs père & mère, & les jour & heure de la publication ( 3 ).

On doit aussi y consigner sommairement les actes d'oppositions aux mariages, qui pourraient avoir été signifiés à l'officier public ( 4 ).

_____

( 1 ) Art. III & IV de la loi du 13 fructidor an VI, Bult. 221, n.° des lois 1980.

( 2 ) Art. IV, section II, tit. IV de la loi du 20 septembre 1792.

( 3 ) Art. V *ibid* ———( 4 ) Art. VI, sect. III, *ibid.*

Depuis le premier vendémiaire an VII, les mariages ne peuvent plus être célébrés en France, que les jours de *décadis*, dans le local destiné à la réunion des citoyens, au chef-lieu du canton, ou dans les municipalités particulières des cantons divisés en plusieurs administrations municipales. C'est le président de chaque administration municipale, ou en son absence celui des membres qui le remplace, qui fait pour cet objet, les fonctions d'officier public, en vertu de la loi du 13 fructidor an VI.

Le mariage ne peut être contracté qu'en présence, & à la participation de quatre témoins majeurs, parens ou non parens.

On doit commencer par faire lecture des pièces préparatoires, telles que les publications, actes de naissance des parties, avis de familles; jugemens de main-levée d'opposition, etc. ect.

Après cette lecture, les futurs déclarent qu'ils se prennent en mariage; & l'officier public, au nom de la loi, prononce leur union contractée. Et de suite, il dresse acte du tout, lequel doit contenir: 1.° les prénoms, noms, âges, lieux de naissance, profession & domicile des époux; 2.° les prénoms, noms, profession & domicile des pères & mères; 3.° les prénoms, noms,

âges, profession, domicile des témoins, & leur
déclaration s'ils sont parens ou alliés des parties;
4.° la mention des publications dans les domiciles des contractans, ainsi que des oppositions
qui auraient été faites, & des jugemens de main-
levée; 5.° la mention du consentement des pères
& mères ou de la famille, dans les cas où il
y a lieu ; 6.° la mention des déclarations des
parties , & de la prononciation de l'officier
public.

Cet acte doit être signé par les parties contractantes, par leurs pères, mères, parens présens, par les quatre témoins, & par l'officier
public ; & en cas qu'aucun d'eux ne sache
ou ne puisse signer, il doit en être fait mention ( 1 ).

### Des Actes de Divorces.

Suivant la loi du 20 septembre 1792, les
actes en divorces devaient être consignés par
l'officier public, sur les mêmes registres que
ceux de mariages. Cette disposition n'est plus
possible d'après la loi du 13 fructidor, suivant laquelle les mariages doivent tous être
célébrés au chef-lieu du canton, tandis que

---

( 1 ) Voyez sur toutes ces formes, la section
IV , tit. IV de la loi du 20 septembre 1792.

l'officier public de chaque commune est encore chargé d'y prononcer les divorces. Ainsi les registres qui sont envoyés dans les communes qui ne sont pas chefs-lieux, doivent aujourd'hui servir seulement pour les divorces, à l'exception de celui qui sert aux actes préparatoires du mariage, sur lequel on doit aussi consigner les actes préparatoires du divorce, & les oppositions qui peuvent y être formées ( 1 ).

L'acte du divorce doit, ainsi que celui du mariage, être rédigé en la maison commune, en présence & à la participation de quatre témoins majeurs, après le délai requis pour le prononcer. On doit y faire mention des actes préparatoires & des conditions remplies pour y parvenir. Il doit être signé, tant par les parties comparantes, que par les témoins & l'officier public; & si aucun ne sait ou ne peut signer, il en doit être fait mention.

Si l'officier public avait prononcé le divorce & dressé l'acte, sans qu'il eut été justifié des délais, des actes & jugemens exigés par la loi qui en règle les formes, la loi veut qu'il soit destitué de ses fonctions, & condamné à cent fr.

_____

( 1 ) Art. III, sect. I de la loi du 19 décembre 1792.

d'amende & aux dommages-intérêts des parties ( 1 ).

## Des Actes de Décès.

Le décès de quelqu'un arrivant; dans les vingt-quatre heures qui suivent, il en doit être fait déclaration à l'officier public par deux des plus proches parens ou voisins du décédé, ou par ceux qui ont la direction des hôpitaux & maisons mortuaires ( 2 ); & sur cette déclaration, l'officier public doit se transporter au domicile mortuaire, pour vérifier le fait. Il en dresse ensuite acte double sur ses registres, dans lequel sont énoncés les prénoms, noms, âge, profession & domicile du mort; s'il était marié ou veuf; & dans ces deux cas, il y énonce aussi les prénoms & noms de l'autre époux, ainsi que les prénoms, noms, âge, profession & domicile des déclarans; s'ils sont parens, & leur degré de parenté; & s'il est possible, les prénoms, noms, profession & domicile des père & mère du décédé, & le lieu de sa naissance.

Si cette déclaration n'était pas faite avant l'inhumation, les personnes qui sont obligées

---

( 1 ) Voyez sur toutes ces formes, la section V du titre IV de la loi du 20 septembre 1792.

( 2 ) Titre V de la loi du 20 septembre 1792.

de la faire seraient condamnables par voie de police correctionnelle, à un emprisonnement qui ne pourrait excéder deux mois, pour la première fois, & six, en cas de récidive ( 1 ).

Si un cadavre est trouvé avec des indices de mort violente; l'officier de police des lieux est obligé d'en informer avant l'inhumation; & sur les indices qui peuvent être recueillis dans ses procès-verbaux, & l'extrait qu'il en transmet à l'officier public, celui-ci dresse l'acte de décès ( 2 ).

Dans les communes dont la population est de cinquante mille ames & au-dessus, les déclarations de naissances & décès se font d'abord pardevant le commissaire de police de la section ( 3 ); & sur le procès-verbal qu'il en dresse, rapporté ensuite à la maison commune, l'officier public consigne l'acte de naissance ou de décès sur ses registres.

# CHAPITRE II.
## Du Droit.

LE terme de *droit* n'a pas toujours la même signification dans le discours.

( 1 ) Art. I de la loi du 19 décembre 1792.

( 2 ) Art. VIII & IX, tit. V de la loi du 20 septembre 1792.

( 3 ) Voyez la sect. II de la loi du 19 décemb. 1792.

En physique, on applique ce terme à la direction d'un trait qui, sans aucune déviation, parcourt la ligne la plus courte, pour arriver d'un point à un autre.

En morale, le terme de *droit*, qui paraît dériver du mot latin *dirigere*, est pris sous deux rapports principaux : tantôt pour la règle sur laquelle nous devons diriger nos actions, tantôt pour la chose elle-même qui fait l'objet de la règle qu'on doit suivre, & le but auquel elle doit conduire.

Le *droit*, considéré sous le premier rapport, n'est que la dénomination générique des lois elles-mêmes. C'est ainsi qu'en parlant du droit romain, on entend les lois romaines, ou qu'en affirmant que le vol est défendu par le droit naturel, on énonce la même idée que si l'on disait que la loi naturelle défend de prendre le bien d'autrui.

Le *droit*, envisagé sous le second aspect, pour ce qui nous appartient, n'est autre chose que l'objet protégé par les règles que l'homme doit suivre en société. Ainsi, le droit de propriété n'est que le domaine garanti par la loi.

# ARTICLE PREMIER.

*Du Droit, pris dans le même sens que la loi.*

Le droit, pris dans le même sens que la loi, est la collection des régles sur lesquelles l'homme doit diriger ses actions.

On le divise, 1°. en droit naturel, & en droit humain & positif.

Le droit naturel comprend l'assemblage des régles suivant lesquelles l'homme doit user de ses facultés, & jouir des objets extérieurs, d'après ce que lui dicte le sentiment dirigé par la raison.

Ce droit est divin, puisque les lois qui le composent n'ont d'autre auteur que l'être suprême, qui le grava dans le cœur de l'homme. Sa sagesse infinie ne put rien faire en vain ; l'homme ne fut par conséquent doué de la raison & d'un sentiment de justice inné, que pour vivre suivant leurs préceptes.

Le droit humain & positif comprend les lois portées par les hommes, & connues par les sens extérieurs. Tels sont les décrets du corps législatif.

On sous-divise le droit naturel, en droit naturel absolu, & en droit naturel conditionnel ou primitif.

Le droit naturel absolu, composé des articles constitutionnels du monde moral, embrasse les préceptes immuables de morale &
d'équité, dont l'empire est au-dessus de tout
changement de circonstances; ensorte que
l'homme, avec la nature dont il a été doué,
ne puisse jamais en être affranchi, quelle que
soit la diversité des engagemens qu'il contracte
dans la société. Tel est le respect envers la
divinité, & la fidélité que le citoyen doit à
sa patrie.

Le droit naturel, appelé conditionnel ou
permissif, est celui qui réfléchi par les circonstances d'utilité générale, reçoit indirectement
diverses dérogations par la diversité des rapports que les actions de l'homme peuvent avoir
avec lui-même ou avec ses semblables.

Par exemple, la mutilation de son propre
corps est défendue par le droit naturel; cependant il est permis à l'homme de faire amputer
un de ses membres, lorsque cela est nécessaire à la conservation des autres. Nul ne
peut gratuitement exposer sa vie, & chaque
citoyen en doit le sacrifice au salut de sa patrie.

Toute personne attaquée par une autre,
peut, en thèse générale, repousser l'injure
par la force; mais ce droit cesse, & la défense

n'est

n'est plus qu'une révolte criminelle dans celui qui s'oppose au bras de l'autorité légitime qui le saisit légalement pour le traduire dans les maisons d'arrêt ou de détention.

Dans ces cas, & autres semblables, la moralité de l'action est subordonnée à l'harmonie de l'ordre social, comme à la condition sans laquelle ce qui serait en général permis, devient illicite dès qu'il lui est contraire; ou ce qui serait défendu, abstraction faite de l'exigence du bien général, devient non-seulement permis, mais rentre souvent dans le devoir de l'homme considéré sous ses rapports sociaux avec la grande famille dont il fait partie.

2.º On divise le droit, en droit des gens, & en droit civil.

Le droit des gens comprend les régles qui sont communément observées chez tous les peuples policés ( 1 ).

Le droit civil résulte du code que chaque peuple s'est constitué en particulier ( 2 ).

Le droit des gens est de deux espèces: c'est-à-dire le droit des gens primitif, & le droit des gens secondaire ou positif.

Le droit des gens primitif, qui n'est autre

---

( 1 ) L. 1. §. 4. ff. *de justitià et jure.* lib. 1. tit. 1.
( 2 ) L. 6. ff. *eod.*

chose que le droit naturel des sociétés, comprend les règles connues par la droite raison, & par-tout sanctionnées par l'empire de l'équité. Telle est l'obligation d'être fidèle à ses engagemens.

C'est de cette espèce de droit dont on entend parler, lorsqu'on dit que le mariage, par exemple, la vente, l'échange, &c. &c., appartiennent au droit des gens; soit parce que ces contrats & autres de cette nature, sont en usage chez toutes nations policées ; soit parce que la seule équité naturelle en prescrit l'exécution de la part des contractans.

Le droit des gens secondaire, *jus inter gentes ;* résulte des conventions expresses renfermées dans les traités de paix, d'alliance ou de commerce, par lesquels les nations se sont respectivement imposé différentes obligations.

Il résulte aussi des coutumes, tacitement introduites par les usages réciproquement observés entre elles; usages dont les principes, suivant l'auteur de l'Esprit des lois, est que les nations doivent se faire, pendant la paix, le plus de bien, & dans la guerre, le moins de mal possible, sans nuire à leurs véritables intérêts.

Quant à la force obligatoire, le droit des

gens est, pour les différentes nations, ce que le droit civil est pour les différens membres du peuple qui l'a adopté.

3.º On divise le droit, en droit public & en droit privé.

Le droit public comprend les lois protectrices de la morale, & celles qui ont pour objet immédiat l'organisation du corps politique.

Il diffère du droit des gens, en ce que celui-ci est le même pour les différens peuples; tandis que le droit public varie suivant la diversité des constitutions & des gouvernemens.

Le droit privé renferme les lois directement portées pour régler les intérêts des citoyens entre eux ( 1 ).

La fin immédiate du droit public, est l'avantage général du corps social. Telles sont les lois de police, instituées pour la tranquillité commune.

Le droit privé, au contraire, regarde immédiatement les intérêts des particuliers. Telles sont les règles qui dirigent les effets de leurs conventions.

Toutes les lois, à la vérité, doivent avoir le double but de procurer le bien général de

_____

(1) L. 1. §. 2. ff. *de justitiâ et jure.* lib. 1. tit 1.

la nation, & d'assurer les intérêts des particuliers ; mais on ne doit cependant pas les confondre en tout, parce qu'elles ont quelque
chose de commun dans leur objet : pour en
distinguer l'espèce, c'est à la fin immédiate
qu'il faut s'attacher. Il est d'autant plus essentiel de saisir cette distinction, que dans tout
ce qui a rapport au droit public, les dispositions de la loi sont absolument indépendantes des conventions particulières ( 1 ) ; tandis qu'il est libre aux citoyens de renoncer à
la faveur du droit privé.

Un homme, par exemple, qui serait traduit
pour délit pardevant un tribunal civil, pour
y être jugé criminellement, & qui consenti-
rait formellement à cette manière de procéder,
ne pourrait par-là valider la sentence qui interviendrait contre lui ; parce que son consentement privé serait impuissant pour donner
aux juges une autorité que l'ordre public leur
refuse ( 2 ) ; tandis que cité pour un intérêt
pécuniaire, pardevant un tribunal civil autre
que celui de son domicile ; s'il a renoncé au

---

( 1 ) L. 28 et 38. ff. *de pactis.* lib. 2. tit. 14.
( 2 ) L. 3. cod. *de jurisdictione omnium judic.* lib. 3.
tit. 13. *et* lib. 1. 32. §§. 6. *et* 7. ff. *de receptis arbitris.*
4. 8.

déclinatoire( 1 ), ou même si ayant connaissance de son droit il ne l'a pas proposé ( 2 ), il doit exécuter le jugement ; parce qu'il lui fut libre de renoncer à la faveur que la loi lui accordait, de demander son renvoi pardevant le juge de son arrondissement.

Dans le premier cas, les droits de la vindicte publique resteraient entiers, parce qu'un simple citoyen ne peut en disposer. La démarcation des pouvoirs, qui est la base de l'ordre social, serait essentiellement troublée, si le juge civil voulait connaître des matières criminelles ; & comme nul individu ne peut s'arroger les droits du corps social, en dérogeant à son organisation, il en résulte que malgré l'acquiescement de la partie, le juge demeure sans pouvoirs pour décider d'un objet dont la nature est hors de sa mission. Dans le second cas, au contraire, comme les pouvoirs du juge s'étendent sur la matière contestée, & que ce n'est que pour l'intérêt particulier de celui qui est cité, que la loi veut qu'on le traduise pardevant le tribunal de son domicile, il est maître de renoncer à cette faveur ; & sa renonciation n'a rien de contraire à l'ordre public.

---

( 1 ) L. 1. ff. *de judiciis*, lib. 5. tit. 1.

( 2 ) L. 2. ff. *eod.* et lib. 16. cod. *eod.* lib. 3. tit. 1.

C'est ainsi encore, qu'une femme stipulerait en vain dans son traité de mariage, qu'elle ne sera pas soumise à l'autorité maritale; parce que cette autorité n'étant pas seulement établie pour les intérêts du mari, mais étant aussi fondée sur la bienséance des mœurs publiques, le mari ne pourrait valablement la séparer de la qualité d'époux; tandis qu'au contraire un des conjoints peut renoncer en faveur de l'autre, à sa portion d'acquêts; parce que cette renonciation n'intéresse que lui, & non directement l'ordre social.

Il résulte de ces principes, que chaque fois qu'un acte blesse le droit public, il est nul & d'une nullité absolue, laquelle peut être proposée par toutes parties intéressées; que le moyen d'une telle nullité doit, au besoin, être suppléé par le juge, comme gardien de l'ordre social. Mais qu'au contraire, lorsqu'un contrat est nul pour être en opposition avec le droit purement privé, sa nullité n'est que relative; en sorte que, régulièrement parlant, il n'y a que la seule partie contractante en faveur de laquelle elle est prononcée, qui puisse s'en prévaloir.

4.º On divise le droit, en droit personnel & en droit réel.

Le droit personnel s'entend des lois qui

fixent les qualités des personnes. Il est connu dans le langage ordinaire de la jurisprudence, par la dénomination de *statuts* personnels.

Le droit réel comprend au contraire les *statuts réels*, c'est-à-dire les lois qui concernent immédiatement les biens ou la fortune des citoyens.

Les lois qui règlent les qualités personnelles des citoyens, ont aussi une influence nécessaire sur leurs biens, parce que les droits dérivent des qualités; comme celles qui disposent des biens influent sur le personnel, puisqu'ils n'en disposent qu'en faveur des personnes, en tant qu'elles sont revêtues des qualités requises; Mais ici, comme dans la distinction du droit public & du droit privé, ce n'est qu'à l'objet immédiat de la loi qu'il faut s'attacher, pour connaître si elle doit avoir la nature de statut réel ou de statut personnel.

Par exemple: la loi du 20 septembre 1792, qui déclare que toute personne en France est majeure à vingt & un ans accomplis, a réellement la nature du statut personnel, quoiqu'il en résulte la conséquence que dès-lors le père ne peut plus avoir l'usufruit légal sur les biens de son fils émancipé par la loi, parce que son objet primitif & immédiat est de régler la qualité du fils.

Par la même raison, la loi du 17 nivôse an II, qui défend aux pères de distribuer inégalement leurs biens à leurs enfans, est un véritable statut réel, parce que son objet immédiat n'est pas de rendre les pères incapables d'aliéner, mais de disposer elle-même de leurs fortunes, en les assurant également aux enfans. La fin directe de cette loi, est de diviser également entre les enfans, le patrimoine du père. Il en résulte, à la vérité, que le père se trouve privé de la capacité de disposer autrement, parce que la volonté de la loi, qui dispose elle-même, est supérieure à la sienne. Mais ici c'est l'avantage des enfans & l'égalité entr'eux, que la loi a immédiatement en vue, & non l'incapacité qui, par conséquence ultérieure, en résulte contre le père.

Cette distinction est aussi fort importante à être méditée, comme nous le verrons dans les applications épineuses qui en seront faites plus bas.

Le terme de *droit* reçoit encore une autre signification, lorsqu'on dit, par exemple, qu'une chose est du droit étroit; comme en matière de servitude, où la loi doit être appliquée dans sa plus grande restriction ( 1 ),

_____

( 1 ) L. 9. ff. *de servitutibus.* lib. 8. tit. 1.

c'est

c'est-à-dire où le titre constitutif doit être pris avec le moins d'étendue possible, parce que la faveur est toujours pour la liberté, toute chose étant présumée libre ( 1 ).

## ARTICLE II.

*Du droit, considéré comme l'objet de la loi.*

LE *droit*, comme on vient de le voir dans l'article précédent, signifie souvent la même chose que la loi; mais dans le langage ordinaire de la jurisprudence, il signifie plus souvent encore ce qui fait l'objet de la loi.

C'est ainsi que lorsqu'on dit que l'égalité & la propriété sont des droits naturels de l'homme, l'on n'entend pas exprimer que l'égalité ni la propriété soient des lois; mais que l'une est une qualité, & l'autre une jouissance protégée par la loi naturelle.

Le *droit*, considéré sous ce rapport, a encore deux acceptions différentes.

La *première*, lorsqu'il est pris dans un sens actif, pour la faculté morale de disposer de ce qui nous appartient, ou de revendiquer ce qu'on nous doit: C'est dans ce sens qu'on dit que le père a *droit* de disposer du dixième de

_____

( 1 ) L. L. 20, 17 & 9. ff. *de regulis juris.*

sa succession en faveur d'un non-successible, ou que le créancier est en *droit* de citer son débiteur à l'effet de le contraindre au paiement, pour exprimer que l'un & l'autre tient cette faculté de la loi.

La *seconde*, lorsqu'il est pris dans un sens purement passif & matériel, pour la chose même qui nous est due ou qui nous appartient. C'est ainsi qu'on dit, par exemple, qu'un homme revendique ses *droits*, lorsqu'il répète les choses qui lui sont dues, ou les effets dont il est propriétaire.

Le *droit* se divise encore en droit réel & en droit personnel. Le principe de cette division est déterminé par l'objet immédiat sur lequel le maître peut directement & immédiatement exercer la faculté que la loi lui accorde de répéter ce qui lui est dû.

Le *droit* personnel est celui qui n'est inhérent qu'à la personne, soit de celui qui peut agir, comme sont les droits de cité; soit de celui qu'on peut forcer à agir en vertu d'une obligation qu'il s'est imposée: Telle est la faculté qui appartient au créancier de contraindre son débiteur à l'acquit de ce qu'il doit par une promesse légale.

Le *droit* réel est celui qui est inhérent à la chose distincte de la personne: Telles sont les hypothèques, les servitudes qui peuvent être acquises à un homme sur les biens d'un autre; droits que la loi attache à ses biens; en sorte qu'ils les suivent (1) entre les mains de leurs différens possesseurs, tant que le créancier n'a pas consenti à les en dégager, ou qu'ils n'en ont pas été affranchis par les formes légales.

Comme le droit personnel, *jus ad rem*, ne suppose que la personne obligée, il en résulte que la loi ne donne pour son exercice, qu'une action personnelle, en vertu de laquelle on ne peut agir que contre la personne du débiteur ou de l'héritier qui le représenterait, & que le créancier est obligé de poursuivre par-devant le tribunal du domicile du débiteur.

Le droit réel, au contraire, *jus in re*, produit une action réelle qui peut être exercée par-devant le juge dans le ressort duquel est situé l'immeuble hypothéqué, & qui suit cet immeuble; ensorte que le créancier peut se pourvoir contre ceux qui le possèdent, en le faisant saisir entre leurs mains, quoiqu'ils n'aient pas eux-mêmes contracté avec lui.

Les actes sous signature privée qui ne sont point accompagnés ou suivis de tradition effec-

---

(1) L. 1. cod. *ubi in rem actio exerceri debeat.* lib. 3 tit. 19.

tive, ou de prise de possession de la chose sur laquelle on a traité, ne produisent qu'une action personnelle. Les actes au contraire passés par devant notaires ( 1 ), ainsi que les jugemens des tribunaux, opèrent un droit réel par l'hypothèque ( 2 ) qu'ils acquierent au créancier sur les biens du débiteur ; mais à la charge de l'inscription au bureau de la conservation des hypothèques, dans l'arrondissement duquel les biens sont situés.

# CHAPITRE III.

## Du Domaine.

LE domaine consiste dans le droit ou la faculté qui appartient à l'homme de disposer de sa propriété.

On distingue trois espèces principales de domaines : C'est-à-dire, le domaine souverain ; le domaine public, & le domaine patrimonial ou privé.

Le domaine souverain consiste dans le pouvoir qu'a l'autorité souveraine, de disposer des propriétés particulières en tant que l'exigent les

_____

(1) En conformité de la loi du 11 brumaire an 7.
( 2 ) Voyez Bult. 238. n.º des lois 2137. chap. 1. art. 3. & chap. 6.

besoins de l'état, & de régler la dévolution des patrimoines des citoyens.

C'est en vertu de ce droit, que le corps législatif peut créer (1) tant de genres de contributions qu'il croit nécessaires, pour subvenir aux besoins publics, & qu'il peut également décréter le mode des successions, & établir différentes régles sur la transmission des biens des mains d'un possesseur en celles d'un autre. La loi de la prescription, par exemple, n'est autre chose qu'une donation faite par l'autorité publique, pour des motifs de bien général, en faveur de celui qui a prescrit une propriété qu'il n'avait pas; comme la loi qui fixe le mode de succéder, renferme d'une manière éminente, le testament de celui dont elle distribue la succession à ceux qu'elle nomme pour ses héritiers.

Ce domaine est fondé sur ce que, d'une part, chaque citoyen se doit à sa patrie, avec ses facultés physiques & morales, & que d'autre côté le corps politique ne pourrait subsister, si les dépositaires de l'autorité souveraine n'avaient pas le droit de forcer chacun de ses membres à concourir à ce qui est nécessaire pour le maintien de la constitution & pour

_____

(1) Art. CCCIII. de la Constitution.

les besoins publics. D'où il résulte, que quiconque s'oppose à l'exercice de ce domaine, devient coupable envers l'ordre social.

Le *domaine* public comprend les propriétés nationales.

Ici le corps politique n'est considéré que comme un propriétaire particulier, en sorte qu'un simple citoyen peut, sans offenser la loi, contester avec lui sur le fait de la propriété, & exercer par-devant l'autorité compétente ; les mêmes actions contre le gouvernement que contre un simple citoyen, pour faire juger de la validité de ses titres.

Le *domaine* patrimonial ou privé, est celui qui embrasse les propriétés des citoyens sur la tête desquels il repose.

Le domaine est un droit réel, puisqu'il saisit effectivement de la propriété, celui entre les mains duquel il est.

Il s'acquiert, non par simple titre ( 1 ), mais par titre légitime, suivi de la tradition ou de la prise de possession. Un homme, par exemple, vend un meuble à un autre, sans lui en faire la délivrance effective : tant que dure cet état des choses, l'acheteur n'a qu'une

-----

( 1 ) L. 20. cod. *de pactis.* lib. 2. tit. 3.

action personnelle ( 1 ) en vertu de laquelle
il peut forcer le vendeur à lui livrer la chose
achetée; mais il n'en a pas encore le domaine,
parce qu'il n'en a pas été saisi par la délivrance ;
d'où il résulte, que si avant la tradition la
chose est revendue & livrée à un second acheteur, le premier ne pourrait ( 2 ) venir le revendiquer entre les mains de celui-ci, parce
qu'il n'a sur elle aucun droit réel. Il en est
de même dans le cas de la vente d'un fonds,
successivement faite par le même à deux
acquéreurs; celui-là est préféré ( 3 ) qui le
premier a pris possession, ou qui a fait trans-
crire son contrat au bureau des hypothèques ( 4 ), lors même que son contrat serait
postérieur à celui de l'autre ; quoique la tradition des immeubles ne puisse se faire comme
celle des objets mobiliaires , & que la charge
d'envoyer en possession renfermée dans le contrat, tienne en quelque manière lieu de la

_____/_____

(1) L. 11. cod. *de actionib. empt. et vendit.* lib. 4.
tit. 49.

( 2 ) L. 27. cod. *de reivindic.* lib. 3. tit. 32.

( 3 ) L. 6. cod. *de hæredit. vel actione vendit.* lib. 4.
tit. 39. L. 31. §. 2. ff. *de actione empt. et vendit.* lib. 19.
tit. 1.

( 4 ) Art. XXVI. tit. II de la loi du 11 brumaire
an 7. Bult. 238. n.º des lois 2137.

délivrance, puisque l'acquéreur peut aller prendre possession de lui-même, néanmoins son domaine reste comme en suspens, jusqu'à ce que la prise effective de possession ait accédé au titre qui l'envoie en jouissance.

On divise le domaine, en domaine direct & en domaine utile.

Le domaine direct consite dans la nue propriété qu'a celui dont le bien est grevé d'usufruit au profit d'un autre ; ou dans le droit qui appartient à celui qui a livré son fonds en emphytéose moyennant une redevance annuelle, de recouvrer la propriété entière en cas de non paiement.

Le domaine utile est celui qui résulte de la jouissance effective du fonds, telle qu'a l'usufruitier & le preneur emphytéote.

On divise encore le domaine, en domaine civil & en domaine naturel.

Le domaine ( 1 ) civil appartient au mari sur les biens dotaux de sa femme, desquels la loi lui accorde la jouissance.

Le domaine naturel ( 2 ) appartient au contraire à la femme sur ces mêmes biens, dont

---

( 1 ) L. 7. §. 3. & lib. 75. ff. *de jure dotium.* lib. 23. tit. 3. L. 23. cod. *eodem.* lib. 5. tit. 12.

( 2 ) L. 3. cod. *eod.*

elle

elle demeure propriétaire, sans que le mari puisse les aliéner,

# CHAPITRE IV.

## De la Possession.

LA possession est la jouissance de la personne qui, de fait (1), tient une chose en maître, soit qu'elle la possède par elle-même, ou (2) par autrui : comme par le fait d'un dépositaire ou d'un fermier (3).

La possession diffère (4) du domaine, en ce que le domaine est inséparable d'un titre réel & légitime, tandis que le titre de la possession peut n'être pas légitime, quoique réputé tel de bonne foi. La possession peut donc être sans le domaine, comme cela arrive à l'égard de l'homme qui achete une chose de bonne foi, & qui en reçoit la délivrance d'un autre que du vrai propriétaire. Il en acquiert vraiment la possession sans en avoir le domaine.

(1) L. 8. ff. *de acquir. vel amitt. possess.* lib. 41. tit. 2.

(2) L. L. 9. et 25. §. 1. ff. *eod.*

(3) L. 1. cod. *commun. de usucap.* lib. 7. tit. 30.

(4) L. 12. §. 1. ff. *de acquir. vel amitt. possess.* lib. 41. tit. 2.

La possession diffère aussi de la simple jouissance, en ce que la jouissance est toute dans
le fait, tandis que la possession est dans le
fait & dans le droit ( 1 ) ; celui-là jouit simplement, qui recueille les fruits & émolumens
de la chose; celui-là au contraire possède d'une
manière proprement dite, qui jouit avec titre
de percevoir en maître.

On possède les meubles en s'en servant, ou
les employant à son service, ou en les gardant
à sa disposition.

On possède les immeubles en les cultivant,
en recueillant ce qu'ils produisent, ou les donnant à ferme : les maisons en les habitant , ou
les louant, ou retenant les clefs.

La possession des choses incorporelles, telles
que les servitudes, s'exerce par l'usage qu'on en
fait; par exemple, celui qui a droit de passer
par l'héritage d'un autre, possède cette servitude par l'habitude où il est d'y passer.

Il y a deux espèces de possession: savoir,
la possession civile & la possession naturelle ( 2 ).
La possession civile est celle qui est approuvée

_____

( 1 ) L. 49. §. 1. ff. *de acquir. vel amitt. possess.*
lib. 41. tit. 2.

( 2 ) L. 3. §. *ult.* ff. *ad exhibend.* lib. 10. tit. 4.
L. 2. §. 1. ff. *pro hærede.* lib. 41. tit. 5.

par la loi, comme fondée sur un titre juste, vrai ou présumé.

On dit fondée sur *un titre juste*, c'est-à-dire, sur un titre qui, par son espèce, est translatif de propriété, tels que sont la vente, l'échange, la donation, & accompagné de la bonne foi du possesseur, quoique non rendu propriétaire; comme lorsqu'on a acheté une chose de celui qui n'en était pas maître, & qu'on croyait tel.

On dit encore, fondée sur un titre *vrai ou présumé*; ce qui s'applique à la possession qui a duré assez longtemps pour opérer la prescription, & qui, sans exhibition d'aucun titre primitif, en fait présumer l'existence originelle.

La possession purement naturelle est celle qui, n'étant pas prolongée pendant le temps nécessaire à la prescription, s'exerce sans aucun ( 1 ) titre valable, ou avec un titre infecté de mauvaise foi ( 2 ), ou avec un titre qui n'est pas, dans son espèce, translatif de propriété, tel que serait le louage ou le dépôt. On appelle cette possession simplement naturelle, parce qu'elle ne résulte que de la nature matérielle du fait, sans être fondée en droit.

---

( 1 ) L. 16. ff. *de acquir. vel amitt. possess.* lib. 41. tit. 2.

( 2 ) L. 6. ff. *eod.*

. La possession produit deux effets principaux: le premier consiste en ce qu'elle acquiert ( 1 ) le domaine au possesseur qui en a prolongé l'exercice pendant le temps nécessaire pour prescrire. Par le second elle décharge ( 2 ) le possesseur d'alléguer aucune preuve de sa propriété, tant que la partie adverse qui se présente pour lui en contester l'objet, ne produit aucun titre de la sienne ( 3 ). C'est pourquoi lorsqu'il y a contestation tant sur le fait de la possession, que sur le droit de propriété, la question du possessoire doit précéder & être jugée ( 4 ) la première ; parce qu'il est nécessaire de connaître quel est celui des contendans qui doit prouver sa propriété, et quel est au contraire, celui auquel il suffit de dire : dès que je possède, la chose est censée m'appartenir, tant qu'on n'aura pas prouvé qu'elle est dans le domaine d'un autre.

Ces deux contestations sont tellement dis-

---

( 1 ) L. 3. ff. *de usucap. et usurpat.* lib. 41. tit. 1.
L. 28. ff. *de verborum signif.* lib. 50. tit. 16.

( 2 ) L. 11. cod. *de petitione hæred.* lib. 3. tit. 31.

( 3 ) L. 2. cod. *de probat.* lib. 4. tit. 19.

( 4 ) L. 35. ff. *de acquir. vel amitt. possess.* lib. 41. tit. 2. *et* L. 37. ff. *de judiciis.* lib. 5. tit. 1.

tinctes, qu'il serait absurde de les cumuler ( 1 );
autrement on ne pourrait qualifier les parties,
ni déterminer celle qui doit jouer le rôle de
demandeur.

# CHAPITRE V.

## De la Justice.

La *justice*, comme le droit, a aussi, dans le
langage vulgaire, ses acceptions différentes.
On la prend quelquefois pour ceux qui n'en
sont que les organes : c'est dans ce sens,
qu'on dit qu'un homme a eu recours à la
justice, pour faire entendre qu'il s'est adressé
aux tribunaux qui doivent la lui rendre.

Mais la justice, dans son sens propre, est ( 2 )
une vertu morale qui porte l'homme à rendre
à chacun ce qui lui appartient.

L'homme en société peut être envisagé soit
relativement au corps social considéré comme
tel, soit relativement aux autres citoyens pris
en particulier.

---

( 1 ) Art. V. tit. XVIII de l'ordonnance de
1667. L'article IV veut même que le jugement
rendu sur la possession soit préalablement exécuté
de la part de celui qui, y ayant succombé, prétend
ensuite agiter la question de propriété.

( 2 ) L. 1. ff. *de justitiâ et jure.* lib. 1. tit. 1.

De-là naît la division de la justice, en distributive & commutative.

La *justice* distributive est la vertu du Gouvernement à l'égard des membres du corps social ; elle s'exerce lorsque l'autorité publique protège également les droits & les propriétés de tous, & qu'elle distribue les récompenses ou qu'elle inflige les peines à chacun, suivant l'exacte proportion de son mérite, ou des délits qu'il a commis, sans privilège ni acception de personne.

La justice commutative est la vertu des citoyens, comparativement les uns aux autres ; elle consiste en ce qu'on rende à autrui ce qui lui appartient dans toute l'étendue de ses droits.

# CHAPITRE VI.

## De la Jurisprudence.

La *justice* commutative n'est qu'une vertu privée, pour laquelle il suffit d'être homme de bien.

Il n'en est pas de même pour la justice distributive, dans celui qui veut l'exercer ; la volonté publique, consignée dans les lois dont les magistrats sont les organes, doit leur être connue, pour qu'ils puissent en faire une juste application aux contestations soumises à leur décision. Mais pour connaître cette volonté, il ne suffit pas de lire les termes dans lesquels les lois sont conçues ; il faut savoir les comparer & en saisir l'ensemble ; les rapporter au principe d'où il faut partir, par les circonstances qui les ont dictées ; concilier ce qu'elles peuvent avoir de contraire en apparence, en prenant l'équité pour interprète, & se rapprochant des droits immuables de la nature ( 1 ). Les idiomes des langues changent, le sens propre attaché aux termes s'altère avec le temps ; il faut que le magistrat arrête en quelque sorte la course de ce destructeur universel, pour faire sortir de l'expression du législateur, l'immortelle raison de la loi. Luttant sans cesse contre la malice des hommes, avec les armes de la raison & de la droiture, le magistrat doit être l'asyle de l'innocence & la terreur du crime. Inaccessible à toute autre crainte qu'à celle du remords, & sans redouter d'autres murmures que ceux de sa conscience, le courage de la justice doit être une habitude pour lui. Enrichi des leçons de l'expérience, il doit, par le langage des faits & de leurs circonstances, lire jusques dans la conscience des plaideurs

_____

( 1 ) L. 7. ff. *de bonis damnat.* lib. 48. tit. 20.

qui sollicitent de lui l'application des lois. Organe vivant de ces lois, il doit se convaincre, en les appliquant, qu'il ne lui appartient ni d'en restreindre les dispositions, ni d'en outre-passer l'étendue, & que la plus grande de toutes les folies est de se croire plus sage que le législateur lorsqu'il a parlé.

Tel est l'art sublime qu'on appelle jurisprudence, qui peut être défini : la science pratique des lois ; art aussi utile que les lois elles-mêmes, puisque les lois ne sont utiles qu'en tant qu'elles sont connues & exécutées.

En résultat, tous les préceptes du droit & de la justice consistent à vivre honnêtement, ne blesser les intérêts de personne, & rendre à chacun ce qui lui appartient ( 1 ).

# CHAPITRE VII.

## Des bases constitutionnelles de l'état civil des citoyens français.

L'ÉTAT civil des citoyens est fixé par l'organisation de leurs droits personnels ; cette organisation n'étant que l'application des articles constitutionnels qui y sont relatifs, c'est dans la constitution qu'on doit en rechercher le

----

( 1 ) L. 10. §. 1. ff. *de justitiâ et jure.* lib. 1. tit. 1.

fondement :

fondement : c'est là qu'est le tronc de l'arbre d'où doivent sortir toutes les branches de la législation.

Deux qualités principales en sont la base: ce sont *la liberté* & *l'égalité*.

La liberté consiste ( 1 ) à pouvoir faire ce qui ne nuit point au droit d'autrui.

L'homme étant né libre, ne doit subir d'autre joug que celui de la loi ; & la loi, pour être fidéle au principe, ne doit restreindre l'usage de ses facultés naturelles , que lorsqu'une plus grande étendue dans leur exercice deviendrait nuisible au bonheur général de la société. Ce n'est qu'en cas d'excès, que le législateur doit commencer à réprimer l'abus.

C'est par une suite nécessaire de ce principe, 1.º que nul ne peut se vendre, ni être vendu ; parce que la personne de l'homme n'est pas une propriété aliénable( 2 ); 2.º que la loi ne reconnaît (3) ni vœux religieux, ni aucun engagement contraire aux droits naturels de l'homme, parce que la même inaliénabilité consacre pour chacune des parties physiques & morales de la personne, le principe qui régit le tout.

( 1 ) Art. II de la déclaration des droits.
( 2 ) Art. XV. *ibid.*
( 3 ) Art. CCCLII, de la Constitution.

En portant l'application de cette maxime
fondamentale des droits à la cause des intérêts
pécuniaires des citoyens, c'est par son empire
que la loi ( 1 ) répute non écrite toute clause impérative ou prohibitive, insérée dans les actes,
non seulement lorsqu'elle est contraire aux
lois & aux mœurs, mais même lorsqu'elle porte
atteinte à la liberté religieuse du donataire,
de l'héritier ou du légataire: lorsqu'elle gêne la
liberté qu'il a de se marier ou remarier, même
avec des personnes désignées : ou d'embrasser
tel état ou profession qu'il juge convenable ;
comme encore lorsqu'elle tend à le détourner
de remplir les devoirs imposés, & d'exercer les
fonctions déférées par les lois aux citoyens.

Les actes de cette espèce ne sont pas déclarés
nuls: la loi ne fait qu'en effacer l'expression,
par laquelle leur auteur aurait voulu apposer
à son bienfait une condition contraire à la
liberté du donataire; & ils doivent, quant au
surplus, être exécutés comme si cette clause
n'y était pas.

Ainsi, comme on le voit fréquemment dans
l'usage, lorsqu'un des époux a été fait donataire

---

( 1 ) Loi du 12 septembre 1791.
Art. I de la loi du 5 brumaire an 2, & art. XII
de celle du 17 nivôse suivant.

où légataire de l'usufruit des biens de l'autre époux prédécédé, mais à condition qu'il ne se remarierait pas; il peut, nonobstant cette prohibition, passer à de secondes noces & conserver son usufruit, parce que la condition qui lui est imposée, étant contraire au droit public, ne peut avoir aucun effet & est déclarée non écrite par la loi.

Quoiqu'en général on puisse laisser à quelqu'un, un usufruit ou une jouissance pour un temps limité, cependant si l'un des conjoints avait laissé à l'autre l'usufruit de ses biens, *pour le temps de sa viduité seulement*, on devrait en décider de même que si le legs lui avait été fait à condition qu'il ne se remarierait pas: parce que ce serait, en d'autres termes, l'expression de la même défense, & qu'il y aurait toujours même opposition mise par le donateur, entre la conservation du legs & l'exercice de la liberté du donataire.

*L'égalité* consiste ( 1 ) en ce que la loi est la même pour tous, soit qu'elle protége, soit qu'elle punisse; elle n'admet aucune distinction de naissance, aucune hérédité de pouvoirs.

Il n'existe donc d'autre distinction person-

_____

( 1 ) Art. III de la déclaration des droits.

nelle entre les citoyens français, que celle qui naît de l'éternelle inégalité des vertus & des talens. Quiconque voudrait en usurper un autre, commettrait un outrage envers la Constitution.

En conséquence il est défendu de rappeller dans aucun acte, les qualifications féodales ou nobiliaires, proscrites par le principe de l'égalité, à peine de six mois d'emprisonnement contre ceux qui les auraient prises, & d'une amende égale au quart de leurs revenus, à prononcer pour la première fois, par le tribunal de police correctionnelle, & de dégradation civique, à prononcer par le tribunal criminel, en cas de récidive.

Les fonctionnaires publics qui auraient concouru à cette infraction à la loi, soit en insérant de pareilles qualifications dans les minutes des actes, soit en délivrant des expéditions qu'ils n'en auraient pas purgées, doivent être destitués & déclarés incapables d'exercer aucune fonction publique, & condamnés à une amende égale au quart de leurs revenus ( 1 ).

_____

(1) Voyez là-deſſus, le décret du 27 septembre

# CHAPITRE VIII.

*Notions générales sur l'état des personnes.*

Ce qui appartient à l'homme en société dérive principalement du rang qu'il occupe dans le corps politique où il est admis. Celui qui se consacre à l'étude de la législation doit donc arrêter ses premiers regards sur l'état des personnes; puisqu'il est la première source de leurs droits & le fondement général de leurs intérêts.

L'état des personnes est ou politique ou civil.

L'état politique des personnes se compose des qualités requises pour être admis à l'exercice des droits de citoyen dans les assemblées du peuple. Ce qui concerne cet état, pris sous ce rapport, appartient entiérement au droit public; nous n'en parlerons ici que sommairement & pour mettre dans ce travail l'ensemble qui doit y regner. Le développement de ce qui constitue cette espèce de droits, fera partie d'un traité particulier, en tête duquel

---

1791, sanctionné le 16 octobre suivant; la loi du 6 fructidor an II, Bult. 44. n°- des lois 240, l'arrêté du Directoire exécutif, du 19 nivôse an VI, Bult. 177. n°. des lois 1660.

nous exposerons d'abord les principes généraux de la morale & du droit naturel, pour y attacher comme à leur base, ceux du droit public français.

L'état civil des personnes se compose des droits de cité : de leurs relations de domicile : de leurs rapports de parenté & d'alliance : des qualités que la loi accorde à leur sexe & à leur constitution physique & morale : de la capacité légale & des facultés requises dans les citoyens pour paraître & participer aux transactions sociales.

On voit par-là que l'état civil qui fait l'objet principal de ce traité, appartient au droit public dans sa cause, en tant qu'il est fondé sur l'organisation sociale ; mais il fait aussi partie du droit privé, dans les conséquences par lesquelles il régle les intérêts pécuniaires des citoyens.

Ainsi il faut distinguer deux choses dans l'état civil des personnes : c'est-à-dire les qualités des citoyens & les droits que la loi y attache.

Les qualités civiles des membres du corps social, telles que la majorité, la minorité, la légitimité de père, d'enfant, de mari & d'épouse, appartiennent entièrement dans leur constitution, au droit public de l'état, puisqu'elles font partie de son organisation. Sous cet aspect, nul citoyen ne pourrait y porter atteinte par aucune transaction particulière; nul, par exemple, ne pourrait se constituer en majorité, tandis qu'il est mineur : ni se procurer par contrat, un état de légitimité qu'il ne tiendrait pas de la loi: parce que nul ne peut, de son autorité propre, déroger au droit public.

Quant aux intérêts pécuniaires qui dérivent de ces qualités, ils appartiennent au droit privé, & ils sont susceptibles d'être modifiés par les transactions sociales des citoyens.

Pour déterminer avec justesse les effets particuliers de ce droit, nous devons commencer par fixer nos idées sur l'empire de leurs causes constitutionnelles ; c'est ce que nous tâcherons de faire dans les chapitres suivans.

# CHAPITRE IX.

## *Des Droits de Cité.*

Par droits de cité en général, on entend la faculté qu'a toute personne qui fait partie d'un corps social, de réclamer les avantages que la loi accorde à ses différens membres.

Les droits de cité sont de deux espèces:

Les premiers résultent des qualités requises pour voter dans les assemblées du peuple, & pour pouvoir être appellé aux fonctions établies par la constitution.

Les seconds dérivent du seul fait de l'association de celui qui les revendique comme membre du corps politique.

La première espèce comprend les droits dont l'exercice intéresse le corps social entier ; l'autre embrasse aussi les droits privés, qui sont immédiatement & principalement établis pour l'avantage des particuliers.

Les uns consistent dans l'action que les citoyens ont sur le gouvernement, comme membres délibérans du souverain ; les autres, au contraire, consistent dans l'organisation civile, dirigée vers les intérêts particuliers de ceux qui composent le corps social.

Les droits politiques du citoyen, étant de la

plus

plus haute importance, puisqu'ils intéressent la république entière, la constitution a dû soumettre ceux qu'elle en rend dépositaires, à des conditions qui lui répondissent de la maturité de leur jugement, de leur capacité, & de leur fidélité dans l'exercice qu'ils en font.

Il n'y a que les hommes, & non les femmes, qui en soient participans. Pour y être admis, il ne suffit pas d'être né Français. Il faut encore être majeur; s'être fait inscrire sur le registre civique de son canton; avoir l'année de domicile (1); payer une contribution directe, foncière ou personnelle (2); ou, à défaut de contribution, avoir fait une ou plusieurs campagnes de guerre pour l'établissement de la république (3).

Par une conséquence du même principe, l'exercice de ces droits se perd par la naturalisation & le domicile de sept ans, sans mission du gouvernement, en pays étranger; par l'affiliation à toute corporation étrangère qui supposerait des distinctions de naissance ou des vœux incompatibles avec la liberté; par l'acceptation de fonctions ou de pensions offertes

---

(1) Art. XVII de la Constitution.
(2) Art. VIII et XI *ibid.*
(3) Art. IX, *ibid.*

par un autre gouvernement; & par la condamnation à des peines afflictives ou infamantes ( 1 ).

L'usage en est suspendu par l'interdiction
judiciaire, pour cause de fureur, de démence,
ou d'imbécillité; par l'état de faillite & de
domesticité à gages; par l'état d'accusation, &
par jugement de contumace ( 2 ).

Il n'en est pas de même des droits privés
du citoyen. Ceux-ci n'intéressant immédiatement dans leur jouissance que les personnes
auxquelles il sont dûs; il suffit d'être membre
du corps social, pour avoir la faculté d'en réclamer la possession constitutionnelle; parce
que quiconque est agrégé dans un état & en
supporte les charges, est en droit de participer
aux bénéfices de l'association générale, qui
ne sont que la compensation des services qu'il
lui rend.

Ainsi les femmes, les mineurs, ceux qui
vivent dans l'état de domesticité, ceux qui
sont en état de faillite, & même les condamnés
à des peines qui n'emportent pas la mort
civile, quoique exclus des assemblées politiques, n'en ont pas moins tous les droits

---

( 1 ) Art. XII et XV de la Constitution.
( 2 ) Art. XIII, *ibid.*

privés de citoyen français. Les secours publics
& les récompenses leur sont dûs comme aux
citoyens actifs, dans la proportion de leurs
besoins & de leurs mérites. Le gouvernement
& les tribunaux sont établis pour les uns,
comme pour les autres. Leur liberté indivi-
duelle est aussi sacrée & l'on ne peut y attenter
sans l'emploi des mêmes formes légales : leur
état de légitimité d'épouse & de mari, de père
ou de fils de famille, est organisé sur les
mêmes principes, & emporte pour eux les
mêmes conséquences : tous participent également aux avantages & à la protection de l'autorité maritale ou de la puissance paternelle,
au bénéfice de la légitimation établie pour
ceux dont la naissance n'aurait pas été avouée
par la loi ; tous sont également, & dans le
même ordre, appellés à recueillir les successions déférées aux héritiers du sang.

# CHAPITRE X.

## *Des Aubains* ( 1 ) *ou Étrangers.*

ON entend par étranger ou aubain, celui qui est ( 2 ) né dans un autre pays, & qui n'a point été naturalisé en France.

C'est une maxime invariable du droit des gens, que quiconque passe sur les terres d'un état étranger, y demeure, dès le moment même de son entrée, soumis à toutes les lois de police qui y sont en vigueur; que s'il refusait d'en reconnaître l'autorité, il pourrait être traité comme ennemi & chassé; qu'étant soumis à l'action de la police, il doit être puni, pour toute espèce de délits commis sur ce territoire, des mêmes peines & dans les mêmes formes que les citoyens.

Mais quoique l'étranger soit soumis aux lois du pays où il a reçu l'hospitalité, il n'y acquiert pas, par cela seul, les droits de cité ni politiques ni privés, parce que tant qu'il fait partie d'une corporation étrangère, l'état

---

( 1 ) *Sic dicuntur quasi alibi nati.*
( 2 ) Art. VIII, de la Constitution.
L. 7. cod. *de incolis*, lib. 10. tit. 39.
L. 228. ff. *de verbor. significat.* lib. 50. tit. 16.

de sa personne est réglé par les lois du gouvernement auquel il appartient par sa naissance, & par son premier pacte social dont il
n'est pas affranchi.

Il ne faut cependant pas conclure de ces
maximes, que l'étranger ne puisse revendiquer
aucun droit dans un pays qui n'est pas le sien.
Quoiqu'il n'y puisse exercer les droits de
cité, & que l'état de sa personne ne soit pas
réglé par la constitution de ses hôtes, il participe à tout ce qui dépend du droit des
gens (1); pour toutes les transactions commerciales, les tribunaux lui doivent la même
justice & protection qu'au citoyen.

L'étranger acquiert les droits de cité en
France, lorsque, après avoir atteint l'âge de
vingt-un ans accomplis, & avoir déclaré l'intention de se fixer dans la république, il y
a résidé pendant sept années consécutives,
pourvu qu'il y paye une contribution directe,
& qu'en outre il possède une propriété foncière ou un établissement d'agriculture ou de
commerce, ou qu'il ait épousé une Française (2).

---

(1) L. 8. ff. *de capite minut.* lib. 4. tit. 5.
L. 9. ff. *de justitiâ et jure. et instit.* §. 3. *in fin. de
legitim. agnat. tutel.* lib. 1. tit. 15.
(2) Art. X. de la Constitution.

Dans l'ancien ordre de choses, quoique les aubains ou étrangers fussent, parmi nous, capables de faire toute sorte de contrats ; d'acquérir & posséder en France, des immeubles & de les revendre ; d'y contracter mariage & d'y accepter des libéralités entre vifs ; néanmoins ceux qui étaient sujets des puissances avec lesquelles il n'y avait point de traités qui en disposassent autrement, étaient incapables de faire (1) ou recevoir (2) en France aucune libéralité à cause de mort. Ils ne pouvaient pas même être témoins ( 3 ) dans un testament. Les successions, soit de ceux qui décédaient en France, soit des Français qui ne laissaient d'autres parens que des étrangers, étaient, pour tous les biens qu'ils pouvaient avoir acquis sur le territoire Français, dévolues au fisc ; & c'est ce qu'on appellait droit d'aubaine.

Mais depuis la révolution (4), & notamment

---

( 1 ) L. 1. ff. *ad legem falcidiam.* lib. 35. tit. 2. *Voyez* Domat, sur l'état des personnes, tit. 2. section 2. n.º 11.

( 2 ) L. 1. cod. *de heredibus instit.* lib. 6. tit. 34. L. 6. §. 2. ff. *eod.* lib. 28. tit. 5.

( 3 ) L. 21. cod. *de testam.* lib. 6. tit. 23. Art. XL de l'ordonnance de 1735.

( 4 ) Art. III du décret du 8, sanctionné le 15 avril 1791.

depuis la constitution ( 1 ) de l'an III , les droits
de successibilité étant rapportés aux mêmes
principes du droit des gens qui régissent les
conventions, les étrangers établis ou non en
France, succèdent à leurs parens, étrangers ou
Français. Non-seulement ils peuvent contracter,
acquérir & recevoir des biens situés sur le territoire de la république, mais encore en disposer par tous les moyens autorisés par les
lois, comme & de la même manière que les
citoyens Français : sauf les confiscations qui
pourraient être établies par les décrets, contre
les sujets des puissances avec lesquelles la république serait ( 2 ) en guerre : d'où il résulte
qu'aujourd'hui les étrangers peuvent tester en
France.

A l'égard des délits commis par les étrangers hors du territoire Français; régulièrement
parlant, ils ne peuvent être poursuivis ( 3 ) ni
jugés en France pour cet objet: l'on n'excepte
que ceux qui auraient falsifié la monnaie

---

( 1 ) Art. CCCXXXV. de la Constitution.

( 2 ) Voyez le décret du 19 vendémiaire an II,
portant confiscation au profit de la république, de
tous les biens sis et situés en France, & appartenant aux sujets de la Grande-Bretagne.

( 3 ) Art. XIII. de la loi du 3 brumaire an 4ᵉ
Bult. 204, n°. des lois 1221, 1.ᵉʳᵉ série.

nationale, ou contrefait les papiers ayant cours en France, ou qui les auraient sciemment exposés & distribués ( 1 ); parce qu'alors c'est un vol public dont le gouvernement est en droit de tirer une vengeance nationale, sur ceux des étrangers qui, après s'en être rendus coupables, même hors de France, seraient trouvés & arrêtés sur le sol de la république ( 2 ).

Lorsqu'on veut exercer une action civile contre un étranger, pour une cause qui, par sa nature, est dévolue aux tribunaux français, on doit le citer, à délai compétent, au domicile du commissaire ( 3 ) du gouvernement près le tribunal civil du département; ce magistrat, par sa correspondance, fait passer la copie d'assignation au pays de l'étranger.

---

( 1 ) Art. XII de la loi du 3 brumaire an 4, Bult. 204 n°. des lois 1221 1.e série.

( 2 ) Art. LXXX, *ibid.*

( 3 ) Art. VII. tit. II de l'ordonnance de 1667.

CHAPITRE XI.

# CHAPITRE XI.

## De l'Incolat.

L'incolat consiste dans l'établissement par lequel un étranger vient se fixer en France, & y acquiert la qualité de républicole ( 1 ).

L'Étranger, comme le Français, peut avoir un domicile en France, lorsqu'aucune loi n'y interdit ( 2 ) son admission; c'est même le mode constitutionnel ( 3 ) par lequel il peut y acquérir les droits de citoyen Français. Il devient républicole comme les natifs du pays, dès qu'il a son domicile légalement acquis dans l'intérieur de la république.

Le nouveau républicole, qui a ainsi adopté une seconde patrie, sous le bénéfice de la constitution qui le lui permet, & qui jouit ( 4 ) dès-lors, des biens & avantages communs à ceux qui l'agrégèrent pour concitoyen, ne doit plus être confondu avec l'étranger proprement dit. Cette dernière qualité ne convient strictement qu'aux personnes originaires

---

( 1 ) L. 239. §. 2. ff. *de verbor. significat.* lib. 50. tit. 16.

( 2 ) L. 31. ff. *ad municipalem.* lib. 50. tit. 1.

( 3 ) Art. X de la Constitution.

( 4 ) L. 35. ff. *dict. tit. ad municipal.*

d'un autre pays, & qui n'ayant pas leur domicile en France, s'y trouvent momentanément, ou qui n'y ont qu'une simple résidence de fait. L'étranger est toujours réputé
tel, tant qu'il n'a pas manifesté par un éta-
blisement fixe & à perpétuelle demeure, qu'il a
quitté sa patrie native pour n'y plus retourner.

Le nouveau républicole diffère donc de l'é-
tranger, & dans le fait & dans le droit.

Il en diffère dans le fait, en ce que, par la
fixation de son domicile à perpétuel séjour
dans sa patrie adoptive, il a fait acte d'abandon
du corps politique auquel il tenait par sa naissance, pour s'incorporer dans un autre; tandis
que l'étranger proprement dit, n'étant que sous
la sauve-garde de l'hospitalité, demeure soumis
aux liens qui l'attachent à sa société native à
laquelle il n'a pas renoncé.

Il en diffère dans le droit, en ce que dès-
lors & pour l'avenir, l'état civil & privé du
républicole doit être réglé par les lois Françaises; tandis que celui de l'étranger proprement dit, dépend toujours de celles du gouvernement natal auquel il tient, tant qu'il n'a
pas rompu les liens du contrat social qui l'y
attachent.

Le nouveau républicole, comme participant,

par son établissement, aux droits privés de cité, est aussi tenu de partager (1) le fardeau des charges imposées à ses nouveaux concitoyens : tels que sont l'impôt personnel, l'obligation de concourir aux levées pour la défense de la patrie, les devoirs (2) de tutelle & autres charges (3) indépendantes des pouvoirs & fonctions contitutionnels.

Il ne faut pas confondre non plus les droits de citoyen avec les droits privés qui résultent du domicile. La naissance (4) ou la naturalisation (5) produisent les droits publics de cité : le simple domicile ne donne que ceux de l'incolat (6); en sorte que celui qui a acquis ce domicile, sans être encore naturalisé, tient un milieu entre l'étranger & le citoyen natif.

Par son domicile légalement acquis, l'étranger se trouve à la vérité, pour tous ses droits privés, incorporé dans la société qui

---

(1) L. 37. ff. *ad municipalem.* lib. 50. tit. 1.
L. 1. cod. *de municipibus.* lib. 10. tit. 38.
(2) L. 1. ff. *de muneribus.* lib. 50. tit. 4.
(3) *Peresius in cod.* lib. 10. tit. 38. n°. 17.
(4) L. 30. ff. *ad municipalem.* lib. 50. tit. 1.
(5) Bult. 188, n.° des lois 1745. p. 8. 2.° série.
L. 7. cod. *de incolis.* lib. 10 tit. 39.
(6) L. 239. §. 2. ff. *de verbor. signif.* lib. 50. tit 16.

l'admit en son sein, puisque, d'une part, il
a abandonné son pays natal sans intention de
retour, & que, d'autre côté, sa nouvelle patrie
l'a adopté au nombre de ses habitans; mais
comme il doit donner des preuves de son
attachement & de sa fidélité à cette mère
adoptive, la constitution veut qu'avant que de
jouir de sa confiance, il demeure exclus de
l'exercice des droits politiques de citoyen,
jusqu'à ce qu'il ait satisfait aux autres conditions qui lui sont imposées, pour être regardé
comme membre actif du souverain délibérant.

# CHAPITRE XII.
## Du Domicile.

Qu'est-ce que le domicile, & quelles sont les circonstances principales qui le caractérisent?

Quelles sont les différentes espèces de domicile?

Par quel genre de preuves peut-on constater le domicile?

Quelles sont les personnes qui peuvent acquérir un domicile propre?

Quelle est l'influence du domicile sur l'état des personnes?

Quels sont les effets résultans du domicile, sur les négociations & les intérêts pécuniaires des domiciliés?

Quand & comment perd-on son domicile?

Telles sont les questions principales qui se présentent ici à examiner.

## §. I.er

*Qu'est ce que le Domicile, et quelles sont les circonstances principales qui le caractérisent?*

Le domicile consiste dans la relation morale de l'homme avec le lieu de résidence (1)

---

(1) L. 27. §. 1. ff. *ad municipalem.* lib. 50. tit 1.

qu'il a choisi pour y fixer le siège administratif de sa fortune, le centre de ses négociations sociales, l'établissement de ses affaires.

Le domicile, comme on le voit par cette définition, est caractérisé par la réunion de plusieurs choses: c'est-à-dire, par l'habitation (1) de fait, par le choix libre & la volonté (2) de s'y fixer, par l'habitude & l'intention du retour (3) quand on en sort.

Le domicile est indépendant de la propriété du lieu de la résidence, puisqu'on peut s'établir chez l'étranger (4).

Il ne peut résulter de la seule possession du manoir où l'on n'habiterait pas (5) de fait, puisqu'il ne peut être constitué sans l'accès effectif & corporel du domicilié.

Il est indépendant de la longueur du temps pendant lequel on aurait été retenu dans un endroit (6), puisque c'est le dessein de ne s'en

_____

(1) L. 20 ff. *ad municipalem.* lib. 50. tit. 1.
(2) L. 31. ff. *eodem.*
(3) L. 7. cod. *de incolis.* lib. 10. tit. 39.
(4) L. 239. §. 2. ff. *de verbor. significa.* lib. 50. tit. 16.
(5) L. 4. cod. *de incolis.* lib. 10 tit. 39.
L. 27. §. 1. ff. *ad municipalem.* lib. 50. tit. 1.
(6) L. 78. *in princip.* ff. *de legat.* 3. lib. 32. tit. 1.
L. 27, §. 3. ff. *ad municipalem.* lib. 50. tit. 1.

pas retourner, qui le différencie de la résidence ( 1 ) de fait, laquelle peut être plus ou
moins prolongée contre la volonté, & avec le
dessein de retour.

## §. II.

*Quelles sont les différentes espèces de Domicile ?*

1°. On distingue le domicile d'origine &
le domicile postérieurement acquis par nouvelle habitation.

Strictement parlant, l'homme n'a qu'un
vrai domicile qui est celui de sa résidence
habituelle; il ne peut conserver le premier,
en en contractant un second. Cependant
comme le domicile ne dépend pas précisément
de l'ubiquité physique qui ne peut être qu'en
un seul endroit, mais de l'attachement moral
au lieu où la personne fixe ses habitudes, il ne
serait pas impossible qu'elle en eût deux ( 2 ),
si elle était attachée à deux habitations également principales ( 3 ); mais on ne prendrait
pas pour domicile, la simple demeure momentanée que ferait un propriétaire dans sa

---

( 1 ) L. 26. ff. *de captivis et post-liminio reversis.* lib.
49. tit. 15.

( 2 ) L. 5. ff. *ad municipalem.* lib. 59 tit. 1.

( 3 ) L. 6. §. 2. *eodem.*

campagne, en certains temps de l'année, pour y soigner la culture de ses fonds ; s'il était dans l'habitude d'en transporter le produit, & de vivre dans une autre habitation ( 1 ).

2.º On distingue le domicile de dignité qui est celui du fonctionnaire public à poste fixe, & qui demeure au lieu où la loi l'appelle à ses fonctions ( 2 ), en vertu duquel il peut voter dans les assemblées du peuple, quoiqu'il n'y serait pas depuis un an ( 3 ); mais ce second domicile ne lui fait pas perdre les avantages du premier, lorsque ses fonctions ne sont pas ( 4 ) à vie. L'un est seulement ajouté ( 5 ) à l'autre ; & la loi, par fiction, le répute dans les deux endroits, ou plutôt le considère comme attaché à deux domiciles.

3.º On distingue le domicile d'élection qui est le lieu choisi par la convention des parties pour l'exécution de leur contrat, ou qui est

---

( 1 ) L. 27. §. 1. *ad municipalem.* lib. 50, tit. 1.

( 2 ) L. 8. cod. *de incolis.* lib. 10. tit. 39.

( 3 ) Décrets des 8 & 11 juin 1790, sanctionnés le 15 du même mois.

Loi du 21 fructidor an **III**, Bult. 176. nº. des lois 1076.

( 4 ) Art. **VI**, sect. **II.** de la loi du 10 juin 1793.

( 5 ) L. 11. ff. *de senatoribus.* lib. 1. tit. 9.

le lieu désigné par un acte judiciel, pour y recevoir les significations à intervenir dans une procédure.

Suivant la loi du 17 frimaire ( 1 ) an V, les parties non domiciliées dans le lieu où le tribunal de première instance est établi, sont tenues, pour le fait des exclusions des tribunaux d'appel, à peine de déchéance de la faculté d'exclure, d'y faire élection de domicile, par déclaration au greffe, dans la huitaine du jour du jugement, si elles ne l'avaient précédemment fait dans le cours de l'instance.

Le domicile d'élection ne sert qu'à l'exécution des actes pour lesquels il est constitué.

4.ᵉ On distingue le domicile forcé ( 2 ) acquis à l'exilé, au relégué ou au prisonnier dans les lieux où ils sont envoyés, lesquels retiennent aussi celui d'origine ( 3 ), où ils peuvent avoir un procureur ( 4 ); en sorte que l'état de leurs personnes est encore régi par les statuts des lieux d'où ils sont partis ( 5 ).

---

( 1 ) Bult. 95. n.ᵉ des lois 901.
( 2 ) L. 22. §. 3. ff. *ad municipalem.* lib. 50. tit. 1.
( 3 ) L. 27. §. 3. ff. *eodem.*
( 4 ) L. 20. ff. *de minoribus.* lib. 4. tit. 4.
( 5 ) Mornac, *ad legem.* 27. ff. *ad municipalem.*

## §. III.

*Par quel genre de preuves peut-on constater le Domicile ?*

Comme le domicile depend, régulièrement parlant, du choix de celui qui l'a fixé, pour l'exercice de ses droits & l'acquit des charges qu'il doit à la société, on en trouve la preuve dans l'acte d'inscription du domicilié sur le registre civique de la commune ( 1 ) & du canton ( 2 ); sur le contrôle de la garde nationale sédentaire ( 3 ); sur le rôle de la contribution volontaire ( 4 ) en valeur de trois journées de travail ; dans la quote d'imposition sur les rôles de la contribution personnelle & somptuaire ( 5 ); dans la vérification du lieu où sa patente lui a été délivrée, s'il en a une ( 6 ),

---

( 1 ) Titre I. art. I & II du décret du 19 juillet 1791, sanctionné le 22 du même mois.

( 2 ) Art. VIII de la Constitution.

( 3 ) Art. CCLXXIX. de la Constitution.

Art. I. sect. II du décret des 27 & 28 juillet 1791, sanctionné le 12 août suivant.

( 4 ) Art. CCCIV. de la Constitution.

( 5 ) Bult. 169, n°. des lois 979, 1.ere série.

( 6 ) Art. III & IV de la loi du 4 thermidor an III, même Bult.

& dans les actes où l'homme aurait énoncé sa résidence.

A défaut de ce genre de preuves, ou si elles étaient équivoques, alors ce sont les actes corporels de demeure effective, d'habitude de retour, de relations commerciales, d'établissement d'atelier, d'exercice de profession, de fréquentation d'assemblées communales, de participation ( 1 ) à la célébration des décadis & fêtes nationales dans un endroit plutôt que dans un autre, qui déposent sur la fixation du lieu du domicile; parce que tous ces actes indiquent la volonté associative de celui qui y attache ses habitudes.

Tout homme ayant nécessairement un domicile, à moins qu'il n'y ait renoncé & ne s'en soit éloigné avant que d'en avoir choisi ( 2 ) un autre, dans le doute sur le changement, la présomption est pour la permanence de celui d'origine, parce qu'il doit passer pour y tenir, tant qu'il n'est pas constant qu'il l'a abandonné.

_____

( 1 ) L. 27. §. 1. ff. *ad municipalem.* lib. 50. tit. 1.
( 2 ) D. L. 27. §. 2. ff. *eod.*

## §. IV.

*Quelles sont les personnes qui peuvent acquérir*
*un Domicile propre ?*

Tout homme, en naissant, a un domicile
natif : c'est celui ( 1 ) de son père ; & comme
la fixation de sa demeure tient à l'exercice de
sa liberté, il peut ( 2 ) en changer : tel est le
principe général. Mais quelles sont les personnes qui, dans le droit, sont habiles à en
changer ? & dans le fait, quand ce changement
doit-il être regardé comme ayant été con-
sommé ? Cette double question reçoit sa réponse par l'application des principes énoncés
dans la définition même du domicile.

Là est le domicile, où le père de famille a
établi le siége de ses affaires, pour n'en sortir
momentanément que dans le dessein du retour.
Il faut donc avoir l'administration de ses
affaires, & être capable de négociations civiles
pour pouvoir changer son domicile, & s'en
choisir un nouveau, puisqu'il est le centre déterminé où elles aboutissent.

---

( 1 ) L. 1. §. 2. ff. *ad municipalem.*
L. 3. cod. *de municipibus.* lib. 10. tit. 38.
( 2 ) L. 31. ff. *ad municipalem.* lib. 50. tit. 1.

De-là il résulte que le fou, l'imbécille, l'insensé, le furieux, l'interdit, conservent toujours leur domicile natal sur l'état de leurs personnes, puisque, n'ayant point de volonté, ils ne peuvent en contracter un autre, & que, pour l'exercice de leurs intérêts pécuniaires, ils ne peuvent avoir que celui de leurs curateurs administrans : parce que ce sont ces administrateurs qui les représentent dans toutes leurs négociations, & contre lesquels on doit agir.

Qu'il en est de même de l'impubère fils de famille ou pupille, dont le domicile ne peut être, pour les actions à exercer contre lui, autre que celui de son père ou de son tuteur ( 1 ) ; parce qu'il est également, par lui-même, incapable d'administrer.

Que, tant que le mariage dure, la femme ne peut avoir ( 2 ) d'autre domicile que celui de son mari, qui est le chef de là société conjugale, & dont elle doit suivre le sort, à moins qu'elle n'ait été séparée de biens par autorité de justice.

_____

(1) L. 1. §. 2. ff. *de tutor. & curator. dat.* lib. 26. tit. 5.

( 2 ) L. 38. §. 3. ff. *ad municipalem.* lib. 50. tit. 1. L. 9. cod. *de incolis,* lib. 10. tit. 39.

A l'égard du fils de famille sorti des années de la pupillarité, il est toujours censé conserver le domicile de son père ( 1 ), à moins qu'il ne soit prouvé qu'il en a déterminément choisi un autre; ce qui est possible ( 2 ), parce qu'on peut déjà trouver en lui un administrateur de ses affaires.

En ce qui concerne le mineur non pupille, son domicile lui est propre, indépendamment de celui de son curateur; il peut en changer, soit parce que ce changement tient à la liberté naturelle de l'homme, soit parce qu'il est lui-même l'administrateur de ses biens, quoiqu'il ait besoin de l'autorisation d'un curateur, qui, chez nous, n'est pas administrant.

Mais quand doit-on décider que le changement d'habitation a opéré celui de domicile,

---

( 1 ) L. 3. cod. *de municipibus.* lib. 10. tit. 38.

( 2 ) LL. 3, 4, 6. §. 1. & 17. §. 11. ff. *ad municipalem.*

*Nota.* La plupart des auteurs de jurisprudence n'accordent cette faculté de changer de domicile qu'aux fils de famille majeurs; mais les lois ci-dessus citées ne distinguent rien; & comme en pays de droit écrit, le mineur peut administrer, nous ne pensons pas que cette distinction soit dans l'esprit de la loi.

à l'égard des personnes qui ont capacité suffisante pour le faire?

Choix libre & volontaire : habitation fixe : dessein d'y retourner. Voilà le principe.

Il en résulte 1.° que l'étranger & le simple voyageur, quoiqu'à long cours, ne changent pas leur domicile, puisqu'ils ne le quittent de fait, que pour y retourner.

2.° Qu'il en est de même de celui qui se sépare simplement de sa famille, pour aller faire ses études dans un autre lieu, tant qu'il n'a pas déclaré expressément, ou par des faits déclaratifs de sa volonté, le dessein de se fixer (1) définitivement ailleurs qu'en son domicile natal, parce que son habitation dans l'endroit de ses études n'est censée que passagère, & suppose naturellement le dessein du retour en celui de sa naissance.

3.° Qu'il en est encore ainsi, soit des militaires & autres employés dans les armées, soit des fonctionnaires publics dont les postes (2) seraient ambulans.

Les personnes de ce caractère sont moins censées avoir abandonné leur domicile, que

---

(1) L. 2. cod. *de incolis.* lib. 10. tit. 39.
(2) L. 22. §. 6. ff. *ad municipalem.* lib. 50. tit. 1.

quitté de fait & momentanément, leur résidence, puisqu'il n'y a aucune fixité de lieu aux postes où leurs fonctions les appellent.

Il faut cependant en excepter ( 1 ) ceux des militaires qui n'auraient aucune possession dans leur lieu d'origine, à l'égard desquels le domicile est par-tout où ils font leur service, parce que le siège de leurs affaires ne peut être nulle part ailleurs.

4.º Qu'il faut décider autrement, soit à l'égard du domestique ( 2 ) à gages & du fermier ( 3 ) à temps. L'un & l'autre transportent leur domicile au lieu de leurs services ou exploitations ; parce que leur état est de leur choix, & qu'il a précisément pour motif l'établissement de leur fortune.

## §. V.

*Quelle est l'influence du Domicile sur l'état des personnes ?*

L'état des personnes étant indivisible, il ne peut y avoir deux espèces de domiciles en con-

---

( 1 ) L. 23. ff. *ad municipalem.* lib. 50. tit. 1.

( 2 ) *Argumentum ex lege* 6. §. 3. *et lege* 22. *in princip.* ff. *eodem.*

( 3 ) L. 239. §. 2. ff. *de verbor. significat.* lib. 50. tit. 16.

Art. III et IV section II de la loi du 10 juin 1793.

currence,

currence, pour en fixer les qualités. Ainsi, dans la solution de cette question, on ne doit considérer que le domicile d'origine, quand il a été conservé, ou celui qui, après l'abandon du lieu natal, aurait été définitivement choisi par l'homme maître de ses actions, & agissant librement.

D'abord, en ce qui concerne l'état politique du domicilié, sa résidence prolongée pendant un an dans le canton, lui donne le droit d'y voter à l'assemblée primaire, avec les autres citoyens actifs, si déjà il était Français.

Pour mieux saisir l'influence du domicile sur l'état civil & privé du domicilié, soit qu'on le suppose déjà Français, soit qu'étranger auparavant, il n'ait encore que la qualité de simple ou nouveau républicole ; il faut partir du principe, que tout homme qui est reçu dans un pays où il se transporte pour s'y établir, se trouve dès-lors agrégé au pacte social qui y existe entre les habitans. Il demeure soumis à l'empire des lois qui y regnent, & aux charges qui y sont imposées ; & par réciprocité, il doit jouir des bienfaits privés que l'association dont il fait partie, assure à tous les membres qui la composent.

Cette maxime fondamentale du droit public,

n'est pas moins applicable à la cause de l'étranger qui vient se fixer en France, sous l'égide de la constitution qui le lui permet, qu'à celle d'un Français qui quitterait une des ci-devant provinces, pour se fixer dans une autre dont la coutume, encore subsistante, l'investirait de droits différens de ceux établis en son lieu natal. L'un comme l'autre devient également dépendant de la loi, sous l'empire de laquelle il va s'établir ; & comme elle doit être la même pour tous ceux qui y sont soumis, leurs droits, & leur état privé de citoyens, doivent être aussi les mêmes.

Ainsi, si le nouveau domicilié devient époux & père dans l'endroit où il s'est fixé, les effets de l'autorité maritale & de la puissance paternelle, doivent être réglés pour lui, d'après les lois de son domicile actuel, sans égard à celles du pays qu'il a quitté ; ses droits ne peuvent être différens de ceux des autres habitans, puisqu'il est incorporé à leur association.

Mais il ne faut pas perdre de vue, que les effets dont nous parlons ici ne peuvent résulter que d'un domicile proprement dit : c'est-à-dire, dont la constitution soit effective & volontaire.

Elle doit être effective ( 1 ), parce qu'on ne peut se fixer dans un endroit, & invoquer les lois d'un autre, sans s'y transporter.

Elle doit être l'effet de la volonté ( 2 ) de celui qui change de domicile, puisqu'il s'agrège à un autre pacte social.

D'où il résulte 1.<sup>e</sup> que lorsque le mariage, par exemple, est célébré dans le pays de l'épouse, sans que le mari ait renoncé à son domicile propre, l'état des époux doit être réglé d'après la loi du domicile marital (3), sans égard à celle qui aurait lieu dans l'endroit du contrat ; parce que la femme suit le sort du mari, & que celui-ci n'est pas censé avoir eu la volonté de changer le statut de son domicile, pour vivre sous un autre, quand la destination n'en est pas énoncée.

2.<sup>o</sup> Que ceux qui ne peuvent avoir de volonté légale, tels que l'interdit, le pupille, l'insensé, ne pouvant changer le pacte social sous la loi duquel ils sont nés, puisqu'ils sont incapables d'en contracter un autre, c'est le statut de leur domicile natal, qui règle l'état de leurs personnes, quoique leur domicile administratif, pour

---

( 1 ) L. 20. ff. *ad municipalem*. lib. 50. tit. 1.
( 2 ) L. 31. ff. *eodem*.
( 3 ) L. 65. ff. *de judiciis*. lib. 5. tit. 1.

l'exercice des actions pécuniaires indépendantes de leur état personnel, soit celui de leurs tuteurs administrans, comme nous l'avons déjà dit.

## §. VI.

*Quels sont les effets résultans du Domicile, sur les négociations & les intérêts pécuniaires des domiciliés ?*

Les effets dont il s'agit ici, sont relatifs ou aux impositions, ou aux actes judiciaires, ou aux contrats.

1.º En ce qui concerne l'impôt, c'est dans le lieu de son domicile, que le citoyen doit être compris sur les répartemens d'impositions mobiliaire, somptuaire & de charges locales.

2.º En ce qui concerne les actes judiciaires, & d'abord en matière criminelle ou de police, le juge compétent pour la poursuite des coupables, est indifféremment celui du lieu du délit, ou celui de la demeure habituelle ou momentanée du prévenu; En cas de concurrence de la part des deux, l'instruction de la procédure est déférée à celui qui le premier a délivré le mandat d'amener; s'il a été délivré par les deux le même jour, le juge du lieu du délit est préféré, comme étant à portée d'en acquérir une connaissance plus parfaite ( 1 ).

En matière civile, chaque fois qu'on agit par action personnelle ou mobiliaire, ou en cause ( 2 ) d'état, le demandeur est obligé de citer le défendeur pardevant le juge du domicile ( 3 ) de celui-ci.

Si l'action est réelle ou mixte, le demandeur a le choix ( 4 ) de citer le défendeur pardevant le juge du domicile de ce dernier, ou par-devant celui du lieu où les biens sont situés.

Mais lorsqu'il s'agit de la liquidation d'une succession, toutes contestations entre co-héritiers ou autres parties intéressées, jusqu'au partage effectué, doivent être portées par-devant le juge du lieu où la succession est ouverte ( 5 ).

---

( 1 ) Art. LXXVI. & suivans de la loi du 3 brumaire an 4, sur les délits & les peines. Bult. 204. n.º des lois 1221, 1ᵉ série.

( 2 ) L. 3. cod. *ubi causa status agi debeat*. lib. 3. tit. 22.

( 3 ) L. 2. cod. *de jurisdiction. omnium judicum.* lib. 3. tit. 13.

Loi du 26 ventôse an IV, Bult. 33. n.º des lois 243. art. I.

( 4 ) Même loi art. III. et encore L. 3. cod. *ubi in rem actio exerceri debeat.* lib. 3. tit. 19.

( 5 ) Même loi du 26 ventôse, et L. 19. *in prin.* ff. *de judiciis.* lib. 5. tit. 1.

Dans tous les cas où l'on exerce un mis en cause, c'est par-devant le tribunal où le procès fut d'abord intenté, qu'on doit traduire celui dont le mis en cause est ordonné ( 1 ), encore qu'il soit domicilié dans une autre jurisdiction ( 2 ); parce que le même procès ne peut être agité tout à la fois en deux tribunaux différens, qui, par des jugemens contraires, pourraient rendre la justice incertaine.

Les fonctionnaires publics qui retiennent leur domicile d'origine, pour l'effet des qualités personnelles qu'il leur donne ( 3 ), doivent être cités aux domiciles de leurs fonctions ( 4 ), pour la discussion des causes de leurs intérêts pécuniaires.

Les condamnés à temps, à des peines afflictives : les absens pour cause de faillite, pour voyage de long cours, ou hors de l'état, sont valablement cités à leur dernier domicile ( 5 )

---

( 1 ) L. 54. ff. *de judic.* lib. 5. tit. 1.

( 2 ) Art. II de la loi du 26 ventôse, précitée.
L. 4. cod. *de jurisdictione omnium judic.* lib. 3. tit. 13. —— L. 30. ff. *de judiciis.* lib. 5. tit. 1.

( 3 ) L. 23. ff. *ad municipalem.* lib. 50. tit. 1.

( 4 ) L. 2. cod. *ubi senatores vel clarissimi.* lib. 3. tit. 24.

( 5 ) Art. VIII. tit. II de l'ordonnance de 1667.

Les personnes qui n'auraient aucun domicile connu, doivent être citées ( 1 ) par cris
publics, au principal marché du lieu où siège
le tribunal.

3.º En ce qui concerne les contrats, le premier qui se présente, c'est le mariage. Pour
le former, il faut une résidence de six mois ( 2 )
dans le canton ( 3 ) où l'on veut le célébrer.
Mais il faut remarquer que la loi ne demande
ici, qu'une simple habitation de fait, laquelle
ne doit point être confondue avec le domicile
proprement dit, qui fixe l'état des personnes.

A l'égard des autres contrats pour lesquels
on aurait élu un domicile particulier, c'est
là qu'on doit les exécuter (4), à peine de dommages-intérêts ( 5 ). Quoique les particuliers
ne puissent, par leurs conventions privées, donner un caractère (6) public de juge, à celui
qui ne l'a pas ; néanmoins ils peuvent con-

_____

( 1 ) Art. IX, tit. II. de l'ordonnance de 1667.

( 2 ) Art. II, section II, tit. IV de la loi du
20 septemb. 1792.

( 3 ) Art. III de la loi du 13 fructidor an VI,
Bult. 221. nº- des lois 1980.

( 4 ) L. 9. ff. *de eo quod certo loco.* lib. 13. tit. 4.

( 5 ) L. 2. §. 8. ff. *eodem.*

( 6 ) L. 3. cod. *de jurisdiction.* omnium judic. lib.
3. tit. 13.

venir ( 1 ) du tribunal où seraient portées les difficultés qui pourraient s'élever dans l'exécution de leurs traités. Cette convention doit être remplie ( 2 ), sans qu'on puisse regarder le jugement comme une sentence arbitrale ; parce qu'alors la partie non domiciliée dans ce ressort, ne fait que renoncer au privilège de son domicile : un tel pacte ne renferme ( 3 ) rien contre les bonnes mœurs, ni le droit public.

Mais il faut remarquer ici trois choses :

*La première :* qu'il ne suffirait pas d'avoir promis de payer en un certain endroit, pour rendre compétent le juge du lieu fixé pour le paiement. Le choix même du tribunal doit être expressément stipulé pour qu'on ne puisse le décliner, après la citation ; parce qu'autre chose est de promettre le paiement d'une somme dans un certain lieu, autre chose est de s'obliger à y aller plaider, en cas de contestation.

---

(1) L. 1. cod. *de jurisd. omn. judic.* et L. 1. ff. *de judiciis.* lib. 5. tit. 1.

( 2 ) Art. V. tit. I. du décret du 16 août 1790, sanctionné le 24 du même mois.

( 3 ) L. 2. ff. *de judiciis.* lib. 5. tit. 1.

L. 29. cod. *de pactis.* lib. 2. tit. 3.

*La*

*La seconde* : que, quand même le tribunal aurait été fixé par la convention, le débiteur en retard, serait encore valablement cité ( 1 ) par-devant celui de son domicile, tant qu'il n'y aurait pas eu litispendance à l'autre : seulement il pourrait demander le renvoi au tribunal convenu, en exécution du contrat.

*La troisième* : que les règles dont on vient de parler, ne s'appliquent qu'aux matières pour la connaissance desquelles les tribunaux sont constitutionnellement compétens : parce qu'on ne pourrait, par des conventions particulieres, déroger à l'ordre public, pour des objets qui, par leur nature, seraient hors de la mission du juge, comme nous l'avons déjà dit ailleurs.

## §. VII.

### *Quand et comment perd-on son domicile ?*

Le domicile se perd par la volonté & le fait de celui qui se transporte ailleurs ( 2 ) : en sorte qu'une simple renonciation qui ne serait pas suivie d'exécution ( 3 ), serait

---

( 1 ) L. unicâ. cod. *ubi conveniuntur qui certo loco*. lib. 3. tit. 13.

( 2 ) L. 20. ff. *ad municipalem*. lib. 50. tit. 1.

( 3 ) L. 4. cod. *de municipibus*. lib. 10. tit. 38. L. 1. cod. *de incolis*. lib. 10. tit. 39.

impuissante pour dégager l'homme des charges qui y sont affectées ( 1 ).

La veuve est censée retenir celui de son mari défunt, tant qu'elle n'a point formé d'autre établissement ( 2 ).

# CHAPITRE XIII.

## Application des chapitres précédens, à la solution des questions mixtes.

ON entend par questions mixtes, celles qui naissent du conflit de législations différentes de plusieurs pays, sur l'état de la même personne, ou la dévolution de ses biens.

Par exemple : si un homme est marié dans un pays où la loi soumet la femme, ainsi que ses biens au pouvoir du mari; cette autorité s'étendra-t-elle sur les biens situés dans un autre pays, où le même pouvoir n'a pas lieu? si, dans cette première supposition, les époux changeaient de domicile, l'autorité maritale devrait-elle être réglée par les lois qui régnent au lieu de la première, ou de la seconde résidence?

_____

( 1 ) L. 34. ff. *ad municipalem*. lib. 50. tit. 1.

( 2 ) L. 22. §. 1. ff. *eodem*.

La majorité est acquise en France, à vingt-un ans accomplis, & depuis cet âge tout homme peut y gérer & administrer ses affaires. En Allemagne, il faut en avoir vingt-cinq : la même personne âgée de plus de vingt-un ans, mais moins de vingt-cinq, sera-t-elle tout-à-la-fois en tutelle & émancipée, suivant qu'elle voudra exercer quelques négociations sur la rive gauche ou la rive droite du Rhin?

La puissance paternelle finit chez nous, à vingt-un ans; dans le Piémont, où l'on suit le droit écrit, elle dure jusqu'à la mort du père ou du fils non émancipé. Le même homme pourra-t-il être réputé maître de ses droits en France, & fils de famille lorsqu'il aura franchi les Alpes?

Un homme fait son testament, & meurt à Rome; l'héritier étranger qui y recueille son hérédité, pourra-t-il d'après les principes de la législation Romaine, sous l'empire de laquelle la succession est ouverte, venir aussi recueillir en France les biens qui y feraient partie du patrimoine du défunt, au préjudice des héritiers du sang?

Celui qui est légalement adopté en France, perd-il les avantages de son adoption, s'il se retire en Angleterre où cette institution n'a pas lieu?

L'Espagnol arrivé sur le sol de la république, pourrait-il faire la reconnaissance de son enfant né hors le mariage, contre le vœu des lois d'Espagne?

Telles sont les questions & autres semblables qui peuvent se présenter fréquemmeut à l'avenir, devant les tribunaux.

Cette matière, aussi importante à l'étude de la législation que difficile en jurisprudence, a longtemps exercé une partie des plus fameux génies qui aient écrit sur le droit. Tous sont enfin convenus de certains principes généraux; mais tous ont été fréquemment d'opinions contraires dans les conséquences. Cette grande diversité de sentimens ne provient que de ce qu'on ne s'est pas assez étudié à lier les décisions particulières aux maximes générales du droit public, auxquelles elles tiennent cependant essentiellement. Qu'il nous soit permis d'entreprendre ici cette tâche : si nous ne pouvons nous flatter de la bien remplir, on nous tiendra peut-être compte de nos efforts.

L'homme en société doit être considéré sous trois rapports différens; c'est-à-dire:

Sous le rapport de ses qualités civiles:

Sous celui de ses actions:

Et sous celui de ses droits & de ses biens:

C'est sous ces trois aspects différens, que nous

allons l'envisager successivement dans sa dépendance des lois en général, & relativement à leur empire territorial.

## §. I.er

*Comment l'homme dépend des lois, & de leur empire territorial, dans ses qualités civiles ?*

Par qualités civiles, nous entendons ici les droits & facultés personnels qui composent l'état civil du citoyen, abstraction faite de ses biens.

Les lois qui règlent ces qualités, sont ce qu'on appele statuts personnels : Par exemple, les lois qui fixent la majorité : l'âge nécessaire pour être habile à contracter le mariage, ou pour être capable de tester : celles qui règlent l'état de légitimité des enfans, la puissance paternelle, la légitimation, l'adoption : celles qui constituent la femme sous la puissance du mari, le pupille, le mineur, l'interdit, sous l'autorité d'un tuteur ou d'un curateur ; en un mot toutes celles qui déterminent la capacité ou l'incapacité des citoyens, pour prendre toutes espèces d'engagement dans la société, sont autant de statuts personnels, parce qu'elles ont pour fin immédiate, l'organisation de l'état des personnes.

Pour mettre le plus d'ordre qu'il nous sera possible dans l'enchaînement de nos idées sur les qualités civiles du citoyen, nous les considérerons d'abord dans leur cause constituante, & ensuite dans l'étendue de leurs effets.

La nature & les lois sont les seules causes constitutives des qualités civiles du citoyen. Elles sont indépendantes de sa volonté : il ne peut les acquérir par aucun traité, à moins que la loi elle-même ne les y ait attachées, telles que celles des époux qui dérivent du contrat de mariage ; il ne peut non plus les perdre par concession ni renonciation ( 1 ), ni même y porter la moindre atteinte de son autorité privée ; soit parce qu'elles constituent son existence civile & que personne ne peut pactiser sur sa propre existence ; soit parce qu'elles sont une émanation immédiate du pacte social ; qu'elles appartiennent à l'organisation politique, ensorte qu'elles font nécessairement partie du droit public de l'état, auquel nul citoyen ne peut déroger.

Ainsi, dès qu'on peut dire qu'un homme né & résidant en France, a acquis ses vingt-un ans accomplis, il en faut conclure qu'il est majeur, usant de ses droits, & qu'il est affranchi de

---

( 1 ) L. 4. cod. *de municipibus.* lib. 10. tit. 38.

la puissance paternelle, sans qu'il soit possible d'établir le contraire, ni de le constituer en minorité, par aucune transaction particulière.

Ce qu'on vient de dire de l'homme né Français, doit être appliqué, par identité de raison, à l'étranger qui serait venu s'établir en France, qui y aurait été reçu & incorporé parmi nous. Une fois agrégé au pacte social, dès-lors il en fait partie ; & par une conséquence nécessaire, la loi doit être la même pour lui que pour les autres Français, lorsqu'elle régle ses qualités civiles : comme quand elle impose des contributions auxquelles il satisfait dans la même proportion que les natifs du pays.

Il fut bien libre de changer (1) de domicile ; mais, ayant adopté un autre gouvernement que celui de son lieu natal, il ne lui est plus (2) libre de vivre sous d'autres lois que celles de sa patrie adoptive, parce qu'il en a stipulé l'obligation en fondant son nouvel établissement. Par réciprocité, dès qu'il est reçu en France, qu'il y est établi à perpétuelle demeure, qu'il y est inscrit au tableau des citoyens Français & au rôle des charges

_____

(1) L. 31. ff. *ad municipalem*. lib. 50. tit. 1.

(2) L. 6. *in princip*. ff. *eod.* —— L. 5. cod. *de municipibus*. lib. 10. tit. 38.

publiques : dès qu'il peut, en un mot, porter
le nom Français, on ne peut plus lui refuser
les mêmes qualités civiles (1) qui appartiennent
aux autres habitans. Lui-même ne pourrait
plus y renoncer, parce qu'il se constituerait au-
dessus des lois. S'il en pouvait être autrement,
quoique domicilié, il existerait comme n'ayant
aucune patrie ; en effet, il n'appartiendrait ni à
la patrie qu'il aurait abandonnée pour n'y plus
retourner, puisqu'il ne pourrait en invoquer
les lois sous un autre gouvernement, ni à
celle qu'il serait venu chercher, & qui l'aurait
reçu dans son sein, puisqu'il y méconnaîtrait
l'autorité à laquelle tous ses membres sont
soumis. Mais puisque l'existence de cet herma-
phrodite politique serait absurde à supposer,
il en faut conclure, qu'un Allemand, par
exemple, dans la patrie duquel la puissance
paternelle s'étend au-delà de la majorité des
enfans, qui viendrait se fixer en France, y

---

(1) Nous n'entendons parler ici que des qualités
qui appartiennent au simple droit de cité, indépendantes de celles qui sont requises pour voter
dans les affemblées du peuple, lesquelles ne s'ac-
quièrent qu'après qu'on a, outre le domicile, satisfait aux autres conditions requises par la constitution, ainsi que cela a été expliqué au chap.
IX.

serait

serait émancipé par la loi, dès qu'il aurait vingt-un ans accomplis, & qu'il aurait acquis parmi nous, un vrai domicile à perpétuelle demeure; parce qu'ayant abandonné sa patrie & étant devenu Français, il ne pourrait plus être réputé Allemand.

Il est donc incontestable, que l'homme qui quitte le gouvernement sous lequel il est né, pour se retirer ailleurs, & qui a une fois acquis les droits de cité dans le lieu où il s'est établi, éprouve un changement dans les qualités civiles qu'il tient de l'empire des lois. Mais il ne faut pas étendre ce principe hors de ses limites, en confondant les qualités personnelles de l'homme avec les engagemens qu'il pourrait avoir précédemment contractés envers un tiers, ou avec les droits acquis à un autre.

Lorsqu'il s'agit de droits acquis à un tiers, celui qui change de domicile ne peut (1), par son propre fait, y porter atteinte; parce que personne n'ayant le droit de disposer de ce qui ne lui appartient pas, nul ne peut rendre (2) pire la condition d'autrui.

---

(1) L. 75. ff. *de regul. jur.*

(2) L. 74. ff. *eodem.* —— L. 29. *de negotiis gest.* lib. 3. tit. 5.

C'est ainsi qu'un homme qui, après avoir été cité de la part de son créancier, par-devant le tribunal de son arrondissement, viendrait ensuite à changer de domicile, ne serait pas ( 1 ) recevable à prétendre qu'on doit le suivre dans la jurisdiction où il se serait retiré, & aller l'attaquer par nouvelle demande au tribunal de son second domicile; parce que le demandeur ayant, par la litispendance, un droit acquis, pour faire juger le procès au lieu où il a été intenté, il n'est plus libre au débiteur de le priver ( 2 ) de ce droit. De même, lorsqu'un mariage aurait été célébré dans un pays de communauté d'acquêts entre les époux, & que le domicile matrimonial aurait été transporté ailleurs; la femme devrait avoir sa portion des acquisitions faites dans le lieu de la nouvelle résidence, quoique le statut local ne l'y associerait pas; parce que le partage lui en serait dû en vertu de son traité de société, & qu'elle n'aurait pas besoin du secours d'une autre loi pour la rendre commune, ce traité subsistant toujours, & devant être exécuté.

---

( 1 ) L. 4. cod. *de jurisdiction. omnium judic.* lib. 3. tit. 13.

( 2 ) L. 19. ff. *de jurisdict.* lib. 2. tit. 1. ——LL. 7. & 30. ff. *de judiciis.* lib. 5. tit. 1.

Pour donner un nouveau développement aux principes qu'on vient d'établir, & en faire une application plus directe encore aux cas où l'on voudrait invoquer les législations de différens pays sur l'état de la même personne, il ne sera pas inutile de faire ici le rapprochement d'autres maximes, puisées dans le droit des gens.

Les hommes sont nés pour vivre en société; mais ne pouvant tous appartenir au même corps moral, il fut nécessaire d'en établir plusieurs; & comme il serait impossible de discerner les différens membres de ces grandes familles politiques, d'en reconnaître l'identité, ni de les compter tous, chaque fois qu'il faudrait savoir à laquelle un individu aurait droit d'appartenir; la même nécessité qui conduisit les hommes à vivre sous des gouvernemens différens, les a forcés aussi à en faire la distinction matérielle, par des limites territoriales.

La division des territoires ne s'applique donc pas moins aux hommes qui les habitent, qu'aux fonds qui les composent. Comme la localité particulière d'un fonds, comparée aux limites des différens états, décide de celui dans le ressort duquel il est situé : de même la fixation du domicile de l'homme décide du gouvernement auquel il appartient; parce qu'il fait partie du corps social, là où il a voulu attacher les habitudes de sa vie, supporter les charges communes, & partager les jouissances publiques.

Mais lorsqu'il est question du passage d'un état dans un autre, pour se former une juste idée de l'empire des lois comparé avec l'enceinte dans laquelle le législateur exerce son autorité, il faut distinguer en elles la force coactive, de la force obligatoire.

En ce qui concerne la force coactive ou exécutrice, elle ne peut jamais légalement avoir lieu que dans les limites du gouvernement pour lequel la loi fut portée; les magistrats hors de l'arrondissement dans lequel ils furent institués, ne peuvent avoir ni caractère public, ni droit ( 1 ) de commander. Si ce principe reçoit déjà son application a l'égard des fonctionnaires du même gouvernement qui tenteraient d'exercer leurs fonctions hors de leurs cantons ou de leurs départemens; à plus forte raison est-il incontestable lorsqu'ils se transporteraient sur le territoire d'un autre état.

Il n'en est pas toujours de même de la force obligatoire des lois : un principe certain, & qui

_____

( 1 ) L. 20. ff. *de jurisdictione.* lib. 2. tit. 1. —— L. 1. ff. *de officio proconsulis & legati.* lib. 1. tit. 16.

fait une règle invariable du droit des gens, c'est que l'homme lié au pacte social d'une nation, n'est pas libre de s'en affranchir par sa seule volonté; autrement il n'y aurait point d'engagement. Par leur réunion en un même corps de société, les hommes qui la composent se promettent secours mutuels, & demeurent obligés à se donner assistance; ce pacte est d'ailleurs fondé sur la loi naturelle, qui appelle les hommes à la vie commune, & qui veut que les services de chacun soient subordonnés à l'utilité de tous. Sur ce fondement, le législateur peut défendre aux membres d'un état, d'en sortir; parce que le gouvernement a droit d'exiger d'eux les services personnels qu'ils doivent à leur patrie en vertu du contrat qui les lie les uns envers les autres, & tous envers le corps politique : contrat dont l'exécution est confiée aux dépositaires de l'autorité. L'homme qui sort de son pays, ne cesse donc pas par cela seul, de lui appartenir, tant que le pacte social dure à son égard. Il en est de lui comme de celui qui, après avoir contracté une dette dans un lieu, passe ensuite ailleurs : L'un comme l'autre transporte partout son obligation avec lui, & par-tout le créancier conserve contre lui le droit de réclamer l'acquit de sa dette. Peu importe que le trans-

fuge échappe par le fait, à la force exécutrice
des lois, dès qu'il est sur le sol étranger, &
qu'on ne puisse le contraindre à satisfaire à
ses devoirs autrement que par la saisie com-
pensatoire des biens qu'il peut avoir laissés dans
le pays. Un débiteur ne cesse pas de devoir,
lors même qu'on manque de moyens pour le
contraindre au paiement.

C'est d'après ces principes, qu'avant de
rompre le pacte social qui unissait encore à
leur patrie les Français sortis du territoire
de la république, il leur fut enjoint par le
décret du 8 avril 1792, de rentrer dans le mois,
& qu'on ne considère comme émigrés, que
ceux qui ne s'étant pas rendus à ce rappel,
ne peuvent prouver leur résidence en France
depuis le 9 mai suivant, c'est-à-dire depuis
l'expiration du délai fixé par la loi.

Puisque d'une part, l'état personnel est toujours réglé par le pacte social auquel l'homme
est engagé : que, d'autre côté, c'est le domicile fixé à perpétuelle demeure, qui démontre
le corps politique dont il est membre, &
qu'il ne suffit pas de sortir simplement du
territoire d'un état pour n'y être plus attaché;
nous devons en conclure que, chaque fois qu'il
est question des qualités civiles de l'homme,
c'est la loi de son vrai domicile qu'on doit

interroger, pour en régler les effets, & non celle du lieu où il pourrait se trouver momentanément, sans y avoir transporté le siège de ses affaires & sa demeure.

Mais quelle est l'étendue des droits & intérêts pécuniaires qui dérivent de l'état de la personne ? Ces droits peuvent-ils recevoir leur exécution au-delà des limites du gouvernement où la personne est domiciliée ? c'est ce qu'il nous faut présentement examiner.

Nous devons encore envisager ici l'état de l'homme en lui-même, & ensuite les droits qui en résultent relativement aux biens qu'il peut avoir dans plusieurs pays.

Et d'abord l'état civil de l'homme est aussi indivisible que son existence naturelle. Celui qui est mineur en Allemagne, ne peut être majeur en France, ni le devenir contre le prescrit des statuts d'Allemagne, tant qu'il fait partie du corps germanique : il en est de même du fils de famille, du bâtard, de l'enfant légitime ; les uns & les autres portent par-tout avec eux les caractères distinctifs de l'état civil qu'ils tiennent de la loi.

Ainsi une femme en puissance de mari, un mineur en tutelle, un fils de famille sous l'autorité paternelle, qui, suivant les ordonnances de la ci-devant Franche-Comté, ne peuvent contracter aucune obligation sans l'autorisation du mari, du tuteur ou du père, porteraient avec eux la même incapacité, s'ils se trouvaient momentanément dans un pays ou la loi réglerait autrement les qualités civiles des citoyens; de même, dans l'hypothèse contraire, un habitant du Piémont où la majorité n'est acquise qu'à vingt-cinq ans, devrait encore être traité comme mineur, lorsqu'il aurait franchi les Alpes, quoiqu'âgé de vingt-quatre ans, & serait venu voyager en France, où la majorité est fixée à vingt-un ans accomplis.

Pour porter l'application de ces mêmes principes au cas où un homme aurait des droits à exercer en plusieurs pays, il faut remarquer que le domaine des choses, qui consiste dans la faculté morale de disposer de ce qui nous appartient, réside essentiellement sur la tête du maître & l'accompagne par-tout. *Inhæret ossibus domini vel creditoris.* Ce droit incorporel, qui accompagne par-tout le propriétaire, embrasse nécessairement ses biens quelque part qu'ils soient situés ( 1 ). Si donc un homme possède un bien dans un autre pays où la loi permet aux étrangers

_____

( 1 ) L. 12. [cod. *de præscriptione longi temporis.* lib. 7. tit. 33.

d'acquérir

& d'avoir des propriétés, il pourra en disposer comme si son domaine était situé au lieu de son domicile ; parce que la loi locale qui lui permit son acquisition, lui garantissant son droit de propriété, on ne pourrait, sans contradiction, lui en refuser les conséquences. Mais si cet homme est déclaré incapable, par le statut de son domicile, d'administrer ses biens, & de disposer par lui-même de ce qui lui appartient, alors son incapacité personnelle étant indivisible, est aussi générale & étendue que serait sa capacité dans le cas contraire : c'est-à-dire qu'elle s'étend à tous ses biens, quelle que soit leur situation ( 1 ). Cette régle doit avoir lieu, quand même la loi sous l'empire de laquelle le bien serait placé, n'affecterait pas de la même incapacité les personnes domiciliées dans l'étendue de son ressort ; parce que ce n'est pas d'elle que l'étranger tient la faculté morale de disposer, & que cette faculté, étant inhérente à la personne de celui-ci, échappe à l'empire de l'autorité sous laquelle il n'est pas constitué lui-même.

Ainsi le tuteur d'un pupille, le curateur

***

(1) L. *unicâ.* §. 15. cod. *de rei uxoriæ act.* lib. 5. tit. 13. —— Instit. *quibus alienare licet vel non. in princip.* lib. 2. tit. 7.

d'un interdit, a droit d'administrer ses biens par-tout ( 1 ), même dans un pays autre que celui où il aurait été nommé à cet office. Et l'on doit étendre cette décision au cas où le droit revendiqué serait fondé sur un statut personnel: en sorte que le père de famille, par exemple, doit avoir l'usufruit légal des biens de son fils en puissance, & le mari les revenus de la dot de sa femme, quelque part que les biens soient situés, dès que le statut domiciliaire qui régle l'état de leurs personnes, les revêt l'un & l'autre du droit d'en jouir: quand même celui de la situation des biens n'accorderait pas le même avantage.

La raison de cela est que celui qui élit un domicile, contracte, par cela seul, l'obligation d'exécuter la loi sous l'empire de laquelle il se constitue : la disposition de cette loi est donc comme la disposition propre de l'homme, puisqu'il s'en est rapporté à elle: qu'il a, tacitement & par le fait, adopté ce qu'elle veut, & qu'une convention tacite a toute la force ( 2 ) d'une stipulation expresse, lors-

_____

( 1 ) L. 15. ff. *de tutoribus vel curator. datis.* lib. 26. tit. 5. —— L. 3. §. 6. ff. *de administr. & pericul. tutor.* lib. 26. tit. 7.

( 2 ) L. 2. ff. *de pactis.* lib. 2. tit. 14. —— L. 1. cod. *de filiis famil.* lib. 10. tit. 60.

qu'aucune loi ne s'oppose à son interprétation.
Et comme on suppose d'ailleurs que la loi
de la situation des biens, permet à l'étranger
de les posséder dans son ressort, d'en jouir
& d'en disposer de toute manière, & quelle n'en
dispose pas autrement elle-même en faveur d'un
tiers, on ne doit pas plus en consulter le prescrit, quand le propriétaire contracte sur sa
possession, par l'adoption d'un domicile, que
s'il passait toute autre transaction, pour les
engager & aliéner sous une forme différente.

Pour rendre cette vérité encore plus sensible
par un exemple, supposons qu'une femme
célèbre son mariage dans un lieu où la loi
répute dotaux tous les biens de l'épouse, &
qu'elle possède des propriétés dans le ressort
d'un statut qui répute paraphernaux tous
les biens de la femme : dans cette hypothèse,
elle n'en apportera pas moins en dot à son
mari, tous les fonds à elle appartenans, quoique situés sous une loi différente de celle de
son domicile; car, dès que cette loi lui garantit
sa propriété, lui en laisse la disponibilité, elle
ne forme point obstacle à ce qu'elle en sou-
mette la jouissance au pouvoir de son époux;
& comme on suppose qu'elle se marie sous
une loi qui les répute tous dotaux, & qu'elle
n'exprime point d'autre disposition ni de ré-

serve, son traité de mariage se trouve écrit dans le texte même de la loi à laquelle elle s'en est rapportée; d'où il résulte invinciblement, que tous ses biens doivent être regardés comme dotaux.

On voit par-là que le statut personnel étend ses effets par-tout où la personne possède des biens : non pas qu'il porte directement & immédiatement son empire hors de son territoire; mais seulement parce que le droit des gens qui permet aux citoyens d'un état de posséder des biens dans un autre, leur permet aussi d'en disposer de toute manière, lorsqu'aucune loi ne s'y oppose. Et comme les propriétaires qui sont dans cette position, sont censés disposer eux-mêmes de leurs droits en adoptant le prescrit d'une loi qui les régle pour eux, il en résulte qu'on doit exécuter le statut de leur domicile, jusques dans le pays où ils sont étrangers. Mais les effets dont nous parlons ici, cessent lorsque le statut réel s'y oppose; comme nous l'expliquerons plus bas.

## §. I I.

### Comment l'homme dépend de la loi sous le rapport de ses actions.

Si nous considérons l'homme en société relativement à ses actions, elles se présentent à nous sous deux aspects différens : c'est-à-dire, sous celui de la morale, & sous celui des effets civils qu'elles peuvent produire.

Un acte peut être illégal, sans être immoral : il est immoral lorsqu'il attaque la décence des mœurs ou qu'il trouble la tranquillité publique ; il est seulement illégal lorsqu'il n'est pas conforme à la loi simplement irritante. L'un est un délit punissable ; l'autre peut n'être qu'un simple oubli de forme, qui ne renferme rien de répréhensible ; c'est ainsi qu'on ne pourrait pas punir un homme qui aurait voulu faire un testament, sans employer le nombre suffisant de témoins.

Sous le rapport de la morale, l'homme dans ses actions est naturellement soumis, soit aux lois du pays où il se trouve, soit à celles de celui auquel il appartient.

Aux lois du pays où il se trouve, parce qu'un étranger n'est reçu dans un état qu'à condition qu'il en respectera l'ordre, & qu'il y sera soumis aux peines établies contre ceux qui se porteraient à l'enfreindre ( 1 ).

A celles de sa propre patrie, parce que tant qu'il y tient, il doit respecter les engagemens dont les conditions sont consignées dans le

( 1 ) L. 3. ff. *de officio præsidis.* lib. 1. tit. 18.

pacte social où il ne cesse pas d'être stipulant : ainsi un Français qui a commis un délit chez l'étranger, peut être puni en France d'après les lois Françaises ( 1 ), s'il y rentre, & qu'il y soit arrêté.

Suivant le même principe, un étranger ne peut être régulièrement arrêté & puni en France pour délits commis hors du territoire Français : l'on excepte le cas où il serait convaincu d'avoir contrefait ou falsifié la monnaie républicaine, ou de l'avoir distribuée ; parce qu'alors ce serait un vol public, dont la grande nation aurait droit de se faire justice sur la tête du coupable ( 2 ).

Sous le rapport de leur existence civile, les transactions sociales de l'homme doivent être revêtues des formes prescrites par la loi ; autrement elles sont sans effet ; & cela pour deux raisons :

*La première* : parce que l'homme ne peut mettre sa volonté au-dessus de celle de la loi, & que la loi refuse sa confiance à tout acte qui ne porte pas les caractères d'authenticité qu'il doit avoir dans son espèce.

---

( 1 ) Art. XI. du code des délits & des peines. Bult. 204. n.º des lois 1221, 1ᵉ série.

( 2 ) Art. XII & XIII. *ibidem.*

*La seconde*: parce qu'en fait d'actes civils, chaque fois que l'officier chargé de les recevoir, manque au prescrit de son mandat, ou qu'il en passe les bornes, alors il agit sans pouvoir (1); & par conséquent tout ce qu'il fait ne peut plus porter le caractère d'authenticité exigé par la loi.

Il résulte de-là, que tout ce qui appartient aux formes extérieures, requises pour la validité d'un acte, doit être déterminé par le prescrit de la loi du lieu où il a été passé, parce que l'officier public qui le reçoit, ne peut acter que dans le territoire soumis à son mandat, & d'après les règles auxquelles son pouvoir est subordonné.

Quant à l'étendue de ses effets, un acte valide les obtient par-tout où la personne possède des biens disponibles, parce que le même acte ne peut être régulier & irrégulier, valide & nul tout-à-la-fois.

## §. III.

*Comment l'homme dépend de la loi, quant à la disposition de ses biens.*

La propriété est de droit naturel; mais la manière d'en disposer appartient au droit civil.

---

(1) L. 5. ff. *mandati* lib. 17. tit. 1. —— L. 1. cod. *si à non compétente*. lib. 7. tit. 48.

La loi se saisit de l'homme au berceau, pour
le diriger vers un but convenable au bonheur
commun; & comme une partie de notre féli-
cité dépend des biens dont nous pouvons jouir,
nécessairement le dépositaire de l'autorité souveraine a droit d'en déterminer la transmission
de la manière qu'il juge la plus convenable au
maintien de la constitution & à la prospérité
du plus grand nombre. Il fait alors usage du
domaine souverain, dont nous avons parlé dans
un des chapitres précédens.

Les lois qui règlent immédiatement & sans
la participation de l'homme, la disposition de
ses biens, sont connues en jurisprudence sous
la dénomination de *statuts réels* : c'est par leur
fin immédiate, qu'on doit les distinguer des
statuts personnels, qui ont plus directement en
vue de régler l'état des personnes. Le statut réel est
à la disposition des biens, ce que le statut personnel est au réglement des qualités de la
personne. La loi qui transfère entre les mains
du possesseur, la propriété de la chose qu'il a
prescrite, est un vrai statut réel, parce qu'elle
dispose d'une chose qui est indépendante des
qualités civiles de la personne. La loi qui veut
que le père de l'enfant soit celui que le
mariage désigne, est un statut personnel
parce qu'elle donne l'état de légitimité qui
est

est une qualité personnelle & séparable des biens & avantages pécuniaires qui peuvent en dériver.

La loi du 17 nivôse an II, est un vrai statut réel, parce qu'elle teste pour l'homme, en disposant de ses biens envers ses héritiers. On trouve la personne du disposant, dans la personne même du législateur: le testament dans le texte du décret, & les légataires dans les parens appelés à recueillir le patrimoine du défunt; & comme, d'une part, nul titre privé ne peut être au-dessus d'une loi prohibitive, & que, d'autre côté, celle-ci défend toute disposition contraire, si ce n'est pour le dixième rélativement à ceux qui ont des enfans, & pour le sixième quant à ceux qui n'en ont point, il en résulte que nul héritier étranger ne peut être préféré à l'héritier du sang qui tient son droit de l'autorité souveraine, quant aux cinq sixièmes ou aux neuf dixièmes qui, entre les mains du défunt, étaient indisponibles à titre de libéralité.

Les statuts réels sont donc, pour la disposition des biens situés dans leur enceinte, ce que les statuts personnels sont quant au réglement des qualités civiles des personnes domiciliées dans leur ressort.

En ce qui concerne l'étendue de leurs effets,

il faut remarquer que le domaine souverain ne peut pas plus s'étendre au-delà des limites de l'état, que le domaine privé du particulier, au-delà des bornes de son champ ; d'où il résulte deux conséquences principales, qu'il est essentiel de bien saisir.

*La première* : que comme les lois d'un gouvernement ne peuvent règler les qualités civiles des citoyens domiciliés dans un autre état ; de même l'autorité publique du premier ne peut règler la mouvance des biens situés dans l'arrondissement de celui-ci.

*La seconde* : que les effets du statut personnel, en tant qu'ils s'étendent sur les biens, même existans hors de son ressort, par une suite du réglement d'état de la personne, cessent chaque fois que le statut réel de leur situation contient une disposition contraire, en faveur d'une autre personne habile à l'invoquer ; parce que nul ne peut disposer du bien d'autrui, contre le gré, ou sans le consentement du maître. Le statut personnel ne peut donc plus étendre son empire au-delà de ses limites territoriales, contre le prescrit de la loi locale sous la main de laquelle sont les biens : S'il en était autrement, le domaine souverain d'un état pourrait empiéter sur celui d'un autre.

Ainsi une loi qui confisquerait en France

les biens d'un particulier, ne pourrait atteindre les fonds situés en Angleterre, contre le prescrit des lois Anglaises.

Ce principe a cependant ses limites; car pour être admis à invoquer la préférence qui naît du statut réel, deux conditions sont requises. L'une, que ce statut prononce réellement la dévolution des biens en litige; l'autre, que celui qui s'en prévaut soit désigné par la loi qui en transfère la propriété.

Mais quand la loi dispose-t-elle, & en faveur de qui ? c'est dans le but général des lois qu'il faut puiser la réponse à cette double question.

Un principe incontestable, c'est que toutes les lois ont pour fin l'avantage des hommes seulement qui composent le corps social pour lequel elles sont portées. Le législateur ne peut avoir en vue la prospérité d'un autre état, ni le bien-être des citoyens d'une nation rivale: la loi ne régit par conséquent que les intérêts de ceux que le législateur gouverne.

Pour saisir l'application de cette idée un peu métaphysique, supposons qu'un habitant du Piémont, n'ayant, si l'on veut, pour successibles, que des parens collatéraux Piémontais ainsi que lui, ait, par un testament fait suivant toutes les formes de son pays, institué un étranger, au préjudice de ses héritiers du sang, & que de sa succession dépende un domaine situé en France : dans cette hypothèse, l'héritier testamentaire viendra recueillir le bien situé en France, comme ceux du Piémont, sans que les parens du défunt puissent s'y opposer.

La raison de cela est, que la loi qui règle la dévolution des successions en France, ne teste que pour les Français & en faveur des Français : & ici, ni le testateur ni l'héritier du sang, ne pourraient se prévaloir de cette qualité, puisqu'on les suppose étrangers.

Soit qu'on considère l'état personnel du testateur, soit qu'on s'attache à la condition des héritiers, on ne peut disconvenir que cette décision est juste.

Le testateur étant Piémontais, c'est d'après les lois du Piémont qu'on doit juger de sa capacité, & elles lui permettaient de faire son testament en faveur d'un étranger.

Les héritiers du sang n'étant pas Français, ne peuvent être en droit d'invoquer les lois Françaises contre le titre de l'héritier institué ; parce que la constitution qui permet aux étrangers de posséder des biens en France, leur laisse la faculté d'en disposer librement, tant qu'ils ne contreviennent pas aux règles établies.

pour l'utilité des républicoles; & ici les intérêts d'aucun républicain ne seraient compromis.

A la vérité, les lois Françaises permettent aussi aux étrangers de recueillir en France, les successions ouvertes à leur profit; mais c'est sans régler leurs qualités, ni statuer sur leurs titres. Dans la concurrence, par exemple, de plusieurs héritiers étrangers qui voudraient revendiquer un bien qui leur serait dévolu sur le sol de la république, on ne jugerait pas à leur égard, des effets du droit de représentation, d'après le prescrit de nos lois, mais seulement d'après celles de leur pays; parce que ce droit tient à l'organisation de leur état personnel, qui ne peut dépendre des lois Françaises; il en doit être de même de la capacité du testateur, & de celle de l'héritier, ainsi que de la validité du testament, comme nous l'avons précédemment expliqué.

Supposons actuellement que cet habitant du Piémont, ou tout autre étranger, soit venu mourir en France après avoir fait son testament, mais sans avoir acquis domicile dans la république; il faudra encore se décider ici, comme dans le cas précedent, puisque ni le testateur ni les héritiers ne peuvent être réputés Français.

En développant toujours la même hypothèse,

si nous admettons que le testateur qui possédait des biens en France, soit mort Français & que ses héritiers, en tout ou en partie, soient étrangers; alors les domaines par lui laissés dans la république doivent être partagés entre ses parens suivant les lois Françaises, sans qu'il lui ait été libre de les exclure entièrement par aucun testament.

La raison de cela, est que dès qu'il était Français, il est mort frappé de l'incapacité commune à tous les républicoles, de priver leurs parens de leurs patrimoines par des dispositions de dernière volonté : & la loi sur la dévolution des successions qui s'empare de son hoirie au moment de son décès, c'est-à-dire, qui teste pour lui , présente indistinctement un titre égal à tous ceux qui lui appartiennent comme héritiers du sang.

Admettons en quatrième lieu , que ce même testateur soit mort étranger : qu'il ait laissé des parens successibles en France, & que dans le lieu de son décès , il ait institué un héritier qui ne lui appartenait pas par les liens du sang. Cet héritier nommé pourra-t-il, en vertu du testament, exclure pour le tout, les parens quoique Français?

Ici, comme dans le cas précédent, c'est la cause des héritiers du sang qui doit l'emporter; parce que vivant sous les lois Françaises ils ont droit de les invoquer comme étant leur titre : ils sont alors les donataires de la loi, par la raison, que nous avons énoncée plus haut, que le législateur a toujours en vue l'avantage des citoyens qu'il gouverne ; que c'est, par conséquent, précisément pour eux & en leur faveur, qu'il a disposé de cette propriété au moment où la mort l'a soustraite au domaine du défunt.

Il faut remarquer que les distinctions qu'on vient de faire ne s'appliquent qu'aux statuts réels qui disposent directement , sans le fait de l'homme, & sans présomption d'autre titre que celui qui est dans la loi même ; qu'on ne pourrait pas en faire usage dans les questions de prescriptions, où la cause du possesseur, quel qu'il soit, est toujours la même. Car dès que j'ai joui pendant le temps nécessaire à la prescription, je peux dire que la chose est à moi, parce qu'au besoin la loi me l'adjuge ; cette donation légale étant fondée sur ce qu'on présume que le possesseur est propriétaire, & qu'il avoit légitimement acquis, puisqu'on n'a pas réclamé auparavant ; ce motif est le même pour l'étranger que pour le républicole, la loi garantissant les propriétés de l'un comme celles de l'autre : il ne faut donc pas confondre le cas où elle donne seule & directement, avec celui où elle n'est censée que conserver les droits du prétendant au domaine qu'elle régit.

## MAXIMES GÉNÉRALES *qui résultent des principes établis dans ce chapitre.*

### I.ere MAXIME.

Lorsqu'il s'agit de juger de la validité d'un acte considéré sous le rapport de ses formes constitutives & extérieures, ou de l'interpréter pour en connaître l'esprit, c'est toujours la loi du lieu ( 1 ) où il a été fait qu'il faut consulter; parce que c'est elle qui avait l'inspection immédiate sur le matériel des actions de ceux qui l'ont passé, & qui fixait les pouvoirs des agens qui l'ont reçu ; en sorte qu'un testament ( 2 ) , par exemple, qui aurait été fait dans un endroit où il ne faudrait que deux témoins, devrait également être exécuté avec cette forme, dans celui où il en faudrait sept ( 3 ); comme celui qui aurait été reçu

---

( 1 ) L. 34. ff. *de regul. jur.* —— L. 31. §. 20. ff. *de ædilitio edict.* lib. 21. tit. 1.

( 2 ) L. 44. ff. *de testament. milit.* lib. 29. tit. 1. L. *unicâ in princip.* ff. *de bonor. possess. ex testa. milit.* lib. 37. tit. 13.

( 3 ) L. 2. cod. *quemadmodum testamenta aperiantur.* lib. 6. tit. 32.

dans

dans le lieu où il en faudrait sept, mais auquel quatre seulement auraient participé, serait absolument nul ( 1 ) pour l'endroit même où il n'en faudrait que deux : la nullité comme la validité étant des qualités indivisibles dans l'une & l'autre supposition.

## II.ᵉ MAXIME.

Quand il est question de décider des facultés personnelles de l'homme, de sa capacité ou incapacité, c'est à la loi de son domicile ( 2 ) qu'il faut avoir recours, sans égard à celle du lieu où l'acte aurait été fait, ni à celle de la situation des biens dont on aurait disposé ; car c'est cette loi seule qui fixe son état & les qualités qu'elle lui donne, dans le corps politique auquel il appartient, & des membres duquel elle organise les droits & les devoirs.

## III.ᵉ MAXIME.

Lorsqu'il s'agit de la disponibilité des biens, c'est-à-dire, de la translation de leur propriété des mains d'un possesseur entre celles d'un autre, sans le fait de l'homme, c'est la loi sous

---

( 1 ) L. 9. cod. *de testament.* lib. 6. tit. 23.
( 2 ) L. 65. ff. *de judiciis.* lib. 5. tit. 1.

l'empire ( 1 ) de laquelle ils sont situés, qu'on doit suivre ; parce que c'est elle qui les a sous son domaine, qui en détermine la dévolution, qui s'en saisit, & qui en dispose souverainement.

## IV.<sup>e</sup> MAXIME.

Chaque fois que les titres de deux conten-dans sont en opposition, & que l'un dérive d'une qualité personnelle, & l'autre d'un statut réel, c'est le dernier qui doit l'emporter en faveur de celui qui est habile à l'invoquer ; parce qu'on ne peut exécuter dans l'état où les biens sont situés, une loi contraire à celles qui les régissent.

## V.<sup>e</sup> MAXIME.

Celui-là est inhabile à invoquer la faveur du statut réel, qui est domicilié sous l'empire d'un statut contraire, dépendant d'une qualité personnelle.

La vérité de cette proposition, qui n'a peut-être pas été assez méditée par les auteurs qui ont écrit sur cette matière, n'est pas moins évidente que la maxime précédente ; car la même personne ne peut avoir tout-à-la-fois, un droit à exiger, & une obligation contraire à remplir.

---

( 1 ) Art. LXXIV & LXXV de l'ordonnance de 1735, sur les testamens.

Celui-là ne peut être recevable à demander l'exécution d'une loi, qui, par la fixation de son domicile, a renoncé à la faveur de cette même loi, sur un objet aliénable entre ses mains.

Il suit de ce principe, qu'en dernière analyse, l'effet du statut réel étranger, se trouve indirectement subordonné à la disposition de celui de résidence, par le quasi-contrat qui résulte de l'élection de domicile : quasi-contrat qui oblige le domicilié à remplir par-tout, le vœu de la loi sous laquelle il s'est constitué ; comme il serait par-tout obligé à exécuter un contrat ordinaire dont il ne serait pas encore affranchi.

Pour faire sentir cette vérité par quelques exemples, supposons qu'une femme, sans avoir rédigé aucun contrat, se soit mariée sous un statut, suivant lequel tous ses biens soient censés dotaux, & qu'elle possède des propriétés sous un autre où les biens de l'épouse soient réputés paraphernaux, à moins qu'ils n'aient été expressément constitués en dot; dans cette hypothèse, elle n'en apportera pas moins en dot à son mari, les biens situés sous ce dernier statut, & elle ne serait pas recevable à dire : je veux profiter de l'avantage du statut réel qui conserve à l'épouse la jouissance de ses immeubles, indépendamment du mari ; parce qu'on lui répondrait que par l'élection de son domicile matrimonial, constitué sous une loi qui transfère sur la tête du mari la jouissance des biens de la femme, elle s'est obligée à lui en laisser percevoir les fruits ; qu'en conséquence, elle est non-recevable à invoquer la faveur d'un droit privé, après y avoir renoncé.

La loi qui accorde un douaire est certainement un statut réel, puisqu'elle dispose d'une partie des biens du mari, en faveur de la femme. Cependant, après la mort de l'époux, ses héritiers ne seraient pas recevables à refuser le douaire à la veuve, si le mariage avait été contracté dans un endroit où la loi en accorde un, quoique les biens seraient situés sous un autre qui n'en accorderait point, parce que le mari s'y serait réellement obligé, & que ses héritiers succéderaient à son obligation.

Si un fils de famille se trouve domicilié avec son père en pays de droit écrit, celui-ci a l'usufruit légal même des biens situés sous le ressort d'une loi qui ne reconnaîtrait pas la puissance paternelle : le fils ne pourrait, contre l'obligation que lui impose la loi de sa résidence, de laisser à son père la jouissance de ses biens, invoquer le statut de leur situation ;

cependant ce statut est réel, comme nous le dirons plus bas.

De tout cela il faut conclure, que la faveur du statut réel ne peut être invoquée de la part de celui qui, par le quasi-contrat de son domicile, s'est imposé une obligation contraire.

## VI.e MAXIME.

Les effets qui dérivent des qualités personnelles, s'étendent par-tout où la personne a des droits & des biens, lorsque la loi territoriale de leur situation ne s'y oppose pas ; parce que l'état de la personne est indivisible, & qu'elle ne peut être capable & incapable, tout-à-la-fois, de disposer de ses biens d'une manière indéterminée.

## VII.e MAXIME.

Comme toutes les lois qui règlent l'état des personnes, ont aussi leurs effets sur les intérêts pécuniaires qui en dérivent, de même que celles qui déterminent la translation des biens ont leurs effets envers les personnes auxquelles elles les destinent ; ce n'est pas par l'ensemble de leurs conséquences qu'on doit juger de leur nature, mais seulement par leur objet direct & immédiat. Là le statut est personnel, où la loi règle d'une manière indéterminée, la capa-

cité ou l'incapacité civile de l'homme, les qualités sous lesquelles il pourra paraître aux
transactions sociales. Là au contraire, il est
réel où il dispose des biens en faveur d'un tiers,
ou les rend indisponibles entre les mains de
leur possesseur actuel, pour les destiner, &
assurer à un autre.

## VIII.e MAXIME.

Lorsqu'un homme a quitté son gouvernement pour s'établir à perpétuelle demeure, dans
un autre, & qu'il est incorporé dans le dernier,
son état civil se trouve dès-lors réglé par les lois
de sa patrie adoptive; parce que son organisation tient au droit public du nouveau corps
social dont il fait partie; mais cette révolution,
dans ses qualités civiles, ne peut avoir lieu
que sans préjudice des droits conventionnellement acquis à un tiers.

La plupart des auteurs qui ont écrit sur
cette matière, ont été d'une opinion contraire
à ce que nous admettons ici en principe, sur
le choix de la loi du domicile acquis, pour
régler l'état de la personne : ils soutiennent
que c'est à la loi du lieu de la naissance de
l'enfant, qu'on doit s'attacher pour déterminer
l'époque de sa majorité, ou le temps auquel
il se trouvera, sans le fait de l'homme, affranchi
de la puissance paternelle; mais leurs raison-

nemens ne nous ont pas touché. S'ils devaient nous servir de règle, il s'ensuivrait qu'un habitant de l'Allemagne établi en France, par exemple, & qui y aurait acquis les droits de citoyen Français, serait encore mineur après 21 ans; que le même homme, quoique majeur, y serait toûjours soumis à la puissance paternelle. Ne serait-ce pas soutenir, en d'autres termes, que le même individu peut être Autrichien & Français tout-à-la-fois ?

Abordons actuellement quelques-unes des questions principales qu'on peut proposer sur cette matière.

## I.ere QUESTION.

Si un homme habile à contracter, se transporte d'un pays en un autre, y passe convention ou y fasse une disposion quelconque, & qu'il s'élève des contestations sur la validité ou le mérite de cet acte, d'après quelles bases doit-on les décider ?

*Réponse.* Cette question étant générale; pour en rendre la solution plus claire, il est nécessaire de l'appliquer à différentes espèces.

Si la difficulté élevée est relative à la forme extérieure, comme si l'on contestait sur le nombre & les qualités des témoins requis: la compétence de l'officier public pour recevoir l'acte, le jour ou le lieu auquel il a pu être passé, ou autres circonstances semblables: c'est la loi sous l'empire local (1) de laquelle il a été fait, qu'il faudrait seule invoquer, comme nous l'avons établi en principe.

Ainsi, quoique les donations à cause de mort (2), autres que celles faites par contrat de mariage ou par actes particuliers entre (3) maris & femmes, ne puissent avoir lieu en France depuis l'ordonnance de 1731, qu'autant qu'elles seraient revêtues des formes des codicilles, un Français qui se trouverait en pays étranger où cet acte aurait lieu dans une autre forme, pourrait la mettre en usage, pour disposer de son dixième ou de son sixième, parce que la loi Française n'a proscrit que la forme ancienne de cette espèce de donation, & non le genre d'une telle disposition.

C'est encore la loi du lieu (4) où l'acte a été passé qu'on doit interroger, lorsqu'il est question de suppléer au silence des contractans, & de connaître leur intention sur un

---

(1) Novel. 74. *cap.* 1. §. 1.
(2) Art. III de l'ordonnance de 1731.
(3) Art. XLVI. *ibidem.*
(4) L. 1. §. 15. *in fin.* ff. *de inspiciendo ventre.* lib. 25. tit. 4.

objet

objet non exprimé ; parce que les parties étant censées s'être conformées au statut sous la surveillance duquel elles ont agi, c'est l'expression de cette loi, qui doit être le premier interprète de leur volonté.

Ainsi, dans l'exécution d'un traité où l'on aurait fait intervenir un cautionnement, le cas de l'éviction arrivant, s'il y avait contestation sur l'étendue des devoirs de la caution, c'est à la loi dans le ressort de laquelle l'acte aurait été fait ( 1 ), qu'on devrait s'en rapporter : comme c'est aussi d'après le statut local de la passation de l'acte, qu'on doit fixer ( 2 ) le montant des intérêts stipulés dans un contrat, où l'on aurait omis d'en déterminer le taux.

Mais il ne faut pas confondre l'empire de la loi locale sur la forme, avec son influence sur l'interprétation des actes.

En ce qui concerne la forme, le prescrit de la loi est absolu : en sorte qu'il ne serait pas permis aux parties d'y déroger ( 3 ); parce que cette matière tient au droit public ( 4 ).

---

( 1 ) L. 6. ff. *de evictionibus.* lib. 21. tit. 2.

( 2 ) L. 1. *in princip.* et L. 37. ff. *de usuris et fruct.* lib. 22. tit. 1.

( 3 ) L. 55. ff. *de legat.* 1. lib. 30. tit. 1. —— L.7. §. 7. ff. *de pactis.* lib. 2. tit. 14.

( 4 ) L. 13. cod. *de testament.* lib. 6. tit. 23.

Dans le cas d'interprétation au contraire, lorsqu'il s'agit de choses purement commerciales ; comme ici l'intention ( 1 ) des parties fait tout, & qu'on n'a recours à la loi que pour suppléer au silence des contractans ( 2 ), qui sont présumés en avoir adopté les dispositions d'usage, régulierement parlant son influence cesse, dès que leur volonté est d'ailleurs connue ; parce que la disposition de l'homme fait cesser celle de la loi, quand elle n'est pas prohibitive ( 3 ).

C'est donc à l'intention de l'homme, qu'il faut d'abord avoir recours ( 4 ), pour l'interprétation de ses actes ; & sa volonté se découvre, non-seulement par les termes dont on s'est servi, mais encore par les circonstances & la position dans lesquelles on a agi. Qu'on suppose, par exemple, qu'un homme possédant des terres dans différens endroits, en ait légué un certain nombre d'arpens, sans dire à quelle mesure : le legs devra être délivré suivant la mesure du pays habité ( 5 ) par le testateur,

---

( 1 ) L. 1. §. 6. ff. *depositi.* lib. 16. tit. 3.
( 2 ) L. 34. ff. *de regul. jur.*
( 3 ) L. 81. ff. *eodem.*
( 4 ) L. 168. ff. *eodem.*
( 5 ) L. 50. §. 3. ff. *de legat.* 1. lib. 30. tit. 1.

plutôt que suivant un autre, parce qu'il est censé avoir voulu parler de celle qui était plutôt à sa connaissance : que c'est ici sa volonté qu'on doit rechercher ( 1 ) , & que cette circonstance fournit un moyen de la découvrir ; comme la coutume , ou l'usage du lieu où s'exploiterait un domaine légué avec ses dépendances , servirait à connoître ( 2 ) si, & jusqu'à quel point, le cheptel servant à son exploitation, devrait être compris dans le legs.

On voit par-là, que la loi du lieu de la passation de l'acte, n'est ordinairement consultée sur son interprétation, que lorsqu'il s'agit de suppléer au silence de ses auteurs ; & qu'on ne doit plus s'y attacher, lorsque leur volonté est d'ailleurs connue par des circonstances prépondérantes.

C'est ainsi que dans le cas où un homme serait obligé à rendre une certaine quantité de denrées ou marchandises, pour lesquelles on ne serait convenu d'aucune estimation lors du prêt qui lui aurait été fait, s'il se trouvait dans l'impossibilité de les restituer en nature, ou en espèce, d'égale bonté, conformément à son

---

( 1 ) L. 7. cod. *de fideicommiss.* lib. 6. tit. 42.

( 2 ) L. 18. §. 3. *in fin.* ff. *de instruct. vel instrument. legat.* lib. 33. tit. 7.

obligation ( 1 ), il serait tenu de payer le prix courant du jour convenu pour la restitution ( 2 ). S'il n'y avait point eu de temps fixé pour les livrer, on prendrait la valeur au temps de la répétition ( 3 ) du créancier, ou de l'offre ( 4 ) du débiteur; parce que c'est le terme sous-entendu ( 5 ) dans toute obligation pure & simple où l'on n'en a point exprimé ; & en cas de contestation, c'est à l'époque du jugement intervenu ( 6 ) qu'on devrait la prendre, suivant ce qui serait le plus utile pour la partie qui aurait constitué l'autre en demeure.

La raison de cela est que les parties sont censées avoir rapporté l'étendue de l'obligation, au temps où elle doit être exécutée. D'ailleurs, lorsque la chose ne peut être livrée en nature, elle doit être remplacée par l'estimation ( 7 );

---

( 1 ) L. 2. *in princip.* et L. 3. ff. *de rebus credit.* lib. 12. tit. 1.

( 2 ) L. 11. ff. *de re judicatâ.* lib. 42. tit. 1. et L. 59. ff. *de verbor. obligat.* lib. 45. tit. 1.

( 3 ) L. 12. §. 1. ff. *si quis caut, in judicio.* lib. 2. tit. 11.

( 4 ) L. 4. §. 4. ff. *de leg. commissoriâ.* lib. 18. tit. 3.

( 5 ) L. 41. §. 1. ff. *de verbor. obligat.* et L. 213. ff. *de verbor significat.* lib. 50. tit. 16.

( 6 ) L. 3. ff. *de condictione triticariâ* lib. 13. tit. 3.

( 7 ) L. 10. §. 6. *in fin.* ff. *de jure dotium.* et L. 91. §. 6. ff. *de verbor. obligat.* lib. 45. tit. 1.

mais le prix estimatif qui représente la chose estimée, ne doit point excéder la valeur de la chose elle-même, au temps où elle doit être rendue, puisque, si elle était présente, le débiteur, en la livrant, serait pleinement allibéré: en sorte que ce serait inutilement que le créancier objecterait qu'elle valait davantage au temps ou il l'a prêtée, ou que le débiteur opposerait qu'elle valait moins.

Mais s'il y avait eu contestation, que le débiteur en retard eût été condamné, & que durant le procès, la chose eût augmenté de valeur, c'est l'époque du jugement qu'il faudrait prendre pour en faire l'estimation, parce qu'elle aurait également augmenté entre les mains du créancier : si au contraire, elle avait diminué de prix, c'est à celui du temps où la demande aurait été formée, qu'il faudrait s'en tenir; parce que l'obligation n'a pu décroître (1), ni les délais affectés du débiteur lui devenir ( 2 ) avantageux. De même, dans l'hypothèse inverse, c'est au désavan-

---

(1) L. 31. ff. *de rebus. credit.* lib. 12. tit. 1. — L. 20. ff. *de reivendic.* lib. 6. tit. 3. — L. 44. § 2. ff. *de ædilitio edict.* lib. 21. tit. 1.

(2) L. 37, §. 1. ff. *mandati.* lib. 17. tit. 1. & LL. 86. & 87. ff. *de regul. juris.*

tage du créancier qui aurait mal-à-propos refusé l'offre du débiteur, que celui-ci aurait droit de choisir, entre l'époque de l'offre qu'il aurait faite de la chose même, & celle du jugement, pour fixer la valeur d'une denrée qu'il ne pourrait pas livrer. Dans l'un comme dans l'autre cas, le délai doit nuire ( 1 ) à celui qui l'a occasionné ( 2 ).

---

( 1 ) L. 3. §. 3. *in fin.* et L. 21. §. 3. ff. *de actionibus empti. et vendit.* lib. 19. tit. 1.

( 2 ) *Nota.* à Rome on distinguait entre les contrats de droit strict, et ceux de bonne foi. Dans les premiers, on s'arrêtait toujours à l'époque de la demande, pour fixer l'estimation; et dans les autres, on suivait la règle que nous venons d'établir. *In hâc actione sicut in cæteris bonæ fidei judiciis, similiter in litem jurabitur: et rei judicandæ tempus quanti res sit, observatur; quamvis in stricti litis contestatæ tempus spectetur.* L. 3. §. 2 ff. *commodati.* lib. 13, tit. 6. Mais comme cette distinction prenait sa source dans la formule de rigueur à laquelle le juge était astreint, lorsqu'il s'agissait des contrats de droit strict: que notre procédure est différente de celle des Romains, cette diversité d'actions n'est point admise en France, où tous les contrats, dans l'usage, sont exécutés comme ceux appelés de bonne foi dans le droit écrit. Cette remarque est intéressante, pour la conciliation de plusieurs lois.

Le développement de ces principes nous conduit à une application plus directe à la matière que nous traitons. Qu'on suppose, par exemple, que celui qui s'était obligé à livrer une espèce de marchandises à un citoyen d'un autre pays, soit dans l'impossibilité d'en faire la délivrance en nature, & qu'il en doive l'estimation au prix courant : sur quel marché public devra-t-on le fixer? prendra-t-on celui du domicile du créancier, ou celui du débiteur, ou celui du lieu du contrat?

D'après les raisons que nous venons d'exposer, & qui s'appliquent également à ce cas-ci, l'estimation doit être fixée suivant la valeur courante de la chose, au lieu (1) où elle devrait être livrée; & si l'on n'était convenu d'aucun endroit pour la délivrance, c'est à celui (2) où la demande en serait formée; soit parce que la valeur qui, dans l'obligation, succède à la chose qu'on ne peut livrer, doit être égale à l'estimation locale que la chose aurait, si elle était présente au lieu convenu pour en faire la tradition : soit parce que les parties

---

(1) L. 3. §. 3. ff. *de actione empti. et vendit.* lib. 19. tit 1.

(2) L. 22. ff. *de rebus credit.* lib. 12 tit. 1. — et L. 4. ff. *de condictione triticariâ.* lib. 13. tit. 3.

contractantes sont censées avoir transporté (1)
l'étendue de leur obligation, au lieu qu'elles
ont désigné pour l'exécuter, comme si elles s'y
étaient rendues pour transiger : le tout sans
préjudice des dommages-intérêts extrinseques
que peut avoir encourus celui qui aurait
manqué à ses engagemens.

C'est d'après ces principes de justice, que
toute dette contractée même pendant le cours du
papier-monnaie, mais payable à l'étranger, ne
pouvait être acquittée en assignats, & n'est point
susceptible de la réduction proportionnelle (2).

La même doctrine sert à résoudre les contestations qui peuvent naître sur la diversité
des poids & mesures, sur lesquels on ne s'est
pas expliqué dans les actes.

Quoiqu'on ne puisse, sans se rendre coupable
d'un délit, se servir dans les ventes publiques,
d'autres poids & d'autres mesures que ceux qui
sont établis par le gouvernement, parce que
ce serait tromper les acheteurs qui entendent
se conformer à cet usage, néanmoins dans

---

(1) L. 3. ff. *de rebus autoritate judicis possidend.*
lib. 42. tit. 5. —— L. 21. ff. *de obligat. et action.*
lib. 44. tit. 7.

(2) Loi du 29 nivôse an 4, Bult. 20. n.° des
lois 126.

les

les traités particuliers, il est permis de convenir d'un mode spécial de mesurage qu'on juge à propos de préférer ( 1 ); à moins qu'il n'existe une loi expressément prohibitive, telle que l'ordonnance des Eaux & Forêts pour l'arpentage des bois, ou ( 2 ) le toisé des cordes exposées en vente. Mais lorsque les parties ont gardé le silence sur le choix de la mesure, & qu'elles sont de divers pays dans lesquels les poids & mesures sont différens, à quel lieu doit-on s'attacher pour choisir ?

Comme la valeur doit toujours être correspondante à la chose, c'est au lieu convenu pour la délivrance, qu'on doit s'attacher pour en choisir la mesure ou le poids ; parce que c'est suivant le prix courant de cet endroit, qu'on en devrait faire l'estimation ; s'il n'y a aucun lieu fixé pour la tradition, c'est la mesure du lieu du domicile du débiteur où la demande est intentée. Dans l'un & dans l'autre cas, c'est-là que les contractans sont censés avoir choisi leurs poids ou mesures, puisque c'est-là qu'on doit mesurer : à moins que le contraire ne résulte d'autres circonstances.

------

( 1 ) L. 71. ff. *de contrahendâ emptione.* lib. 18. tit. 1.
( 2 ) Art. XIV et XV. titre XXVII. de l'ordonnance de 1669. tome I du recueil des édits. pag. 582.

Il suit de ces mêmes principes, que s'il était question d'une vente de fonds, c'est à la toise du lieu de sa situation qu'on devrait en faire l'arpentage; parce qu'il ne peut être mesuré ailleurs qu'où il est, & que c'est par les mesures locales qu'on doit déterminer les espèces dans chaque endroit ( 1 ); comme c'est aussi sur l'échelle de dépréciation du lieu de la situation de l'immeuble, qu'on doit payer le prix, non acquitté, d'une vente faite durant la dépréciation du papier monnaie, lorsque, pour éviter l'expertise décretée par la loi du 16 nivôse an VI, le vendeur a déclaré vouloir s'en tenir au terme de son contrat ( 2 ).

Dans le doute qui peut naître des circonstances, sur ces sortes de questions, la rigueur de la règle pèse particulièrement sur le vendeur ( 3 ), auquel on doit imputer l'inexactitude du contrat, qui donne lieu à la contestation.

## II.ᵉ QUESTION.

En Angleterre, la preuve par témoins est admise pour les conventions, à quelque somme

_____

( 1 ) Novel. 128. *cap.* 1.

( 2 ) Art. I. de la loi du 27 thermidor an VI, Bult. 217. n.° des lois 1952.

( 3 ) L. 29 ff. *de pactis.* lib. 2. tit. 14. —— L. 21. *de contrahend. emption.* lib. 18. tit. 1. et L. 38. §. 18. ff. *de verbor. obligat.* lib. 45. tit. 1.

& valeur que leur objet se monte ; en France elle est rejettée, dès que le prix de la convention est au-dessus de cent francs. Deux Anglais se trouvant à Paris, l'un assigne l'autre pour lui répéter une somme de mille écus qu'il prétend lui avoir prêtée, & en offre la preuve par témoins ; cette preuve doit-elle être accueillie par un tribunal Français ?

*Réponse :* Il ne s'agit point, dans une pareille contestation, de la forme de la procédure, qui ne peut être en France que conforme à la loi Française : mais de la forme du titre, en vertu duquel on actionne. L'ordonnance ( 1 ) de 1667 veut qu'on passe *acte par-devant notaire, ou sous signature privée, de toutes choses excédant la somme ou valeur de cent francs, même pour dépôts volontaires.* Telle est la forme qu'elle prescrit dans tous les contrats de cette importance, pour qu'ils puissent produire une action recevable par les tribunaux.

Mais cette loi ne peut affecter la substance des actes passés hors de France. En conséquence, de deux choses l'une : ou le prêt dont il s'agit a été fait sur le sol de la république, & alors la preuve n'en doit point être

--------

( 1 ) Art. II. tit. XX.

admise par témoins, parce qu'on n'y a pas employé l'écriture prescrite par la loi sous l'empire de laquelle il a été fait : ou il a été fait en Angleterre ; &, dans ce cas, la preuve offerte est admissible, parce qu'en traversant la Manche, les parties n'ont changé que de jurisdiction, pour l'exercice de l'action acquise au créancier, avant que d'arriver en France.

Mais il faut remarquer, que la loi Française qui veut qu'on emploie l'écriture pour la preuve des contrats au-dessus de cent francs, ne les déclare pas nuls & sans effets, quand on ne l'a pas employée ; seulement elle rejette la preuve purement vocale qu'on voudrait en donner : d'où il résulte que, si le contrat avait été fait en France, ce même genre de preuve qui y est rejetté, devrait être admis en Angleterre, puisque, dans le droit, l'obligation subsiste.

## III.ᵉ QUESTION.

Un habitant de l'Allemagne, où suivant le droit écrit qui y est en vigueur, la prescription est acquise par dix ans entre présens & par vingt ans entre absens, possédait un domaine dans la ci-devant Franche-Comté où la prescription ne s'acquiert que par trente ans ; un Français s'en est emparé, & en a joui pendant vingt-cinq ans paisiblement, & avec un titre suffisant pour étayer la prescription. Le propriétaire, après ce laps de temps, peut-il encore révendiquer son domaine ? le possesseur ne pourrait-il pas lui répondre : vous vivez sous une loi qui anéantit votre titre par vingt ans de non-jouissance, le domaine est donc à moi ?

*Réponse* : La loi de la prescription n'affecte immédiatement ni la qualité des personnes, ni les formes des actes ; c'est donc un statut réel : d'où il résulte qu'il faut avoir possédé pendant tout le temps requis par la loi, dans le ressort de laquelle le bien est situé, pour l'avoir prescrit, parce qu'elle ne le garantit qu'à cette condition, entre les mains du possesseur.

Mais *quid juris*, s'il s'agissait d'une créance, & non d'un bien-fonds ?

La loi ne change point ici de nature : elle est toujours la même, c'est-à-dire, un statut réel ; il n'est donc question que de fixer le lieu où la créance doit être regardée comme sise ou située ; or, une créance n'est qu'un être négatif pour le débiteur, tandis que c'est une quantité positive pour le créancier. C'est dans le patrimoine du créancier qu'elle existe réellement, parce qu'elle augmente en effet la valeur de ses biens, & c'est au lieu où existe le créancier qu'elle doit être acquittée, si l'on n'en

est point convenu autrement ; c'est donc sur
la loi du domicile du créancier qu'on doit se
régler lorsqu'il s'agit de savoir si elle est prescrite ou non , parce qu'elle n'existe que là.

## IVᵉ. Question.

Un homme domicilié dans un endroit où
il faut avoir vingt ans pour tester, fait son
testament à l'âge de dix-huit : sa disposition peut-elle valoir pour ses biens situés sous
le ressort d'une loi qui permet de tester à
quinze ans ?

*Réponse :* La capacité de tester est une qualité personnelle ; elle se régit uniquement par
la loi du domicile. Le testament dont il s'agit
serait donc nul, puisque le testateur n'aurait
pas le pouvoir de le faire : & comme le même
acte ne peut pas être nul & valide tout-à-la-
fois, il faut en conclure qu'il ne pourrait pas
même recevoir d'exécution sur les biens situés
dans un endroit où la loi en ordonnerait autrement, quant à la capacité de tester.

Mais dans le cas qu'on vient de supposer,
si l'homme qui veut tester, avant que d'avoir
atteint l'âge de vingt ans, se transportait dans
le lieu où il suffit d'en avoir quinze, pourrait-
il y faire légalement sa disposition ?

Ou il ne s'y transporte que momentanément,

où il va s'y établir à perpétuelle demeure.

Dans le premier cas, son état d'incapacité ne cesse point, parce que ses qualités personnelles dépendent toujours de la loi de son véritable domicile.

Dans le second cas au contraire; dès que par son établissement à perpétuelle demeure, il a acquis les droits de cité dans le lieu où il suffit d'avoir quinze ans pour tester, la capacité qui en est une dépendance ( 1 ), lui demeure aussi acquise , par une conséquence nécessaire; puisque son état personnel doit être le même que celui des autres citoyens parmi lesquels il est incorporé, & que cette capacité fait partie du droit ( 2 ) public auquel il participe.

*Quid juris*, s'il avait fait son testament avant l'âge requis, sous l'empire de la loi qui exige vingt ans dans le testateur, & qu'il se fût ensuite établi sous celle qui n'en exige que quinze, sans le recommencer?

Son testament n'en serait pas moins nul, parce que, pour sa validité, il faut être capable

---

( 1 ) LL. 15. et 26. ff. *qui testamenta facere possunt.* lib. 28. tit. 1.

( 2 ) L. 3. ff. *eodem.*

à la double époque & de sa confection & du décès du testateur ( 1 ).

## V.ᵉ Question.

Deux époux se marient dans un lieu où l'autorité maritale est méconnue & viennent ensuite s'établir parmi nous où cette institution est en usage; on demande si, par la fixation de leur nouveau domicile, le mari acquiert les effets de la puissance maritale sur son épouse?

*Réponse:* Un principe incontestable, c'est que tout ce qui appartient au droit public d'un état, est commun à tous les citoyens qui le composent ; qu'ils ne peuvent ni s'y soustraire par aucune stipulation, ni y renoncer. Si donc l'autorité maritale est fondée sur le droit public du lieu du nouvel établissement des époux, comme dans la ci-devant Franche-Comté, sans contredit le mari doit en être revêtu, dès qu'il y aura acquis les droits de cité : en sorte que son épouse participant à la condition que la loi assigne à toutes les femmes mariées, ne pourra dès-lors, sans l'autorisation

---

( 1 ) §§. 5. & 6. instit. *quibus mod. testament. infir.* lib. 2. tit. 17. — L. 6, §§. 5, 6, 7 et 8. ff. *de injusto et irrit. testam.* lib. 28. tit. 3.

maritale

maritale, contracter ni paraître en jugement; parce que la bienséance des mœurs publiques ne pouvant admettre d'exception, ni prescinder d'un seul individu, exige d'elle la même circonspection qu'elle ordonne pour toutes.

Il faudrait décider autrement pour le lieu où cette autorité ne serait considérée que comme de simple droit privé, en sorte qu'il fût permis d'y renoncer par le traité de mariage; car dans ce cas, les époux s'étant mariés où cette puissance n'a pas lieu, seraient dans la même position, que s'ils avaient traité dans l'endroit de leur nouvel établissement, & que le mari eût, dans son acte de mariage, renoncé à l'autorité maritale, pour émanciper sa femme.

*Quid juris*, dans l'hypothèse inverse, c'est-à-dire, dans le cas où le mariage aurait été célébré sous une loi qui constitue la femme en puissance du mari, & que les époux se fussent ensuite établis sous l'empire d'un statut qui l'émancipe?

L'émancipation, comme la puissance maritale, appartient, sous les mêmes rapports, à l'organisation publique : on doit donc se décider ici, d'après les principes appliqués à la première hypothèse.

Mais il ne faut pas perdre de vue, que le changement de domicile ne peut porter aucune atteinte aux droits pécuniaires antérieurement acquis à l'un ou l'autre des époux, par leur contrat de mariage ; que le changement ne s'opère ici que sur les qualités des personnes, & non sur l'étendue de leurs conventions.

D'où il résulte qu'une femme qui se serait mariée dans un pays où elle passe sous l'autorité maritale, & dont le domicile aurait été légalement transporté ailleurs, où cette autorité n'a pas lieu, ne pourrait, au préjudice des droits du mari, vendre, aliéner ni engager ses biens dotaux; parce que, dans son traité de mariage, elle se serait imposé la loi de ne pouvoir prendre d'engagemens pareils, sans le consentement de son époux. Celui-ci serait toujours recevable à s'en plaindre, par la raison qu'on ne peut pas disposer des droits d'autrui, sans le consentement du maître: dans ce cas, le contrat ne serait pas nul de nullité absolue, proposable par toute partie : le mari seul aurait droit de s'en plaindre, lorsqu'il blesserait ses intérêts.

Pareillement, si le mariage avait été contracté dans un pays où l'autorité maritale n'a pas lieu, & où le mari n'a point, ou peu de droits sur les biens de la femme, il ne pourrait, en changeant de domicile à son gré, porter atteinte aux avantages acquis à l'épouse, qui se trouverait obligée à le suivre, ni la constituer, quant à ses intérêts pécuniaires, dans une condition pire que celle sur laquelle aurait été réglée leur association.

Dans l'une & l'autre de ces hypothèses, il ne faut pas confondre deux choses entièrement différentes : c'est-à-dire, les qualités civiles de la personne, & les droits pécuniaires qu'elle a aliénés au profit de son associé.

Lorsqu'il s'agit des qualités purement personnelles, l'homme les tient impérieusement de la loi qui les organise : en sorte que, dès qu'il change de domicile, qu'il quitte un état pour s'établir dans un autre, la législation change aussi à son égard. La loi sous l'empire de laquelle il a cessé d'être, est comme si elle était abrogée pour lui, & qu'on en eût porté une autre, conforme à celle de sa patrie adoptive : cas auquel on n'irait pas consulter l'ancienne loi abrogée, pour régler son état civil actuel.

Mais quand il s'agit des droits acquis à un tiers, sur les biens de la personne qui change de domicile, c'est-à-dire, sur ce qui était aliénable, & qu'elle a pu aliéner : alors ce changement ne peut ni révoquer son contrat, ni, par un effet rétroactif, priver l'autre des droits qui lui avaient été légalement cédés ; comme une

loi nouvelle qui apporte un changement dans
la législation d'un état, ne peut dépouiller
les citoyens de l'effet de leurs transactions antérieures.

# VI.ᵉ QUESTION.

La légitimation des enfans nés hors le mariage, n'a pas lieu en Angleterre, même par
mariage subséquent. Un Anglais arrivé en
France, où la légitimation a lieu, pourra-t-il y
légitimer son fils, & le rendre habile à lui
succéder?

*Réponse :* Les qualités de père & fils légitimes
constituent respectivement l'état personnel de
l'un & l'autre : cet état dépend de la loi du corps
social auquel l'homme appartient, & il le porte
par-tout avec lui : il faut donc que non-seulement le père, mais encore le fils, aient l'un &
l'autre les droits de cité, dans le pays où la
légitimation est admise ; par conséquent qu'ils
y soient établis à perpétuelle demeure, & qu'ils
y figurent dans le tableau des citoyens.

Ainsi, dans le cas proposé, tant que l'Anglais
& son fils pourraient l'un ou l'autre être regardés
comme étrangers en France, c'est-à-dire, tant
qu'ils n'y auraient pas acquis, au moins les
droits de républicoles, l'acte de légitimation
serait sans effet, puisque la qualité qu'il donne,

serait incompatible avec l'état personnel que l'un ou l'autre tiendrait de la législation Anglaise.

Mais *quid juris*, si deux Français se mariaient à Londres, & y faisaient dans leur acte de mariage, la reconnaissance d'un enfant illégitime? cet enfant serait-il réellement légitimé?

Si l'enfant dont il s'agit était né en Angleterre, il ne serait pas légitimé par le mariage de ses père & mère, qui y serait célébré, parce qu'il serait Anglais de naissance; mais s'il était né en France, on devrait le regarder comme légitimé par le mariage de ses père & mère, quoique célébré à Londres; parce que, comme nous le verrons plus bas, c'est la loi elle-même dont la personne tient son état, qui opère la légitimation par mariage subséquent, moyennant le fait de la reconnaissance des père & mère.

Il y aurait plus de difficulté sur la question de savoir si, ensuite des lois du 4 juin 1793 & du 12 brumaire an II, deux Français pourraient faire en Angleterre la simple reconnaissance d'un enfant né en France, hors le mariage, & si cette reconnaissance serait suffisante pour le rendre habile à succéder, & le légitimer aussi, autrement que par mariage subséquent.

Sur cette seconde question, nous penserions

qu'une reconnaissance de cette espèce, serait sans effet, même en France; parce que, suivant la loi Française, la reconnaissance des enfans nés hors le mariage, pour les père & mére existans encore à l'époque de la loi du 12 brumaire an II, ne peut résulter d'un acte privé: qu'elle doit être faite par-devant l'officier public; & qu'il n'y a aucun officier en Angleterre, ayant pouvoir légal, pour recevoir un pareil acte, à la différence du mariage pour la célébration duquel il y a des autorités constituées établies.

Qui pourrait douter, par exemple, qu'un divorce fait entre deux Français serait nul, s'il était prononcé dans un pays où il n'y aurait aucune autorité compétente pour le recevoir? ne doit-on pas raisonner de même, dans le cas de la reconnaissance d'un enfant dont la naissance n'est pas avouée par la loi?

## VII.ᵉ QUESTION.

Quelle est la nature des lois qui règlent la puissance paternelle, & les effets qui en dérivent?

*Réponse*: Les qualités de père, comme celles de fils de famille, sont entièrement personnelles. La loi qui les règle, en constituant le fils sous l'autorité de son père, ou qui y assigne un terme, en émancipant l'un de la puissance de l'autre, a donc nécessairement la nature du statut personnel.

Ainsi, celui qui est fils de famille dans le pays de son domicile, doit être réputé tel, même dans les endroits où cette institution n'aurait pas lieu, & par-tout il porte cette qualité avec lui.

Quant aux conséquences qui dérivent de la puissance paternelle, il faut distinguer entre ses effets immédiats & essentiels, & ceux qui ne lui sont qu'accidentels.

Par effets immédiats & essentiels de la puissance paternelle, nous entendons l'incapacité respective qu'elle produit dans le père & le fils pour contracter ensemble, & dans le fils pour traiter avec les étrangers, sans le consentement ou l'autorisation du père : ces effets sont aussi entièrement personnels, puisqu'ils déterminent uniquement l'état de la personne sous le rapport de la capacité. Ils sont absolument inséparables de leur cause, parce que la puissance paternelle, telle que nous la connaissons en pays de droit écrit, & d'après nos anciennes ordonnances (1), ne peut exister sans les produire, & qu'ils ne peuvent être sans

_____

(1) Art. MCCCCXLIII. des anciennes ordon nance de la ci-devant Franche-Comté.

elle, comme nous le verrons plus bas. Ils appartiennent au droit public, puisqu'aucun pacte privé ne pourrait y déroger; car le père, sans le concours du magistrat (1) compétent, ne pourrait pactiser avec son fils, pour le mettre hors de sa puissance, ni lui accorder une capacité propre que la loi refuse à son état: & comme cette loi rend le fils incapable de contracter sans le concours de l'autorité paternelle, sur ses propriétés personnelles, il en résulte que la puissance du père étend aussi son effet immédiat sur les biens du fils, puisque, par l'incapacité de celui-ci, ils demeurent assujettis à l'autorité du père.

Nous entendons au contraire, par effets accidentels de la puissance paternelle ( s'il est permis de se servir de cette expression ) les droits qui en dérivent en faveur du père, pour la jouissance & l'usufruit des biens du fils. Nous les appelons accidentels, parce qu'ils ne sont pas une suite nécessaire de l'autorité du père; car celui-ci peut avoir la puissance paternelle sur son fils & être privé de l'usufruit légal de ses biens, comme cela arrive lorsque cette jouissance lui est prohibée (2)

_____

(1) L. 3. cod. *de emancipationibus*, lib. 8, tit. 49.
(2) Novel. 117. *cap*. 1.

par un donateur étranger, & quand il le conserve même en totalité après la mort (1), &
pour moitié après l'émancipation (2) de son
fils: le père peut y renoncer, en conservant
son autorité toute entière, & la puissance paternelle n'empêche pas cette renonciation d'être
valable (3) & irrévocable, quoique d'ailleurs
le père & le fils ne puissent pactiser ensemble, parce que c'est ici plutôt la remise
d'une servitude, qu'une libéralité proprement
dite.

Les droits de cette nature dans la personne
du père, sont donc bien différens des effets
de sa puissance sur la capacité du fils: ils ne
sont point, comme ceux de la première espèce,
fondés sur l'organisation publique, puisqu'il
est permis d'y déroger par des conventions
particulières.

Il résulte de-là, qu'il ne faut pas confondre la
loi qui constitue le fils en puissance du père &
qui le rend incapable d'aliéner ses biens, ou de
s'obliger sans le concours de l'autorité paternelle, avec celle qui accorde au père l'usufruit

---

(1) L. 7. cod. *ad senatus-consult. Tertulian.* lib.
**6.** tit. 55.

(2) L. 6. §. 3. cod. *de bonis quæ liberis.* lib. 6. tit. 60.

(3) §. 2. *ibid.*

des biens adventices de son fils. La première
est purement personnelle, puisqu'elle ne règle
immédiatement que la qualité de la personne.
La seconde au contraire, est réelle, parce que
son objet est réel, & qu'elle ne règle nullement
la capacité ou l'incapacité du fils, en attribuant
simplement la jouissance de ses biens au père.

Mais il faut remarquer que, quoique ce
statut soit réel, il peut être sous la dépendance
d'une cause personnelle, c'est-à-dire, de la puissance du père ; & chaque fois que le père &
le fils sont domiciliés en pays de droit écrit,
la fixation de leur domicile produit un quasi-
contrat qui opère les mêmes effets que si le
fils avait fait un abandon général de la jouissance de ses biens, en faveur de son père ; parce
qu'en adoptant pour règle de ce qu'il doit
faire, le prescrit d'une loi qui l'ordonne ainsi,
c'est en résultat, comme si lui-même avait fait
cette cession : alors la loi stipule pour l'homme
qui vit sous son empire ( 1 ), & ce n'est plus
le cas d'invoquer le prescrit du statut réel,
puisque le fait de l'homme s'y oppose.

Parcourons présentement quelques-unes des
principales difficultés qui peuvent se présenter
sur cette matière.

-----

( 1 ) L. 28. cod. *de fidejussoribus.* lib. 8. tit. 41.

1º. Supposons que le père avec son fils soit domicilié dans un endroit où la puissance paternelle est inconnue, & que le fils hérite d'une succession dont les biens soient situés dans un pays de droit écrit : dans cette hypothèse le père ne serait point fondé à demander la jouissance de la succession dévolue à son fils, puisque la loi de son domicile ne lui accorde aucun droit semblable, & qu'il ne pourrait se prévaloir de celle de la situation des biens, qu'en présupposant la puissance paternelle qui lui manque.

2º. Supposons au contraire, que le domicile du père & du fils soit fixé dans un pays de droit écrit, & que les biens de la succession échue à ce dernier, soient situés dans un pays où la loi n'accorde aucun usufruit légal. Dans cette seconde hypothèse, le père aura droit de jouir de la succession arrivée à son fils : parce que la cause de cette jouissance étant générale, doit s'étendre à tous les biens de celui-ci.

On pourrait au premier abord, penser que cette décision résiste à ce qui a été dit plus haut, que le statut réel de la situation des biens doit l'emporter sur le statut du domicile ; mais il ne faut pas perdre de vue, comme nous l'avons déjà indiqué plusieurs fois, que le fils étant domicilié avec son père, sous l'empire d'une loi qui donne à ce dernier l'usufruit de ses biens indistinctement, le fils lui-même est censé avoir accordé ce droit à son père: parce que la fixation & la continuation de son domicile dans ce lieu, emporte cette conséquence de sa part. Il serait donc non-recevable à invoquer le statut réel de la situation des biens, dans le ressort duquel il ne demeure pas, contre le prescrit du quasi-contrat qui résulte de la fixation de son domicile, sous une loi qui en dispose autrement.

3.º *Quid juris*, si après la naissance d'un enfant, arrivée en un lieu où la puissance paternelle n'est pas en usage, le père transporte son domicile dans un autre endroit où cette institution est en vigueur?

L'enfant qui est émancipé par la loi, est dans le même cas que celui dont le père aurait fait prononcer l'émancipation par le magistrat compétent. Or, dans cette dernière hypothèse, le fils ne peut plus être par la suite, malgré lui & sans son fait, constitué de nouveau en puissance ( 1 ); d'où il faut conclure que le père, dans l'espèce proposée, n'acquerrait

_____

( 1 ) L. 11. ff. *de his qui sui vel alieni juris sunt.*; *et* Novel. 89. *cap.* 11.

aucun des droits attribués à la puissance paternelle, par son changement de domicile.

4°. *Quid juris*, encore, si le père après la naissance d'un enfant arrivée dans un lieu où la puissance paternelle expire à vingt-un ans, allait résider dans un autre où elle dure indéfiniment jusqu'à l'émancipation ou à la mort?

Dans ce cas, si le changement de domicile a été fait, sans fraude, de la part du père, il ne paraît pas que le fils puisse prétendre à l'émancipation, lorsqu'il a atteint ses vingt-un ans sous le statut du second domicile, quoique né sous l'empire d'une loi qui bornait la puissance du père à cet âge. Il ne le pourrait en effet prétendre, ni en vertu de la loi sous laquelle il ne vit plus, & qui étant comme abrogée pour lui, ne peut plus régler son état personnel; ni en vertu de celle sous laquelle il est venu se constituer, par son nouveau domicile, puisqu'on suppose qu'elle ne l'émancipe pas sans le vœu paternel : d'ailleurs le fils de famille pouvant se choisir un domicile différent de son père, dès qu'il n'use pas de cette liberté, il est censé acquiescer à la continuation des droits qui résultent en faveur de celui-ci, de la fixation de leur nouvelle demeure : & s'il avait suivi son père en minorité, le bénéfice de la restitution (1) en entier viendrait à son secours pour empêcher qu'on ne lui opposât un acquiescement irrévocable.

Il en serait autrement, si le père, pour prolonger sa jouissance, avait affecté de se choisir un nouveau domicile sans motif raisonnable, ou dans des circonstances qui décéleraient la fraude : comme s'il l'avait fait pendant la maladie de son fils, afin que celui-ci mourût dans un pays où l'usufruit légal doit durer jusqu'à la mort de l'usufruitier ; parce que la fraude ne peut jamais être un titre légitime.

5°. Que doit-on penser du fils né en pays de droit écrit, où la puissance paternelle dure jusqu'à la mort du père ou du fils, à moins que celui-ci n'ait été émancipé, & qui va ensuite se domicilier ailleurs où la loi émancipe les enfans à un certain âge ?

Le fils ayant une fois acquis son nouveau domicile, sous l'empire de la loi qui affranchit de la puissance paternelle ceux qu'elle gouverne, & qui sont parvenus à l'âge qu'elle détermine, il est incontestable que dès-lors il se trouve émancipé ; d'où il résulte que le père ne peut plus

_____

(1) *Argumentum ex.* L. 3. §. 7. ff. *de minoribus.* lib. 4. tit. 4. Et *ex.* L. 8. §. 1. cod. *de bonis quæ liberis.* lib. 6. tit. 60.

prétendre aucun usufruit sur les biens qu'il viendrait à acquérir postérieurement.

Mais que doit-on décider de la jouissance des biens que le fils avait déjà avant son changement de domicile? le père en conserve-t-il encore l'usufruit?

Il faut faire une distinction : ou les biens du fils sont situés dans le ressort de la loi de son nouveau domicile, ou ils existent sous l'empire de celle où le père continue sa résidence.

*Dans le premier cas*, le père ne peut plus conserver son usufruit sur cette espèce de biens.

En effet, il ne pourrait le revendiquer ni en vertu de la puissance paternelle, puisqu'il ne l'a plus ; ni en vertu de la loi de son propre domicile, parce qu'elle ne peut directement étendre son empire au-delà de son territoire; ni enfin d'après la loi de la situation des biens, qui l'en exclut formellement. Le fils au contraire, par la fixation de sa nouvelle demeure, devient habile à invoquer le statut réel qui le rend jouissant de ses biens.

Il ne faut pas confondre les effets de ce changement de domicile, avec ce que nous avons dit plus haut, sur la permanence des droits respectifs des époux qui, après leur mariage, vont ailleurs se choisir une nouvelle demeure : les droits des époux sont conventionnellement fixés par un pacte immuable auquel ils ne peuvent eux-mêmes déroger. L'usufruit légal du père est, au contraire, toujours subordonné à la puissance paternelle, qui est un effet immédiat de la loi, & dont la constitution ne peut dépendre des transactions particulières.

S'il en était autrement, & que le père fût admissible à soutenir que son usufruit antérieurement acquis dût lui demeurer tout entier, après l'élection du nouveau domicile de son fils, il s'ensuivrait qu'aujourd'hui en France, les pères en faveur desquels l'usufruit légal fut ouvert avant la loi du 28 août 1792, seraient fondés à en continuer la jouissance entière postérieurement à ce décret, même à l'égard de leurs enfans majeurs ; ce que personne n'oserait avancer ni soutenir.

Il y aurait en effet même inconséquence ; parce que le fils étant constitué sous une nouvelle loi, celle de son premier domicile se trouve aussi réellement abrogée pour lui, que l'ancien statut Français, l'a été par la loi du 28 août 1792 ; il devrait donc, dans l'un comme dans l'autre cas, rentrer en jouissance de ses biens.

*Au*

*Au second cas*, c'est-à-dire, lorsque les biens du fils qui s'est séparé de son père, sont situés dans le ressort du domicile paternel, où la loi accorde l'usufruit légal à ce dernier, il faut encore faire ici une distinction.

Si le fils a quitté la communion du père avec le consentement de celui-ci, il est alors dans le même cas que s'il était librement émancipé ( 1 ). Le père, en conséquence, doit lui relâcher la jouissance de la moitié de ses biens, s'il n'a protesté d'aucune réserve pour le tout; parce que tel est l'effet de l'émancipation librement consentie, que la loi laisse moitié de l'usufruit au père, pour prix du bienfait qu'il accorde à l'enfant ( 2 ).

Mais si le fils avait quitté le domicile paternel contre la volonté de son père, il ne serait pas admis à prétendre qu'il a reçu de lui le bénéfice de l'émancipation, qui ne peut être que l'effet d'un consentement libre de part & d'autre ( 3 ): le père, dans ce cas, conserverait son usufruit tout entier sur cette espèce de

---

( 1 ) L. 1. cod. *de patriâ potestate.* lib. 8. tit. 47.

( 2 ) L. 6. §. 3. cod. *de bonis quæ liberis.* lib. 6. tit. 60.

( 3 ) L. 114. §. 8. ff. *de legatis.* 1. lib. 30. tit. 1. L. 31. ff. *de adoptionibus et emancipationibus.* lib. 1. tit. 7. —— L. 11. ff. *de his qui sui vel alieni juris sunt.* lib. 1. tit. 6.

biens, comme lorsqu'il se le réserve en émancipant; parce que le fils n'aurait pu, par son
fait propre, nuire à la condition du père, ni
le priver d'un droit précédemment acquis,
dont le statut réel lui continue (1) la jouissance. Le fils ne pourrait invoquer ici la loi
de son nouveau domicile, parce qu'elle n'étend
pas sa force au-delà de son ressort, & qu'elle
ne peut prévaloir sur le statut réel invoqué
par le père qui lui demeure soumis (2).

## VIII.ᵉ QUESTION.

Un Espagnol marié, & ayant des enfans, vient
s'établir en France avec son épouse. Réputé
Français, il fait prononcer son divorce du vivant
de sa première femme, & a des enfans de la
seconde; il meurt ensuite, laissant des héritiers
de l'un & l'autre lit: on demande si ceux du
second lit doivent être admis à succéder à leur
père, même dans ses biens situés en Espagne?

D'un côté, l'on peut dire, en faveur des
enfans du second lit, qu'ils sont également

---

(1) L. 85. §. 1. ff. *de regulis juris.*

(2) *Nota.* Le cas dont on vient de parler, est indépendant & différent de celui du mariage de la fille
à l'insçu de son père, dont parle *Dunod* en ses
*observations*, page 303.

légitimes que les autres, puisque le mariage de leurs père & mère fut régulier, & que leur naissance est avouée par la loi; qu'ils portent par-tout avec eux leur qualité d'enfans légitimes; qu'ils ne peuvent être tels en France, & illégitimes en Espagne; parce que leur état est indivisible, que par conséquent, ils doivent être admis à hériter par-tout où le pere peut avoir laissé des biens.

D'autre part, on peut répondre, pour les enfans du premier lit, que l'institution du divorce étant proscrite en Espagne, on ne peut y mettre à exécution ses conséquences, parce que ce serait y consacrer le principe; que c'est la loi d'Espagne qui est ici le statut réel, puisque c'est dans l'étendue de son ressort que les biens sont situés; que le statut réel l'emportant sur le statut personnel, la loi Française ne peut être ici d'aucune conséquence. Or la loi d'Espagne ne reconnaît, & ne peut reconnaître pour héritiers que les enfans du premier lit; donc eux-seuls doivent emporter cette espèce de biens.

Il est certain, en principe, que le statut réel l'emporte sur le statut personnel, pour celui qui est habile à s'en prévaloir. Il est indubitable encore, que la loi d'Espagne qui régle la dévolution des successions, est un statut réel

& que celle de France qui accorde la légitimité aux enfans du second lit, est un statut personnel : la question se réduit donc à savoir si les enfans du premier lit peuvent être recevables à se prévaloir du statut réel contre ceux du second.

Si les enfans du premier lit étaient restés en Espagne, & qu'ils ne fussent pas devenus Français, nul doute qu'ils ne pussent opposer aux autres la préference du statut réel, & dire : la loi sous laquelle nous vivons ne reconnaît que nous pour héritiers : nous sommes les seuls qu'elle désigne : par conséquent, dès que c'est elle qui, à la mort de notre père, s'est saisie des biens qui ont échappé de ses mains, & qui les distribue à ses successeurs, nous devons seuls les avoir, puisqu'elle ne reconnaît cette qualité qu'en nous seuls : peu importe que la loi Française en dispose autrement, dès qu'elle ne peut atteindre ni les biens situés en Espagne, ni les personnes domiciliées hors de France.

Mais si tous les enfans tant du premier que du second mariage étaient domiciliés en France, tous devraient succéder également à leur père, tant dans les biens situés sur le territoire de la république, que dans ceux existans sur le sol Espagnol ; parce que ceux du premier lit seraient non-recevables à invoquer le statut réel d'Espagne, contre l'obligation que leur imposerait la loi Française, de reconnaître pour leurs frères légitimes ceux qui seraient nés du second mariage. Les uns comme les autres étant Français, leur état de légitimité ne pourrait être réglé que par les lois Françaises ; par conséquent les droits qui en dérivent, devraient être pesés dans la même balance.

Pour faire encore mieux sentir la justice de cette décision par un autre exemple, supposons que plusieurs frères ci-devant nobles héritent d'une terre en fief située en Allemagne, sous une loi qui accorde un préciput aux aînés nobles. Tous les frères, héritiers ensemble, ne devront-ils pas recueillir également cette succession, puisque tous sont Français, & par conséquent égaux en droits ? l'aîné pourrait-il demander à jouir en Allemagne, du droit d'aînesse, contre la loi de l'égalité qui constitue son état civil ? pourrait-il être noble en Allemagne, tandis qu'il est Français, & que la charte constitutionnelle de son pacte social, proscrit cette qualité ? Ses frères ne lui diraient-ils pas avec assurance : „ après avoir accepté la „ constitution qui nous rend égaux à vous ; „ après en avoir cimenté le contrat en jurant de

„ la maintenir, n'êtes vous pas non-recevable
„ à vous prévaloir d'une qualité qu'elle défend,
„ & que vous ne pourriez tenir que d'elle,
„ puisqu'elle seule régle votre état civil? re-
„ noncez-donc à la conséquence, puisque le
„ principe vous manque?

Il en est de même à l'égard de plusieurs
frères consanguins, dont le père aurait divorcé,
& qui se présenteraient pour recueillir sa succession dans un pays où le divorce ne serait
pas en usage; parce que la loi constitutive de
leur état civil défend aux uns de se donner
un titre pour exclure les autres.

Voyez au surplus les preuves données ci-
dessus à l'appui de la cinquième maxime.

# CHAPITRE XIV.

## DES rapports généraux de parenté & d'alliance, & de leurs effets.

LA parenté consiste dans les rapports naturels & civils qui unissent spécialement les personnes qui descendent les unes des autres, ou qui tirent leur origine de la même source connue.

L'alliance ou l'affinité consiste dans les liens civils qui unissent par le mariage les époux entre eux, & chacun d'eux avec les parens de l'autre.

On dit : *les liens civils*; car quoique l'union conjugale soit fondée dans le droit naturel, la nature ne fait cependant pas le mariage; c'est l'homme en société qui le contracte.

Les liens d'affinité sont fondés sur ce que, dans le mariage, ce n'est pas seulement un des époux qui stipule avec l'autre, mais encore chacun d'eux avec la famille entière de celui qui accepte son alliance. Cette adoption mutuelle, qui les rend spécialement chers les uns aux autres, en unissant leurs services respectifs, associe aussi, par une conséquence nécessaire, leurs obligations & leurs devoirs : la loi ne peut donc plus les regarder comme étrangers, & indifférens les uns aux autres; la faveur qu'on doit aux mariages, ainsi que la bienséance des mœurs, exigent également que leurs qualités civiles & leurs droits reçoivent l'empreinte de leur association.

Ce qui forme la matière de ce chapitre, peut être rapporté à trois questions principales.

Comment distingue-t-on les lignes & les degrés de parenté ou d'alliance?

Quelles sont les principales obligations & les devoirs réciproques qui naissent de la parenté ou de l'alliance?

Quels sont les obstacles ou empêchemens qu'elles peuvent produire, soit relativement à l'exercice des droits publics ou privés du citoyen, soit relativement aux transactions sociales?

## §. I.er

*Sur la manière de distinguer les lignes, et de compter les degrés de parenté et d'alliance.*

On distingue deux lignes de parenté: l'une directe, & l'autre collatérale.

La ligne directe comprend la collection des personnes qui descendent successivement les unes des autres: tels que l'ayeul, le fils, & le petit-fils.

La

La ligne collatérale réunit ceux qui ne descendent pas les uns des autres, mais dont l'origine va se confondre dans une source commune : tels que les frères, les oncles & neveux : les cousins ou autres parens plus éloignés, qui, en remontant chacun leur ligne de descendance, arrivent tous ensemble à un auteur commun.

En langage de jurisprudence, on donne aux frères différentes dénominations corrélatives, suivant qu'ils sont parens, ou non, par le double lien de père & de mère.

On appele frères germains, ceux qui sont issus du même père & de la même mère.

Frères consanguins, ceux qui sont issus du même père, & non de la même mère :

Frères utérins, ceux qui reconnaissent la même mère, mais qui ont des pères différens.

Dans l'une & dans l'autre ligne, les degrés de parenté qui ne sont autre chose que les différens grades (1) de l'échelle des générations, se comptent par le nombre simple des personnes, en retranchant celle du premier auteur où l'on fait aboutir les lignes.

Ainsi, en ligne directe, le père & le fils sont

---

(1) L. 10. §. 10. ff. *de gradibus & affinibus*. lib. 38. tit. 10.

parens au premier ( 1 ) degré ; parce qu'il y a deux personnes, & qu'en retranchant celle du père, il n'en reste qu'une. Le petit-fils est parent au deuxième ( 2 ) avec le grand-père ou l'ayeul, parce qu'il y a ici trois personnes, c'est-à-dire, celles du fils, du père & du grand-père : lesquelles forment comme les trois anneaux de la chaîne, & qu'en retranchant celle de l'ayeul, il n'en reste que deux qui font les deux degrés de descendance. Par la même raison l'arrière-petit-fils est au troisième ( 3 ) degré avec son bisayeul, & ainsi de suite.

Lorsqu'il est question de supputer les degrés de proximité des parens collatéraux, on compte de même le nombre des personnes de chacune des lignes, en retranchant la souche commune : on les ajoute ensemble, & le nombre total donne celui des degrés.

Ainsi les deux frères sont parens au second degré ( 4 ), l'oncle & le neveu au troisième ( 5 ), les cousins au quatrième ( 6 ), & ainsi de suite ; parce qu'en retranchant la souche commune, la

---

( 1 ) L. 1. §. 3. ff. *de gradibus & affinibus* lib. 38. tit. 10. —— ( 2 ) §. 4. *ibidem.* —— ( 3 ) §. 5. *ibidem.* ( 4 ) §. 4. *ibidem.* —— ( 5 ) §. 5. *ibidem.* —— ( 6 ) §. 6. *ibidem.*

somme des personnes qui forment les lignes, est de deux pour les frères, de trois pour l'oncle & le neveu, & de quatre pour les cousins.

Quoique l'affinité n'ait, à proprement parler, aucun degré (1) naturel, puisqu'on ne peut réellement la rapporter aux différentes générations comme en ayant été la source, cependant on compte les degrés civils d'alliance de la même manière que ceux de la parenté naturelle : ensorte que chacun des époux est allié aux membres de la famille de l'autre, au même degré (2) que celui-ci leur est parent.

Ainsi la femme du fils est alliée, en ligne directe, au premier degré avec le père, & au second, avec le grand-père de son mari : & par la même raison, elle est alliée en collatérale, au second degré avec le frère, au troisième avec l'oncle, & au quatrième avec les cousins de son époux.

Mais il faut remarquer, que comme l'affinité n'est établie par la loi, qu'entre chacun des époux & les consanguins (3) de l'autre, il en résulte que les alliés des mêmes parens ne sont pas, pour cela, alliés entre eux : par

_____

(1) L. 4. §. 5. ff. *de gradibus et affinibus.* lib. 38. tit. 10. —— (2) LL. 6. et 7. ff. *eodem.* —— (3) L. 4. §. 3. ff. *eodem.*

exemple, la femme d'un frère n'est pas l'alliée de l'épouse de l'autre frère ( 1 ).

## §. II.

*Des devoirs généraux et obligations réciproques qui naissent de la parenté et de l'alliance.*

Le vœu de la nature est que l'homme vive jusqu'à ce qu'il ait atteint le terme de sa carrière; & comme elle le fait naître faible & dénué de forces dans son enfance, & que souvent dans le cours de sa vie, il se trouve incapable de satisfaire à ses propres besoins, nécessairement elle charge ceux qui lui ont donné le jour, de

---

(1) *Nota.* **P**our connaître les degrés de parenté ou d'alliance en ligne collatérale, suivant le mode qu'on appelait canonique, et qui est encore en usage en matière civile, pour les récusations de juges et les suspicions de témoins, on ne cumule pas le nombre des personnes des deux lignes qui remontent à la source commune ; on compte seulement les degrés de la ligne la plus longue, et les collatéraux sont regardés comme aussi éloignés l'un de l'autre, que celui qui est à l'extrémité de la descendance la plus étendue depuis la souche commune, se trouve distant de cette souche.

Suivant cette manière de compter, les frères sont au premier degré, l'oncle et le neveu au second; ainsi de suite.

pourvoir à sa subsistance, & lui-même, par un juste retour, de soutenir ( 1 ) les pas chancelans de ceux dont il a reçu la vie. Le droit naturel (2) oblige donc les pères & mères, &, à leur défaut ( 3 ), les autres ascendans ( 4 ), à fournir des alimens à leurs enfans, & ceux-ci à leurs ascendans (5): & la loi qui ne peut voir que d'un œil d'indignation, celui qui devient en quelque façon, le meurtrier ( 6 ) de sa postérité ou de son père, en lui refusant le nécessaire à la vie, présente à l'indigent le recours ( 7 ) à l'autorité publique, pour vaincre l'obstination du père dénaturé ou du fils ingrat ( 8 ).

. Le droit naturel, dont les préceptes généraux ne peuvent être effacés ( 9 ) par les réglemens civils, ne distingue point ici entre les enfans

---

( 1 ) L. 5. cod. *de patriâ potestat.* lib. 8. tit. 47.

( 2 ) Novel. 117. *cap.* 7. *in fin.*

( 3 ) L. 8. ff. *de agnoscendis et alendis liber.* lib. 25. tit. 3.

( 4 ) L. 14. ff. *ut in possessionem legator.* lib. 36. tit. 4.

( 5 ) L. 1. cod. *de alendis liber.* lib. 5. tit. 25.

( 6 ) L. 4. ff. *de agnoscendis et alendis liber.* lib. 25. tit. 3.

( 7 ) L. 5. §. 12. ff. *eodem.*

( 8 ) L. 2. cod. *eodem.* lib. 5. tit 25.

( 9 ) L. 8. ff. *de capite minutis.* lib. 4. tit. 5. — L. 2. ff. *de usufructu e arum rerum.* lib. 7. tit. 5.

légitimes, & ceux nés hors le mariage ( 1 ) : les droits & devoirs réciproques, que la nature établit entre eux & leurs parens, sont les mêmes dans la cause des alimens.

Mais comme toute obligation naturelle ne donne pas une action civile ( 2 ), c'est une question de savoir si, dans l'état actuel de notre législation, les enfans illégitimes ont encore indifféremment une action ouverte, pour exiger des alimens de leurs pères & mères ?

Pour satisfaire à cette question, nous distinguerons les enfans nés hors le mariage, en trois classes différentes, suivant les hypothèses diverses dans lesquelles ils peuvent se trouver.

La première classe comprendra ceux qui ont été reconnus par leurs pères & mères, & dont la paternité est établie suivant toutes les formes prescrites par la loi du 12 brumaire an II.

Dans la seconde, nous comprendrons ceux dont la paternité n'est ni prouvée ni avouée par leurs pères.

La troisième classe embrassera ceux dont la paternité est prouvée ou avouée ; mais sans

_____

( 1 ) L. 5. §. 4. ff. *de agnoscendis et alendis liber.* lib. 25. tit. 3.

( 2 ) L. 10. ff. *de obligat. et action.* lib. 44. tit. 7. L. 38. §. 1. ff. *de condict. indebit.* lib. 12. tit. 6.

que les titres qui la constatent soient authentiquement revêtus des formes prescrites par la
loi, pour les rendre successibles à leurs parens.

En ce qui concerne ceux de la première classe,
nul doute qu'ils n'aient droit à actionner leurs
pères & mères, pour obtenir d'eux des alimens;
puisqu'étant légitimés par leur reconnaissance,
la loi civile se réunit au droit naturel, pour
les charger de leur entretien & de leur éducation.

Quant à ceux de la seconde classe, ils ne
peuvent être fondés à intenter aucune action
semblable contre leurs pères; car les droits
d'alimens présupposent la paternité dans celui
contre lequel on en forme la demande; or,
dans l'état actuel de notre législation, nul ne
peut être admis à faire preuve d'une paternité
non avouée; d'où il résulte qu'on ne pourrait
plus aujourd'hui en France, intenter cette action
contre le père qui désavouerait un enfant,
quand celui-ci n'aurait pas de preuves antérieurement acquises de sa filiation.

Mais en serait-il de même à l'égard de la
mère qui refuserait de reconnaître son enfant?
celui-ci serait-il privé de toute action pour faire
constater envers elle sa filiation? Et celui qui
serait une fois reconnu, soit par la mère, soit par
le père, quoique d'une manière moins authen-

tique, & sans les formes nécessaires pour le rendre successible avec les autres héritiers, n'aurait-il pas droit de demander des alimens à ceux qui l'auraient confessé pour leur enfant? ceux-ci pourraient-ils, tout en avouant qu'il leur appartient, ou dans l'impossibilité de le nier, lui refuser le nécessaire à la vie?

Telles sont les questions intéressantes qui peuvent être agitées sur le sort des enfans nés hors le mariage, que nous avons rangés dans la troisième classe ci-dessus énoncée.

Abordons en premier lieu, celle qui concerne la reconnaissance de la mère : pourrait-elle impunément désavouer son enfant né hors le mariage, sans que celui-ci pût la forcer, par aucune preuve, à le reconnaître?

Nous envisagerons cette question dans le texte & l'esprit de la loi, & dans ses conséquences.

Il est incontestable, que suivant le prescrit des lois anciennes, l'enfant naturel avait une action contre sa mère, pour être reconnu d'elle & en obtenir des alimens : une vérité de fait, non moins certaine, c'est qu'aucun texte des lois nouvelles n'abroge cette action; d'où il faut conclure, qu'elle doit encore avoir lieu.

Opposera-t-on l'art. VIII de celle du 12 brumaire an II, qui porte que pour être admis

à

à la succession maternelle, il faut, pour l'enfant naturel, la même reconnaissance de la part de la mère, que celle qui serait nécessaire de la part du père ? Mais il ne s'agit point ici du droit de successibilité, qui est totalement différent de celui d'alimens, comme nous le verrons bientôt.

Si nous réfléchissons sur l'intention du législateur, & que nous pénétrions jusques dans l'esprit de la loi, cette décision reçoit un nouveau degré de certitude.

Quel est le motif pour lequel on a proscrit parmi nous, toute recherche sur la paternité méconnue des enfans nés hors le mariage ?

Il y a ici entre la condition de la mère & celle du père, une différence essentielle, & dont le législateur n'a pu prescinder.

Il est rare que la maternité puisse être inconnue, & le fait de l'enfantement présente un moyen infaillible d'en acquérir la preuve, en constatant l'identité de l'enfant : il n'en est pas de même du secret de la conception, dont le mystère cache impénétrablement les droits de la paternité.

Quiconque connaît un peu les habitudes de la vie humaine, ne peut ignorer les fraudes si souvent commises en cette matière, ni combien il est facile de répandre des soupçons d'une paternité qui n'a jamais existé : combien de

fois n'a-t-on pas , à l'aide de ces preuves inqui-
sitoriales, qui ne peuvent produire tout au
plus que des doutes plus ou moins graves,
troublé la tranquillité domestique des familles:
afiligé les mœurs, & traduit devant les tribunaux pour fait de libertinage, des hommes d'une
conduite irréprochable? Et combien encore,
n'ont dû ces vexations qu'à l'appât que présentait leur fortune, à un sexe corrompu?

C'est par d'aussi puissantes considérations,
que la convention nationale a sagement aboli
l'ancien mode de recherche sur la paternité
non avouée.

Mais tous ces motifs sont étrangers à la condition de la mère; d'où il faut conclure qu'il
n'est point dans l'esprit de la loi d'ôter à
l'enfant les moyens ordinaires de constater à
son égard, le fait de sa maternité non avouée.

Si nous envisageons cette question du côté
des conséquences qu'entraînerait la décision
contraire, n'y aurait-il pas de la contradiction
à informer sur la maternité d'un enfant exposé,
si cet enfant n'était pas lui-même en droit de
faire des recherches pour découvrir sa mère?
Une mère qui exposerait son enfant, ne serait-
elle pas infiniment plus criminelle, que tout
autre qui aurait commis un pareil délit? Ne
serait-elle pas plus sévèrement punissable?

Quel est l'homme qui pourrait ne pas voir un crime atroce dans celle qui repousse de son sein, l'innocente victime à qui elle donna le jour? Mais si la nature lui impose le devoir de le reconnaître & d'en avoir soin, & si elle devient punissable aux yeux de la loi civile quand elle n'y satisfait pas; comment cette même loi civile refuserait-elle à l'enfant le droit correspondant au devoir de sa mère?

Venons actuellement à la question de savoir si un enfant né hors le mariage , & qui n'aurait pas été reconnu par ses père & mère d'une manière assez authentique pour le rendre succcessible, n'aurait pas une action civile à exercer contre eux pour en obtenir des alimens, s'il avait des preuves acquises de paternité.

En ce qui concerne la mère, la question est suffisamment résolue en faveur du fils, d'après ce qu'on vient de dire sur la précédente; & les raisons qui militent contre le père, sont également applicables contre elle; développons donc seulement nos idées sur la cause du père.

Un père actionné par son fils naturel pour obtenir de lui des alimens, serait-il recevable à les lui refuser, en ne déniant pas la paternité? Si les preuves de filiation avaient été acquises au fils par enquête faite avant la loi du 12 brumaire an II, contre le vœu du père qui refuserait

encore aujourd'hui d'en faire la reconnaissance volontaire, suivant le prescrit de cette
loi, le fils n'aurait-il pas contre son père là
même action qui lui appartenait dans l'ancien
ordre de choses ? Ou si le père avait reconnu
son fils par simple écriture privée, & qu'il
refusât aujourd'hui de renouveller sa reconnaissance par-devant l'officier public, pourrait-il
exister impunément dans l'opulence, à côté
de son fils qui manquerait du nécessaire à la
vie ? En un mot, le père, pour écarter la demande alimentaire du fils, serait-il fondé à
se retrancher simplement sur la forme de la
reconnaissance produite par celui-ci, quand
il ne pourrait d'ailleurs disconvenir du fait,
ni de la preuve acquise contre lui ?

Pour résoudre cette question en faveur de
l'enfant, il suffit d'observer :

1.º Que la ca se des alimens est entièrement
distincte & séparée de celle de la successibilité :
le droit de successibilité n'est pas seulement
relatif aux intérêts du père & de l'enfant; il
incorpore civilement celui qui le possède, dans
la famille entière, en l'appelant à y recueillir
les successions concurremment avec les autres
membres: tandis que le simple droit d'alimens
n'est relatif, dans le cas présent, qu'à ceux qui
tiennent la vie l'un de l'autre, & se borne dans

son objet, à ce qui est nécessaire à la subsistance de l'indigent: c'est ainsi que dans l'ancien
ordre de choses, les enfans illégitimes avaient
droit à des alimens & ne succédaient pas : d'où
il résulte qu'on ne peut pas arguer d'un de
ces droits à l'autre, en disant au fils : je ne vous
dois point d'alimens, parce que vous n'avez
pas droit de me succéder.

2.° Que la nouvelle législation Française
ayant voulu améliorer le sort des enfans nés
hors le mariage, ce serait aller directement
contre son esprit, que de prétendre qu'elle les
a privés d'un droit qu'ils avaient auparavant,
lorsqu'elle ne le dit pas.

3.° Que l'art. XIII. de la loi du 12 brumaire
an II, en accordant des secours à titre d'alimens,
aux enfans adultérins, auxquels elle refusa le
droit de succéder, consacre la même distinction
que nous venons d'établir ici ( 1 ).

Quoique l'obligation de fournir des alimens
aux enfans, soit naturellement commune aux
ascendans de l'un & l'autre sexe ( 2 ), cepen-

_____

(1) Voyez, sur cette question, le message du
Directoire exécutif, du 12 ventôse an V, Bult.
112. n.° des loix 1059. page 6.

Voyez aussi l'art. III de la loi du 15 thermidor
an IV, Bult. 63. n.° des loix 580.

(2) L. 5. §. 2. ff. *de agnoscend. et alend. liberis.*
lib. 25. tit. 3.

dant comme la famille appartient plus particulièrement au père qui en est le chef, la mère
ainsi que les ascendans maternels, ne sont civilement tenus à l'acquit de cette dette, qu'à
défaut (1) de moyens de la part du père, ou de
l'ayeul paternel, et seraient fondés à répéter (2)
à ceux-ci, ce qu'ils auraient fourni pour cet
objet, autrement que par pure libéralité.

Mais comme la loi ne pourvoit ici qu'aux
besoins ; l'exercice de cette action cesse, chaque
fois que celui qui veut l'intenter, a, par ses
propres moyens, de quoi subsister & vivre honnêtement (3), ou que celui contre lequel on
voudrait l'ouvrir, prouve qu'il est lui-même
dans l'indigence (4).

Non seulement les pères & mères & les enfans
se doivent mutuellement le nécessaire à la vie,
ce qui comprend (5) les alimens, le vêtement,
le logement, &, en un mot, l'honnête entretien ;
mais même les pères & mères doivent pourvoir

---

(1) L. 8. ff. *de agnoscend. et alend. liber.* lib. 25.
tit. 3.

(2) D. L. 5. §. 14. ff. *eodem.*

(3) D. L. 5. §. 7. ff. *eodem.*

(4) L. 2. cod. *de alendis liberis.* lib. 5. tit. 25.

(5) D. L. 5. §. 12. ff. *de agnoscend. et alend. liber.*
lib. 25. tit. 3.

à l'éducation ( 1 ) de leurs enfans; parce qu'ils sont obligés d'en faire des citoyens : le cas arrivant, ils doivent aussi leur procurer un établissement ( 2 ), & les favoriser dans leurs projets de mariage, parce que telle est la destination générale des hommes en société. Ils sont en conséquence obligés à les doter ( 3 ) convenablement, & la loi donne une action aux enfans légitimes, pour obtenir d'eux à cette fin, ou un capital, ou un revenu, au choix ( 4 ) des pères & mères, proportionné à la fortune des uns & aux charges de l'établissement des autres. Mais quoique, dans la cause des alimens, l'obligation de la mère ne soit jamais que subsidiaire à celle du père, il n'en est pas absolument ainsi en ce qui concerne la dot, comme nous le verrons plus bas.

Puisque les ascendans & les descendans se doivent mutuellement des alimens, à plus forte raison, dans la discussion de leurs droits réciproques, l'un ne peut obtenir ( 5 ) contre l'autre,

---

(1) L. 1. cod. *ubi pupillus educari debeat.* lib. 5. tit. 49.

(2) L. 19. ff. *de ritu nuptiarum.* lib. 23. tit. 2.

(3) L. 7. cod. *de dotis promission.* lib. 5. tit. 11.

(4) L. 10 §. 6. et L. 46. §. 1. ff. *de jure dot.* lib. 23, tit. 3.

(5) L. 7. §. 1. ff. *de obsequiis parentibus et patron. præstandis.* lib. 37. tit. 15.

une condamnation au paiement entier de la dette, lorsque par-là, le débiteur se trouverait privé du nécessaire à la vie.

La personne des parens est sacrée pour les enfans : le respect ( 1 ) que ceux-ci leur doivent est tel qu'ils seraient non-recevables à intenter contre eux aucune action infamante ( 2 ), ou qui pourrait jetter du blâme sur leur conduite ou la régularité de leurs mœurs ( 3 ) ; & qu'ils sont obligés de subir avec déférence, la correction (4) qu'ils peuvent en recevoir, sans être admissibles à s'en plaindre par-devant les tribunaux ; parce que les parens étant chargés de l'éducation de leurs enfans, non seulement sont en droit, mais même il est de leur devoir, d'y employer les moyens de correction, suivant qu'ils le jugent convenable : ils doivent cependant en user ( 5 ) modérément ; & comme le droit cesse toujours où commence l'excès, s'ils y mettaient trop de rigueur, les enfans seraient fondés à invoquer

---

( 1 ) L. 2. ff. *de obsequiis parentib. et patron. præstand.* lib. 37. tit. 15.

( 2 ) L. 5. §. 1. ff. *eod.*

(3) L. 4. §. 16. ff. *de doli mali et metûs exceptione.* lib. 44. tit. 4.

( 4 ) L. 3. cod. *de patriâ potestate.* lib. 8. tit. 47.

(5) L. 1. *in fine.* ff. *de liberis exhibendis* lib. 43. tit. 30.

l'autorité

l'autorité des magistrats pour les soustraire ( 1 ) à un pouvoir que, contre le vœu de la nature (2), on aurait fait dégénérer en tyrannie.

En ce qui concerne les collatéraux, leurs droits & devoirs réciproques ne sont pas les mêmes que ceux des ascendans : régulièrement parlant, l'un ne peut intenter d'action contre l'autre, pour le forcer aux dépenses de son entretien. Cependant quoique les liens de la nature soient moins forts entre eux que dans la ligne ascendante, ils ne peuvent être ici regardés comme étrangers les uns aux autres ; la loi accorde (3) au frère indigent qui se trouve dans l'extrême nécessité, le droit d'actionner son frère riche, pour en obtenir des secours, suivant que sa fortune peut lui permettre (4).

Cette action est différente de celle qui est accordée contre les pères ou les enfans, en ce que l'une est toujours ouverte en faveur de

---

(1) L. 5. ff. *si à parente quis manumissus sit.* lib. 37. tit. 12.

(2) L. 5. ff. *ad legem Pompeïam de parricidiis.* lib. 48. tit. 9.

(3) L. 4. ff. *ubi pupillus educari debeat.* lib. 27. tit. 2. et L. 1. §. 2. ff. *de tutelæ ration. distrahend.* lib. 27. tit. 3.

(4) Novel 89. *cap.* 12. §. 6.

celui qui n'a pas lui même un honnête revenu ; tandis que l'autre n'a lieu que dans le cas de nécessité. L'une est perpétuellement dans le droit, l'autre est plutôt accidentelle & dans le fait : l'une veut qu'on fournisse tout ce qui est nécessaire à l'éducation & à l'entretien, tandis que celle-ci, n'ayant pour objet que le soulagement de l'extrême indigence ( 1 ), ne comprend que les simples alimens nécessaires à la vie ( 2 ) ; &, réguliérement parlant, son exercice ne s'étendrait ( 3 ) pas même des oncles aux neveux, sans des circonstances extraordinaires.

Une autre obligation des parens ( 4 ), est de pourvoir à la nomination de tuteurs aux pupilles délaissés par la mort de leurs pères ; & suivant le texte de la loi Romaine, les proches qui, pendant un an, auraient négligé de satisfaire à ce devoir, doivent être privés ( 5 ) de la succession du pupille, s'il vient à mourir avant l'âge de puberté.

---

( 1 ) L. 13. §. 2. ff. *de admin. et pericul. tutor.* lib. 26. tit. 7.

( 2 ) Novel. 89. *cap.* 12. §. 6.

( 3 ) L. 27. §. 1. ff. *de negot. gestis.* lib. 3. tit. 5. et L. 27. §. 3. ff. *de inoff. testam.* lib. 5. tit. 2.

( 4 ) L L. 1. et 2. ff. *qui petant tutor.* lib. 26. tit. 6.

( 5 ) L. 10. cod. *de legitimis hæred.* lib. 6. tit. 57.

Enfin un des droits principaux qui naissent de la parenté, est celui de succéder suivant le degrés de proximité & le prescrit des lois, comme nous l'exposerons dans une autre partie de notre cours.

Quant aux droits & devoirs qui résultent de l'alliance, ils sont moins étendus que ceux de la parenté, parce que les liens sont ici d'une autre nature.

Les époux s'étant promis une assistance mutuelle, se doivent (1) aussi des alimens dans le besoin; & l'un succède (2) à l'autre, à l'exclusion du fisc, lorsque le prédécédé n'a point laissé de parens connus.

En cas de séparation de biens, ou après la dissolution du mariage par le décès d'un des époux : lorsque la répétition de la dot est faite par la femme ou ses héritiers, le mari (3), ou son père (4), beau-père de l'épouse, ou les enfans (5) nés de leur mariage, sont en

---

(1) L. 73. §. 1. ff. *de jure dotium.* lib. 23. tit. 3. L. 22. §. 8. ff. *solut. matrim.* lib. 24. tit. 3. — L. 21. ff. *de donationibus inter vir. et uxor.* lib. 34. tit. 1.

(2) Art. IV. de la loi du 1.er décembre 1790.

(3) L. 20. ff. *de re judicatâ.* lib. 42. tit. 1.

(4) L. 21. ff. *eodem.*

(5) L. 18. *in princip.* ff. *solut. matrim.* lib. 24. tit. 3.

droit de retenir ce qui est nécessaire à leur subsistance, s'ils se trouvent dans l'indigence, & que la femme ou ses héritiers n'éprouvent pas les mêmes besoins : c'est ce qu'en termes de jurisprudence, on appèle *bénéfice de compétence.*

Ce droit appartiendrait aussi à la femme ( 1 ) si elle se trouvait soumise à une pareille restitution envers les héritiers du mari; & la loi rejette comme immoral ( 2 ), tout pacte par lequel on y aurait renoncé.

Mais ce bénéfice étant personnel ( 3 ) comme sa cause, ceux à qui il est accordé ne le transmettent point à leurs héritiers ( 4 ).

Lorsque le mariage est dissous par le divorce; qu'un des époux divorcés est réduit à la pauvreté, & que l'autre a de la fortune, la loi ( 5 ) veut encore qu'on accorde sur les biens de celui-ci, une pension alimentaire à l'indigent, quoique leur alliance ne subsiste plus, & qu'elle

---

( 1 ) D. L. 20. ff. *de re judicatâ.* lib. 42. tit. 1.

( 2 ) L. 14. §. 1. ff. *solut. matrim.* lib. 24. tit. 3.

( 3 ) L. 68. ff. *de regul. jur.* —— L. 13. ff. *solut. matrim.* lib. 24. tit. 3.

( 4 ) L. 12. ff. *eod.* et L. 25. ff. *de re judicatâ.* lib. 42. tit. 1.

( 5 ) Art. VIII. §. 3. de la loi du 20 septembre 1792.

n'ait à l'avenir, d'effet (1) qu'à l'égard des enfans.

## §. III.

*Quels sont les obstacles ou empêchemens résultans de la parenté ou de l'alliance pour l'exercice des droits publics ou privés du citoyen, et pour les négociations sociales ?*

Il serait contraire à la liberté publique, de concentrer de trop grands pouvoirs dans une même famille.

La force morale du corps politique dépendant de l'union des citoyens, exige que leurs relations de parenté s'étendent & se multiplient.

L'intérêt de la vérité ne permet pas de lui laisser subir le choc des passions domestiques.

La saine morale défend de placer l'homme entre le desir de ses affections naturelles, & le cri de sa conscience, en l'appelant à déposer sur l'intérêt de ses proches.

C'est en conséquence de ces principes, que les lois ont établi les exclusions & empêchemens suivans:

1.º L'ascendant & le descendant en ligne directe, les frères, l'oncle & le neveu, les cou-

_____

(1) Loi du 14 messidor an II. Bult. 16. n.º des lois 72.

sins au premier degré, & les alliés à ses divers degrés, ne peuvent être, en même temps, membres du directoire, ni s'y succéder qu'après un intervalle de cinq ans ( 1 ).

2.º Les mêmes degrés de parenté ou d'alliance s'opposent à ce que plusieurs parens ou alliés puissent être simultanément, membres du même tribunal; mais ils peuvent s'y succéder sans intervalle ( 2 ).

3.º A l'égard des corps administratifs, nulle loi n'en éloigne simultanément plusieurs cousins (3); mais l'ascendant & le descendant en ligne directe, les frères, l'oncle & le neveu, & les alliés au même degré, ne peuvent y être élus ensemble, ni s'y succéder qu'après un intervalle de deux ans ( 4 ).

4.º Les pères, fils & petit-fils, frères & beau-frères, les alliés au même degré, ainsi que les oncles & neveux de tous les individus compris dans la liste des émigrés, & non rayés défi-

---

( 1 ) Art. CXXXIX. de la Constitution.

( 2 ) Art. CCVII de la Constitution.

(3) Loi du 14 thermidor an VI, Bult. 217. n.ᵉ des lois 1945.

( 4 ) Art. CLXXVI de la Constitution.

nitivement, sont exclus (1) jusqu'après les quatre années qui suivront la publication de la paix générale, de toutes fonctions législatives, administratives, municipales & judiciaires, de celles de haut-jurés près la haute cour nationale, & de jurés près des tribunaux, ainsi que de l'exercice du droit de voter dans les assemblées primaires & d'y être nommés électeurs, à moins qu'ils n'aient été membres de l'une des trois premières assemblées nationales, ou qu'ils n'aient constamment, dès l'époque de la révolution, rempli des fonctions publiques au choix du peuple.

5.° Le mariage est prohibé entre les parens naturels & légitimes en ligne directe, entre les alliés dans cette ligne, & entre les frères & sœurs (2).

6.° Les notaires ne peuvent recevoir aucun acte

---

(1) Art. II. de la loi du 3 brumaire an IV, Bult. 199. n.° des lois 1193. 1.ere série. art. IX et X de la loi du 19 fructidor an V. Bult. 142. n.° des lois 1400.

Voyez aussi page 8 de l'instruction du 18 ventôse an VI, Bult. 188. n.e des lois 1745; et celle du 6 germinal suivant, Bult. 192. n.° des lois 1778. page. 21.

(2) Art. IX. tit. IV de la loi du 20 septembre 1792.

entre vifs, pour leurs parens ou alliés jusques
& compris le degré de cousins ( 1 ) : & 
comme le notaire, est une espèce de témoin
principal, que d'ailleurs un acte passé par-
devant deux notaires, a la même force que
celui qui est reçu par un seul, à la participation de deux témoins, on doit en conclure
que la suspicion des témoins pour cause de
parenté, doit être bornée au même degré que
celle du notaire avec lequel ils concourent à
la rédaction d'un acte.

7.º Dans les tribunaux civils, les juges sont
récusables ( 2 ), s'ils sont parens ou alliés à
l'une ou l'autre des parties, jusqu'aux enfans des
cousins issus de germains, à moins que toutes
parties n'aient préalablement consenti par écrit,
à ce qu'ils ne fussent point récusés ; & tout
juge qui connoît cette cause de récusation , est
tenu ( 3 ) d'en faire sa déclaration , sans attendre
qu'elle soit proposée.

8.º En matière civile, on ne peut faire

---

( 1 ) MDCCI. des anciennes ordonnances de la
ci-devant Franche-Comté.

( 2 ) Article I. tit. XXIV. de l'ordonnance de
1667.

( 3 ) Art. XVII. *ibidem.*

entendre

entendre pour témoins ( 1 ), les parens ou alliés des parties pareillement jusqu'aux enfans des cousins issus de germains inclusivement.

On excepte cependant de cette régle, le cas où il s'agit de prouver l'âge (2) des personnes, ou de suppléer au défaut des registres publics constatant l'état civil des citoyens, parce que ce sont les parens qui peuvent naturellement donner les renseignemens les plus sûrs, concernant ces divers objets (3).

9.º En matière criminelle, on ne peut faire entendre comme témoins (4), pour ou contre l'accusé, ses ascendans ou ses descendans, à quelque degré que ce soit, son frère ou sa sœur, & ses alliés à ce degré; ni sa femme ou son mari, pas même après le divorce légalement prononcé.

S'il y avait plusieurs co-accusés, toutes les personnes qu'on vient de désigner, sont ex-

___

(1) Art. XI. tit. XXII. de la même ordonn.

(2) Art. III du décret du 14 septembre 1793.

(3) L. 16 ff. *de probat. et præsumpt*. lib. 22. tit. 3. Art. VII. de la loi du 2 floréal an III, Bult. 139. n.º des lois 780.

(4) Art. CCCLVIII. du code des délits et des peines. Bult. 204. n.º des lois 1221. 1ʳᵉ. série.

clues (1) du témoignage, dans la cause de tous les complices compris en un seul acte d'accusation ; parce que le même fait ne pourrait pas être dénié pour les uns, ou prouvé contre les accusés non parens du témoin, sans l'être en même temps pour tous également (2).

(1) Loi du 15 ventôse an IV. Bult. 31. n.ᵉ des lois 219.

(2) Mais à quel degré de parenté avec l'accusé les juges ou les jurés peuvent-ils être récusés, ou doivent-ils s'abstenir de prononcer ? Les lois nouvelles n'ont encore rien statué à cet égard, non plus que sur les inconvéniens qui pourraient naître de ce que plusieurs jurés, pris dans le sein de la même famille, seraient appelés à siéger ensemble.

# CHAPITRE XV.

## Du Mariage.

LE mariage est une association légitimement contractée entre l'homme & la femme, par la tradition mutuelle de leurs facultés naturelles, avec promesse de fidélité réciproque.

Nous ne considérons ici le mariage que dans le contrat qui en forme l'essence, & par rapport aux effets naturels & civils qui en résultent pour ceux qui unissent, par ce lien, les habitudes de leur vie : ils sont libres, en le célébrant, d'y associer les bénédictions religieuses relatives au culte qu'ils exercent. La loi (1) leur permet de solenniser le plus auguste des engagemens, avec toute la pompe qu'ils jugent convenable, pour l'entourer du respect qui lui est dû. Le législateur ne peut voir qu'avec satisfaction, de vertueux époux invoquer le ciel sur la prospérité de leur union, & prendre l'Être suprême à témoin de la sincérité de leur serment, en se jurant une fidélité inviolable au pied de ses autels. Mais les formes de cette espèce faisant partie du domaine de la conscience, sont du choix libre des con-

_____

(1) Art. VIII tit. VI. de la loi du 20 septembre 1792.

tractans, parce que la constitution ( 1 ) en respectant tous les cultes exercés sans contravention à l'ordre public, n'en détermine & n'en proscrit aucun.

Pour mettre autant d'ordre qu'il nous sera possible dans ce que nous avons à dire sur cette importante matière, nous traiterons :

1.º Des conditions requises pour être habile à contracter le mariage, ainsi que des formes qui doivent précéder & accompagner sa célébration.

2.º De l'importance du mariage, dans ses rapports sociaux, & de la nature de son lien.

3.º De l'union conjugale envisagée dans ses rapports civils & dans les effets qu'elle produit relativement aux intérêts pécuniaires des époux.

## Article I.er

*Des conditions requises pour contracter le mariage, et des formes qui doivent précéder et accompagner sa célébration.*

Tout gouvernement légitime ayant essentiellement le droit de veiller à sa conservation & au bien-être du corps politique, en dirigeant les intérêts des citoyens vers le bien général de l'association, il est indubitable que le légis-

-----

(1) Art. CCCLIV. de la Constitution.

lateur a le pouvoir d'établir des formes pour toutes espèces de contrats, sans l'emploi desquelles la volonté des traitans ne puisse produire aucun engagement. Les formes tenant ainsi à l'organisation sociale, font partie du droit public ( 1 ) : tous sont absolument obligés de s'y soumettre; parce que nul ne peut s'arroger les droits du corps entier, en substituant sa volonté à la place d'une loi portée pour l'intérêt général ( 2 ).

Ce principe, incontestable à l'égard des contrats en général, est d'une évidence particulière relativement au mariage; parce qu'ici les époux ne stipulent pas seulement en leur nom & sur leurs intérêts propres: mais encore pour l'intérêt public, & au nom de la société, pour la propagation de laquelle leur union fut instituée.

Le mariage est donc entièrement dans le domaine de la loi : nul ne pourrait le soustraire à son empire, ni le célébrer sans les qualités requises, ou en violant les formes établies pour le contracter.

---

( 1 ) L. 13. cod. *de testament.* lib. 6. tit. 23. et LL. 38. et 24. ff. *de pactis.* lib. 2. tit. 14.

( 2 ) L. 5. *in princip.* et L. 6. ff. *de pactis dotalibus.* lib. 23. tit. 4.

Voyons d'abord quelles sont les qualités requises pour en être capable, ou les empêchemens qui peuvent le rendre nul, & ensuite les formes dont il doit être précédé & accompagné.

Comme le mariage est un contrat, & que tout contrat résulte essentiellement du consentement des parties traitantes, il est d'une nécessité absolue que ceux qui prétendent le célébrer, soient, dans le droit, capables de consentir ; que dans le fait, leur consentement soit réellement intervenu, & qu'ils soient autorisés par la loi.

En conséquence le mariage serait nul de plein droit :

1.º Si l'une ou l'autre des parties était incapable d'une volonté morale, tel qu'un imbécille, un insensé, un furieux (1).

A cet empêchement, qui dérive du droit naturel, la loi civile ajoute les suivans.

2.º Il faut être parvenu à l'âge de puberté : cet âge est fixé (2) à quinze ans révolus pour les mâles, & à treize ans révolus pour les filles. Avant cette époque, la loi ne veut pas que par

_____

(1) Art. XII. tit. IV. de la loi du 20 septemb. 1792.

(2) Art. I. tit. IV. *ibidem.*

des jouissances prématurées, l'homme puisse énerver sa constitution physique; & présumant d'ailleurs l'impuissance de consommer, elle prononce l'incapacité de contracter le mariage.

La preuve de l'âge doit être faite par la production d'un extrait de l'acte de naissance; & en cas d'impossibilité de le reproduire, on y supplée par un acte (1) de notoriété publique, délivré par le juge de paix de la résidence actuelle de celui qui veut se marier, sur la déclaration de trois parens demeurans dans le même lieu, ou, à leur défaut, de trois voisins ou amis.

3.º La poligamie étant défendue (2) en France, toute personne engagée dans les liens du mariage ne peut en contracter (3) un second, le premier subsistant.

4.º La même loi que la nature impose au père d'être le gardien de la chasteté de sa fille, lui défend de descendre dans son lit.

Ce serait une monstruosité que le fils fît remonter le sang vers sa source, & devînt le

---

(1) Art. III. de la loi du 14 septemb. 1793.

(2) Elle est punie de 12 ans de fers; art. XXXIII. tit. II. sect. I.ere du code des délits et des peines.

(3) Art. X. tit. IV. de la loi du 20 septembre 1792.

maître de sa mère, en devenant son époux.

Il serait contraire aux bonnes mœurs, que les frères & sœurs qui vivent ensemble, ne fussent pas détournés des désordres qu'entraine la familiarité des deux sexes, par l'obstacle que leur parenté présente à l'espérance d'une union légitime.

La politique exige que les affections sociales se répandent: que les générations se croisent: que les familles moins resserrées, tiennent à leur patrie dans une plus grande surface, & par un plus grand nombre de liens.

En conséquence, le mariage est prohibé (1) entre les parens naturels & légitimes en ligne directe, entre les alliés dans cette ligne & entre les frères & sœurs,

5.º La minorité produit un autre empêchement dans ceux qui ne seraient pas légalement autorisés pour contracter le mariage.

Il serait dangereux de donner trop d'essor à la liberté, dans un âge où les passions ont sur le cœur plus d'empire que la raison; d'ailleurs l'alliance d'un enfant, intéressant toute la famille, les parens ont droit d'y stipuler, tant que la maturité de son jugement ne peut

_____

(1) Art. XI. tit. IV. de la loi du 20 septemb. 1792.

leur

leur répondre qu'il n'abusera pas du défaut de leur assistance.

Le mineur ne peut donc être reçu à contracter le mariage, sans le consentement de son père, lequel seul est suffisant ( 1 ), quand même celui de la mère n'interviendrait pas.

Si le père est mort ou interdit, le consentement de la mère suffit ( 2 ).

Dans le cas où les père & mère seraient ( 3 ) morts l'un & l'autre, ou en interdiction, ou qu'à raison d'une absence légitime ( 4 ), il leur fût impossible d'intervenir pour donner leur consentement, la loi veut qu'on ait recours à un conseil de famille pour autoriser le mineur.

Ce conseil doit être composé des deux plus proches parens du mineur, & de deux autres de ses parens qui ne soient pas au nombre de ses héritiers présomptifs : il doit être convoqué, à la requisition du mineur, par l'officier public qui y a voix délibérative ( 5 )

Leur réunion doit avoir lieu en la maison commune, en présence du commissaire du

_____

( 1 ) Art. IV. tit. IV. de la loi du 20 septembre 1792.

( 2 ) Art. V. *ibid.*

( 3 ) Art. VI. *ibid.*

( 4 ) Loi du 7 septembre 1793.

( 5 ) Même loi du 7 septembre 1793.

Directoire exécutif, comme remplaçant ( 1 ) les procureurs de communes dans leurs fonctions, pour requérir & surveiller l'exécution de la loi ; c'est à la majorité des suffrages que leur consentement doit être donné, ou refusé.

Si le mineur n'avait pas de parens en nombre suffisant dans l'arrondissement du ci-devant district , ( 2 ) la loi du 20 septembre 1792 l'autorisait à y suppléer par des voisins ou amis pris dans le lieu de son domicile ; & comme on ne voit pas que cette faculté lui ait été ôtée par celle du 20 septembre 1793, quoique cette dernière loi ait apporté plusieurs changemens à la première, on doit conclure qu'il faut encore agir ainsi, quand même cet arrondissement ne subsiste plus pour les faits d'administration.

Si le conseil de famille ne donne pas son consentement au mariage, il doit s'ajourner à un mois ; à l'expiration de ce délai , si le mineur persiste, le refus du conseil ne pourra être fondé que sur le désordre notoire des mœurs de la personne que le mineur veut

---

( 1 ) Cette décision nous paroît résulter des art. XIX. et XXI de la loi du 21 fructidor an IV, Bult. 185. n.º des lois 1128. 1.ere série, comparés à l'art. VIII tit. IV. de celle du 20 septemb. 1792.

( 2 ) Art. VII. *ibid.*

épouser, ou la non-réhabilitation, après un jugement portant peine d'infâmie ( 1 ).

La loi accorde plus d'autorité au père & à la mère qu'au conseil de parens, parce qu'elle a plus de confiance en leur décision: que leurs intérêts sont plus rapprochés de ceux de leurs enfans; que la justice veut qu'on respecte les droits que les père & mère ont de fermer l'entrée de leur famille, à ceux qu'une passion aveugle chercherait à y introduire, & qu'ils ne soient pas forcés de recevoir comme beau-fils ou belle-fille, des personnes en qui ils pourraient ne reconnaître que leurs ennemis personnels.

Mais, comme suivant la loi du 20 septembre 1792, cette assemblée de parens doit délibérer en la maison commune du lieu du domicile du mineur; que suivant celle du 7 septembre 1793, l'officier public doit y assister & y avoir voix délibérative, & que, d'après celle du 13 fructidor an 6, c'est le président de l'administration municipale qui remplit les fonctions d'officier public, pour la célébration des mariages au chef-lieu de canton; est-ce pardevant lui, & en la maison commune du canton, que doivent aujourd'hui être convo-

_____

( 1 ) Loi du 7 septembre 1793.

quées les assemblées de familles, requises pour autoriser les mineurs au mariage?

La loi du 13 fructidor n'ayant statué que sur la célébration du mariage, & la délibération de parens dont il s'agit ici, n'en étant qu'un acte préparatoire, il paraît que les assemblées de cette espèce doivent encore être tenues en la maison commune, & par-devant l'officier public du lieu du domicile des mineurs.

6.º Le mariage serait nul s'il était célébré ailleurs que dans le lieu désigné, & par-devant l'officier public délégué par la loi (1).

Quoique dans le droit positif, il ne soit fait mention que des empêchemens de mariage dont nous venons de parler, nous croyons qu'on doit y ajouter les trois suivans, comme dérivans du droit naturel, & étant directement contraires au contrat qui en forme l'essence.

1.º Si l'une ou l'autre des parties y était portée par contrainte grave résultante d'une injuste violence exercée sur elle d'une manière capable de blesser gravement sa liberté; l'engagement le plus important & le plus sacré, doit aussi être le plus libre.

2.º Si l'une des personnes présente au ma-

---

(1) Art. IV. de la loi du 13 fructidor an VI, Bult. 221. n.º des lois 1980.

riage, n'était pas réellement celle avec laquelle l'autre entend le contracter; parce qu'alors il y aurait erreur substantielle dans le contrat: mais il faudrait que l'erreur tombât sur l'identité de la personne, & non sur quelques-unes de ses qualités accidentelles. Au reste, il serait difficile qu'une pareille erreur pût être commise en France, d'après la publicité avec laquelle les mariages doivent y être contractés.

3.º Si l'une des parties était affectée d'un vice radical dans les organes de la génération, qui la rendît incapable de consommer le mariage: dans ce cas-ci, comme dans le précédent, il y aurait erreur substantielle de la part de l'autre partie, & la nature répugne à de pareilles associations.

Mais il faut remarquer, qu'il serait nécessaire pour faire déclarer un mariage nul par ce motif, que le fait d'impuissance fût constaté par des circonstances particulières; parce que, pour en acquérir la preuve, on ne serait pas admis à une vérification qui pourrait blesser la pudeur, & offenser les mœurs.

Passons aux formalités qui doivent précéder & accompagner la célébration du mariage.

Il doit être précédé d'une promesse res-pectivement faite entre les époux, & publiée ( 1 )

_____

(1) Art. I. section II. tit. IV. de la loi du 20 septembre 1792.

par l'officier public dans le lieu du domicile actuel de chacun d'eux.

Ce n'est que trois jours après cette publication, que le mariage peut être célébré, y compris celui de la publication & celui de la célébration ( 1 ).

S'il y avait impossibilité de faire cette publication dans le lieu du vrai domicile, comme cela pourrait arriver dans un pays occupé par l'ennemi, il suffirait de la faire ( 2 ) dans l'endroit de la résidence de fait.

Si l'une des parties est mineure, cette publication doit être faite au domicile de ses père & mère, ou dans le lieu de la tenue de l'assemblée des parens, si les père & mère sont morts ou interdits ( 3 ).

Sur quoi il faut observer, qu'on ne doit pas confondre la résidence nécessaire pour déterminer la compétence de l'officier public qui doit prononcer le mariage, avec le domicile de droit qui sert à déterminer l'état de la personne, & où l'on doit faire les recherches pour s'assurer si elle est libre, & capable de contracter le mariage.

---

( 1 ) Loi du 25 vendémiaire an II.

( 2 ) Art. IV. de la loi du 14 septemb. 1793.

( 3 ) Art. I. section II. tit. IV. de la loi du 20 septembre 1792.

Lorsqu'il n'est question que de déterminer uniquement la compétence de l'officier public, la résidence de fait pendant six mois suffit; mais il paraît qu'on n'en doit pas juger de même, en ce qui concerne l'acte de publication; qu'il doit être fait dans le lieu du vrai domicile, parce que c'est-là que l'état de la personne est nécessairement le mieux connu; qu'en conséquence, un voyageur, un homme étant à la poursuite de quelques affaires, un militaire, en un mot, toute personne qui n'aurait qu'une demeure précaire ou passagère dans un lieu où le hasard ou les événemens l'auraient retenue pendant six mois & au-delà, si elle voulait s'y marier, serait obligée, dans les cas ordinaires, de constater de la publication de son mariage au lieu de son vrai domicile; parce que, eu égard sur-tout au court délai qui doit s'écouler entre la publication & la célébration, l'effet de cette forme deviendrait illusoire, quand elle ne serait remplie que dans un lieu où la personne pourrait n'être pas connue.

L'acte de publication doit être consigné par l'officier public, sur le registre destiné à cet effet, & affiché par extrait, à la porte de la maison commune & même à celles des chefs-lieux de sections, dans les communes au-dessus de dix mille ames ( 1 )·

L'opposition au mariage peut être formée :

1.º Par toute personne qui se prétendrait engagée dans les liens du mariage avec l'une des parties ;

2.º Par les parens dont le consentement est nécessaire pour le mariage des mineurs;

3.º Par deux parens, s'il s'agit d'empêcher le mariage d'un majeur par le motif qu'il est en démence , quoiqu'il n'y ait encore point de jugement d'interdiction.

L'acte d'opposition, en contenant les motifs, doit être signé des personnes opposantes, ou par leur fondé de pouvoir spécial, tant sur l'original que sur la copie, & porter en tête, copie de la procuration.

Il doit être, dans cette forme, signifié tant aux parties qu'à l'officier public, qui le relate sommairement sur le registre des publications de mariages.

La contestation sur l'opposition est d'abord portée par-devant le juge de paix du domicile de celui contre lequel elle est formée. Ce magistrat doit statuer dans trois jours, sauf

_____

( 1 ) Art. VI et VII. tit. IV. de la loi du 20 septembre 1792.

l'appel

l'appel au tribunal civil du département, qui, en ce cas, doit prononcer dans la huitaine, sans que les délais puissent être prorogés.

Une expédition du jugement de main-levée doit être remise à l'officier public, qui en fait mention sur son registre, en marge du feuillet où il a consigné l'opposition.

Dans les cas ci-dessus, il est défendu à l'officier public de passer outre, au préjudice des oppositions, à peine de destitution, de trois cents francs d'amende, & de tous dommages-intérêts; mais, hors de ces trois cas, on peut n'avoir aucun égard aux oppositions faites en d'autres formes, & par toutes autres personnes que celles ci-devant désignées (1).

Lorsque ces préliminaires sont remplis, le mariage doit être célébré le jour du *décadi* dans la salle destinée à la réunion des citoyens, au chef-lieu du canton de l'une ou l'autre des parties, par-devant le président de l'administration municipale, ou un autre de ses membres chargé de le remplacer, en cas d'empêchement. Cet administrateur doit faire lecture publique des pièces relatives à l'état des parties, & aux

_____

(1) Voyez, en ce qui concerne les oppositions au mariage, la section III. du tit. IV. de la loi du 20 septembre 1792.

formalités employées pour parvenir au mariage: tels que les actes de naissance, les consentemens des pères & mères, l'avis de la famille, les publications, oppositions & jugemens de main-levée; après cette lecture, le mariage est contracté par la déclaration faite à haute voix, par les parties, qu'elles se prennent mutuellement pour époux, & par la prononciation que l'officier public fait, au nom de la loi, qu'elles sont unies en mariage. De quoi il doit être incontinent dressé acte, dans la forme dont nous avons parlé ci-devant ( 1 ) page 41.

## ARTICLE II.

*Du mariage considéré dans ses rapports sociaux, et relativement à la nature de son lien.*

Le mariage, sous quelque rapport qu'on l'envisage, est, sans doute, l'engagement le plus important de la vie humaine.

Institué par la nature pour la propagation du genre humain, il est le fondement de la

---

( 1 ) Voyez, sur les formes intrinsèques du mariage, la sect. IV. tit. IV. de la loi du 20 septemb. 1792, et la loi du 13 fructidor an VI.

société, & appartient au droit naturel ( 1 ).

Accueilli & respecté chez tous les peuples policés, il est du droit des gens.

Et comme chaque gouvernement a institué en faveur du mariage, des formes de l'observance desquelles dépend la validité de cet acte solennel, il fait partie de l'organisation sociale, & appartient aussi au droit public de l'état.

Dans l'ordre politique, les nations ne prospèrent sur-tout, que par leur nombreuse population. Il faut, dans tout état, des bras pour fertiliser la terre ; il faut des hommes pour peupler les armées; il en faut pour cultiver les arts ; il en faut pour les établissemens de commerce , & pour perfectionner l'industrie. Cet état de prospérité , cet état de force physique & morale des nations, qui ne dépend que de la multiplication & de l'éducation des hommes , ne peut être que l'effet des mariages heureux dont on respecte & encourage l'institution.

Dans l'ordre moral, il est certain en général que le mariage doit rendre les hommes

_____

(1) *Hinc descendit maris atque fœminæ conjunctio, quam nos matrimonium appellamus: hinc liberorum procreatio , hinc educatio.* L. 1. §. 3. ff. *de justitiâ et jure.* lib. 1. tit. 1.

plus vertueux & meilleurs : c'est pour cette union que leurs cœurs s'ouvrirent à l'amour de leurs semblables; c'est par elle, qu'ils sentent agrandir leurs affections sur leur accroissement de parenté, & qu'ils multiplient les liens qui les attachent à leur patrie. Le mariage doit naturellement éloigner l'homme de la débauche & du libertinage, lui donner plus d'activité & d'industrie, en le forçant au travail nécessaire à l'établissement de sa famille : le père, qui doit revivre dans sa postérité, porte plus loin dans l'avenir, ses regards de prévoyance; le célibataire, dégagé des mêmes soins, vit plutôt pour le présent, comme si tout devait finir après lui. L'un s'intéresse à l'éducation publique, au sort de la génération future; l'autre, isolé dans les déserts du célibat, ne porte ses premiers regards que sur lui-même. Le premier, accoutumé à procurer, à quelque prix que ce soit, le bien-être de son épouse & de ses enfans, n'estime l'or qu'autant qu'il le répand en actes de bienfaisance; l'autre au contraire, dominé par l'habitude d'entasser, soustrait aux besoins publics, tout ce qui va se perdre entre ses mains. Le père de famille, identifié avec son épouse & les tendres objets de leur sollicitude commune, prête une grande surface à la société; le célibataire n'existe

que dans un seul point. L'un est dans la nécessité d'acquérir des amis & des protecteurs
à ses enfans; c'est un besoin pour lui de pratiquer la bienfaisance, parce qu'il doit procurer des appuis à sa famille dans la société;
l'autre, au contraire, sur-tout s'il a le malheur
d'être riche, sera souvent plus dur, parce que
le retour des services étrangers lui est moins
nécessaire.

Quel est l'homme qui redoutera le plus une
secousse politique, un bouleversement dans
l'état? c'est le père de famille, qui ne veut pas
que ses fils ou beaux-fils soient déplacés des
fonctions auxquelles ils furent appelés par le
suffrage de leurs concitoyens, ou par le gouvernement.

Quel est celui qui craint davantage l'inva-
sion de l'ennemi sur le sol de la république?
c'est encore le père de famille, qui voit sa ruine
par-tout où les propriétés de ses enfans & celles
de sa nombreuse parenté peuvent être envahies.

Quel est le citoyen qui, à chaque courrier,
attend impatiemment l'ouverture des dépêches,
pour savoir si nos armées ont vaincu? c'est
toujours le père de famille, dont le cœur pal-
pitant & partagé entre la crainte & la joie,
s'approche en tremblant sur le sort de son fils,
& s'en retourne plein d'orgueil d'avoir participé à la victoire.

C'est donc à juste titre, que nous avons avancé que le mariage est la plus importante des institutions de la vie humaine, puisqu'il est la source des jouissances les plus chères, & le plus ferme appui de l'ordre social & des mœurs publiques.

Mais quelle est la nature de l'union conjugale? consiste-t-elle essentiellement dans un lien moral qui attache les époux l'un à l'autre? ce lien est-il par lui-même perpétuel? est-il indissoluble?

Chacune de ces questions présente une idée différente, & doit être décidée en partant des bases naturelles de l'ordre social auquel tout est subordonné dans le monde moral.

Les hommes ne furent point semés à l'aventure sur le globe: ils ont été créés pour vivre en société. Leurs jouissances & leurs plaisirs, leurs besoins & leur sûreté, toutes les parties de leur être déposent de leur vocation à la vie commune. Leur union ne peut avoir pour cause le hasard, parce que le hasard n'est rien : elle n'en peut avoir d'autre que l'ordre même du créateur, parce qu'on ne pourrait, sans blasphémer contre sa sagesse, prétendre qu'il les eût, sans dessein, enchaînés sous la dépendance mutuelle les uns des autres.

Subordonnés par leurs besoins les uns aux

autres, guidés par la raison & doués d'un cœur dont les affections sont supérieures à l'impulsion physique de la simple animalité, les hommes ont donc une existence morale qui leur est propre ; & le rapprochement des deux sexes, ne doit point être momentané comme celui de la brute. Pour être conforme au dessein de l'Être suprême, il doit consister dans une association morale & permanente ; parce que les besoins des associés renaissent à chaque instant : que le desir de leurs jouissances communes, ne les abandonne point ; que lorsque la femme est devenue mère, ce bienfait est tout-à-la-fois un nouveau nœud & un encouragement pour les associés ; que dans la longue enfance de ce gage de leurs amours, la nature leur présente sans cesse le centre d'unité dans lequel leurs affections viennent se confondre ; & que pour nourrir & élever les fruits de leur union, les deux associés sont obligés d'y concourir en commun, parce que c'est le prix de leur tendresse commune.

Le mariage, dans son institution, & suivant les principes du droit naturel des sociétés, est donc essentiellement un contrat d'association particulière entre les époux.

Mais ce contrat est-il perpétuel de sa nature ?

Pour écarter de la réponse toute idée étrangère à la question, il ne faut pas confondre ce qu'on entend par un engagement perpétuel, avec ce qu'on doit entendre par un engagement irrévocable & essentiellement indissoluble.

L'aliénation d'un fonds, faite à perpétuité, par exemple, est un contrat perpétuel de sa nature; l'engagement qu'il renferme n'est cependant ni irrévocable, ni indissoluble, puisque les parties peuvent le dissoudre, & que l'une d'elles, pour cause légale, comme pour lésion, peut le faire rescinder & annuller.

Ainsi l'on peut affirmer que le lien du mariage est perpétuel de sa nature, abstraction faite de toutes causes qui en solliciteraient la révocation, sans le regarder comme indissoluble; l'une de ces questions ne préjuge rien sur l'autre.

Remontons à son institution, & envisageons-le dans son objet & sa fin; c'est-là que nous devons découvrir ce qu'il est.

Le mariage fut institué par l'auteur de la nature, pour la perpétuité du genre humain; il doit donc être naturellement perpétuel dans sa durée, pour correspondre aux vues de son institution, puisque, dans le fait, il est incontestable que le mariage est plus favorable à la population & sur-tout à l'éducation des hommes, que le concubinage.    Dans

Dans son objet, l'union conjugale n'est point semblable aux associations ordinaires qui se contractent sur des intérêts passagers. Ici les contractans stipulent sur leur propre existence; leur convention ne doit donc naturellement finir qu'avec elle : l'assistance mutuelle qu'ils se promettent, doit durer autant que leur foiblesse; & c'est vers les extrémités de la vie, que des besoins plus multipliés, prescrivent avec plus d'empire, l'exécution du contrat.

Si nous considérons le mariage dans sa fin, la perpétuité naturelle de ses liens paraît avec une nouvelle évidence.

Il ne fut point seulement institué pour donner l'existence aux enfans qui en naissent; les dangers qui accompagnent leur entrée dans le monde, la foiblesse qui est leur partage pendant nombre d'années, nécessitent des secours étrangers; ceux qui s'associent pour leur donner la vie, doivent donc, comme nous l'avons déjà dit, rester unis pour veiller à leur conservation, les élever & présider au développement entier de leurs facultés physiques & morales, jusqu'à ce qu'eux mêmes, à leur tour, en reçoivent les mêmes services vers le déclin de leurs jours.

De ces vérités, nous sommes en droit de conclure, que les liens du mariage sont naturellement perpétuels, & qu'abstraction faite des causes déterminées pour en faire prononcer la rescision, ce serait offenser le droit naturel des sociétés, de le contracter pour un temps, ou de le dissoudre arbitrairement.

Mais si l'union conjugale qui doit naturellement produire de si heureux effets, n'aboutit quelquefois qu'à une fin toute contraire; si, par exemple, il était permis de supposer que la nature se fût trompée, au point de produire une femme, telle que la paix domestique fût un supplice pour elle: la haine envers son mari, un besoin pour son cœur: qui portât l'audace du crime, jusqu'à méditer les moyens de le détruire: pour laquelle les douceurs d'un amour fidèle, eussent moins d'appât que la débauche, & qui fît trouver à son malheureux époux le poison de la mort, jusques dans les sources de la vie; faudrait-il que cet infortuné fût réduit à ne voir dans les liens indissolubles de son mariage, que l'irrévocable arrêt de sa mort? Faudra-t-il qu'invinciblement enchaîné au pied de l'autel de l'hymen, il soit condamné à n'y voir tous les jours de sa vie, que l'image du tombeau?

Et sur-tout, si une épouse jeune & tendre ne trouvait dans celui qui doit être l'adorateur de ses charmes & l'appui de sa foiblesse, qu'un tyran soigneux à la tourmenter! si pour prix de sa fidélité, elle n'en recevoit que des dédains & des outrages! s'il portait la barbarie, jusqu'à lever la main sur elle ou la maltraiter! s'il poussait l'impudeur, jusqu'à tendre des piéges à sa vertu! en un mot, si celle qui ne doit être que l'objet des affections les plus douces d'un homme vertueux, n'était que celui des fureurs d'un débauché! quel est le soulagement avoué par la raison, qu'on puisse refuser à cette épouse malheureuse? quel est le remède qu'on ne doive accorder à son infortune? Et quand la nature entière s'éléve contre le mons-tre qui la tourmente, si elle peut trouver la fin de ses maux dans le divorce, qui est ce qui osera lui en contester le droit?

Voyons donc, en réponse à la troisième question que nous avons posée plus haut, si des époux victimes d'une union mal assortie, sont forcés, d'après la raison & le droit naturel, de voir leur perte irrévocablement consommée, dans le lien indissoluble de leur mariage.

Pour envisager cet engagement sous tous ses rapports, nous le considérerons :

1.º Dans la nature du contrat qui forme l'essence du mariage.

2.º Dans les qualités qui en font l'objet matériel, & relativement à leur dépendance de l'autorité souveraine.

3.º Dans les droits, mutuellement acquis aux deux époux.

4.º Dans la fin pour laquelle il fut institué.

1.º Sous le rapport du contrat, le mariage est un engagement purement naturel, soumis par conséquent aux régles ordinaires des autres contrats : avec cette seule différence, qu'étant le plus important de tous, il est aussi celui qui doit être le plus respecté, & dont l'infraction est la plus dangéreuse.

L'institution du mariage est aussi ancienne que le monde : elle est antérieure à l'établissement de tous cultes, aux rits & aux bénédictions de toutes espèces de religions; elle ne peut par conséquent en dériver, puisqu'elle les précède dans son existence. Le contrat de mariage ne peut donc dépendre, dans son mode, ses conditions & sa durée, que de la volonté de la loi, qui, suivant le droit naturel des sociétés, doit régler tous les engagemens des membres de chaque corps politique.

2.º Considéré dans son objet matériel, le contrat de mariage embrasse l'aliénation réciproque des facultés naturelles des deux époux : aliénation en vertu de laquelle chacun d'eux acquiert le droit exclusif de co-habitation avec l'autre, & les conséquences qui en dérivent, soit pour les secours mutuels qu'ils se doivent, soit pour l'usage des moyens destinés par la nature, à la génération.

Mais cette aliénation, dans ses conditions & sa durée, ne peut être qu'essentiellement dépendante de la volonté du souverain.

Il est certain que tout citoyen d'un état, appartient par sa naissance, avec toutes ses facultés physiques & morales, au corps politique dont il est membre.

La patrie peut lever des impôts sur la fortune de ses enfans; mettre leur industrie personnelle à contribution, & les forcer à tout genre de travail nécessaire ou utile pour son salut & sa conservation, ou pour le bien général. Elle a droit de les appeler à son secours; de leur faire prendre les armes pour la défense commune, pour parvenir à la victoire : elle peut exiger de celui qu'elle a fait enrôler sous ses drapeaux, de lui faire jusqu'au sacrifice de sa vie, dans un poste périlleux dont elle juge la garde nécessaire au salut de l'armée, soit pour prévenir une surprise, soit pour favoriser une retraite; enfin la souveraineté nationale sur les individus, est telle qu'elle emporte droit de vie & de mort, sur ceux dont l'existence dangereuse serait inconciliable avec le repos public.

C'est par une suite de ce principe constitu-

tionnel de l'état social des hommes, que le
suicide & la mutilation de son propre corps
sont défendus par le droit naturel, parce que
nul ne peut disposer de ce qui n'est pas uniquement à lui, & priver le corps social dont
il est membre, des droits qui appartiennent
essentiellement au souverain, sur sa vie & l'usage
de ses facultés; que l'homme ne peut se vendre,
ni même engager ses services à perpétuité,
sans la ratification de l'autorité publique. Et
comme l'état a les mêmes droits sur toutes les
facultés & sur chaque partie de l'individu, que
sur le tout qu'elles composent, il en résulte,
avec la même évidence, que le citoyen ne
peut, par aucune convention privée, contre la
volonté publique, aliéner irrévocablement
aucune faculté, aucune dépendance de son
être.

D'où nous sommes en droit de conclure,
que dans le mariage, où l'homme stipule au
nom de la société, à la reproduction de laquelle
il fut institué: où il stipule sur sa propre existence qui appartient à cette même société: il
ne pourrait, contre la volonté nationale, s'imposer un engagement indissoluble, comme il
ne lui est pas libre de le rompre de sa propre
autorité; parce qu'autrement le mandataire
& le subordonné pourraient, contre le gré du

mandant & du maître, disposer de ce qui ne leur appartient pas.

3.ᵉ Si l'on envisage, l'union conjugale par rapport aux droits acquis aux deux contractans; ou leur séparation est de gré à gré, ou elle est poursuivie par l'une des parties, contre la volonté de l'autre.

Dans le premier cas, si l'autorité publique ne résiste point à leurs vœux, alors le droit naturel n'a rien qui s'y oppose, parce qu'il est dans la nature des choses, que tout engagement puisse se dissoudre de la même manière dont il a été contracté, c'est-à-dire, par le consentement mutuel de toutes les parties intéressées: que les époux, ainsi que le corps social, étant unanimes, sont, chacun en ce qui les concerne, maîtres de renoncer à leurs droits & intérêts respectifs, sans qu'il soit permis à personne de s'en plaindre, puisqu'ils ne disposent que de ce qui leur appartient, & n'attentent point au bien d'autrui.

Dans le second cas, c'est-à-dire, lorsqu'un des époux poursuit & obtient le divorce contre le gré de l'autre, pour une cause déterminée par la loi, il est encore un principe de droit naturel, qui veut que dans tout contrat synallagmatique, tel que le mariage, une des parties ne soit jamais obligée, sans la condi-

tion expresse de réciprocité & d'exécution de
la part de l'autre, & qui permet d'en discéder
dans le cas contraire. Qu'il nous soit permis
de faire ici une comparaison : dans la vente,
par exemple, l'acheteur n'est tenu au paiement
du prix, qu'à condition qu'on lui livrera la
chose vendue, en valeur & espèce convenues,
sur-tout quand le vendeur peut la livrer.

Si donc, pour faire l'application de ce principe à la cause que nous discutons, l'un des
époux qui a promis fidélité & assistance à
l'autre, portait au contraire, le mépris de ses
devoirs, jusqu'à l'accabler d'outrages & d'excès,
la régle d'équité naturelle n'autoriserait-elle pas
celui-ci à lui dire : „ En méprisant la foi de
„ tes engagemens, tu m'as dégagé des miens;
„ mon obligation ne fut jamais que subor-
„ donnée à la réciprocité de la tienne; soit
„ que par méchanceté tu me refuses le bon-
„ heur que tu m'avais promis, soit que par in-
„ capacité tu ne puisses remplir ta promesse,
„ la condition de la mienne manque éga-
„ lement pour moi; le droit naturel me permet
„ donc d'accepter le remède que le droit po-
„ sitif présente à la condition malheureuse
„ dans laquelle tu m'as réduit. „

4.° Si nous considérons le mariage dans sa
fin, son indissolubilité ne peut encore sous cet

aspect,

aspect, être une conséquence du droit naturel.

La fin du mariage consiste d'une part, dans l'union indéfinie des époux ; & d'autre côté, dans la procréation & l'éducation des enfans.

L'union morale des époux se compose de leurs affections réciproques : pour remplir la fin de leur association, ils doivent en quelque sorte ne faire qu'un, n'avoir qu'un cœur & qu'une volonté commune ; comme si l'amour unissant leurs destinées, avait identifié leurs ames ; or est-il dans la possibilité des choses, de commander l'amour à un cœur abreuvé d'amertume : à un cœur ulcéré par la vengeance & la haine ? est-il une puissance dans le monde, qui puisse obtenir l'amour par le commandement & la force ?

L'on conçoit que celui qui ne serait pas aimé de l'autre, puisse, par ses soins, parvenir à la reconciliation & même gagner sa bienveillance ; mais tandis qu'il continue à mériter son aversion, supposer une autorité capable de forcer ce cœur offensé chaque jour, à avoir de l'amour pour son implacable ennemi, c'est vouloir l'impossible ; & si cela est impossible, s'il est contraire à la nature des choses, donc le droit naturel ne l'ordonne pas.

En ce qui concerne la procréation & l'éducation des enfans ; d'abord si le mariage n'en

a point produit, cette fin manque par le fait:
& si les époux sont irréconciliables, comment
en espèrer de leur union?

Mais s'ils ont des enfans à élever, & que
malgré le cri de la nature qui les rappele sans
cesse à ce point central de leur association,
le démon de la discorde se soit emparé de
leurs ames, & ne présente chaque jour à ces
enfans infortunés que l'image de l'enfer; si ceux-
ci ne recoivent pour toute éducation, que
l'impression de la haine & de tous les vices,
n'est-il pas de l'intérêt public, n'est-il pas de
la justice & de l'humanité, de leur procurer
un autre sort, & de les soustraire à la contagion des plus affreux exemples?

A ces preuves tirées du raisonnement, sur
la dissolubilité du mariage, on pourrait en
ajouter une non moins puissante, qui résulte
de l'assentiment de tous les peuples tant anciens
que modernes, & même de ceux qui professent
la religion catholique.

On voit en effet dans une loi Romaine (1)
tirée des décisions du jurisconsulte Hermogène,

_____

(1) *Divortii causâ donationes inter virum et uxorem,
concessæ sunt. Sæpè enim evenit uti propter* sacerdo-
tium, *vel etiam sterilitatem.* L. 60. §. 1. ff. *de donationibus inter virum et uxorem.* lib. 24. tit. 1.

qui vivait sous les Empereurs Dioclétien & Maximien, (en 287) qu'après l'établissement du christianisme, il fut admis dans l'empire Romain, que le sacerdoce ou la prêtrise serait une des causes du divorce : & personne n'ignore que le divorce, dans le langage des lois Romaines, emporte la dissolution absolue des liens matrimoniaux.

, Ce qui d'abord avait été établi pour les prêtres, Justinien le consacra en 536, par le chapitre V de sa Novelle 22, à l'égard de ceux qui embrasseraient la vie monastique : ce qui dès-lors a toujours été en usage dans l'église romaine (1), avec cette modification introduite par la suite, qu'on n'accorderait la faculté des secondes noces, que dans le cas où le vœu d'entrée en religion de l'un des conjoints, aurait eu lieu avant la consommation du mariage.

Mais comme c'est le consentement (2) des parties & non leur co-habitation, qui constitue l'engagement tout entier, cette restriction ne prouve rien contre ce que nous avons avancé.

---

(1) *Si quis dixerit matrimonium ratum, non consummatum, per solemnem religionis professionem alterius conjugum, non dirimi ; anathema sit.* concil. Trident. sessione 24. can. 6.

(2) Cap. 14. lib. 4. tit. 1. *decretal. et causâ.* 27. *quæst.* 2. can. 1. et 4.

D'ailleurs le divorce, même après la consommation du mariage, fut toujours autorisé par les pontifes de Rome (1), si les mariés n'étant pas chrétiens, l'un embrassait le christianisme & que l'autre ne voulût pas habiter avec lui sans outrager les objets de sa croyance.

## ARTICLE III.

*Du mariage considéré dans ses rapports civils, et les effets qui en résultent pour les intérêts pécuniaires des époux.*

La ci-devant province de Franche-Comté, étant un pays de droit écrit (2), pour les différens cas où son ancienne coutume est muette, & cette coutume ayant statué (3) sur quelques-uns des points de la discussion qui va s'ouvrir, c'est elle, ainsi que le droit Romain, qui doivent nous servir de guide, jusqu'à ce que les lois nouvelles aient prononcé sur cette matière.

---

(1) Voyez dans Van-Espen, tom. 1. pag. 606. partie 2. sect. 1. tit. 25. n.° 5.

(2) Art. V. tit. XIX de la coutume de la ci-devant Franche-Comté.

(3) Voyez le titre II composé de 19 articles seulement, dont plusieurs dispositions étant relatives aux distinctions nobiliaires, sont proscrites par les nouvelles lois.

Les effets que les lois font résulter du mariage, sont relatifs aux personnes où aux biens des époux : on peut les rapporter à six questions principales, que nous discuterons dans autant de paragraphes.

Quels sont les caractères civils de l'union qui se forme entre le mari & là femme ?

Quelles sont la nature & l'étendue de l'autorité maritale sur la personne de l'épouse ?

Quels sont les droits du mari sur les biens de la femme ?

Sur quelle base morale se forme la société d'intérêts qui existe entre les époux ?

Quels sont les objets matériels qui entrent dans la communauté ?

Quels sont les privilèges de la femme pour la conservation ou le recouvrement de sa dot ?

Sur quels principes régle-t-on les droits respectifs des deux époux, dans la liquidation de leur communauté conjugale, après la dissolution du mariage ?

## §. I.er

*Des caractères civils de l'union conjugale.*

Les personnes unies par les liens sacrés du mariage, ne devant avoir qu'une même volonté, &, pour ainsi dire, qu'une seule & même ame, la loi les considère comme une seule &

même personne, en ce qui concerne les négociations relatives de l'une à l'autre ; ensorte que
dans nos mœurs ( 1 ), elles ne peuvent passer
entre elles aucun acte translatif de propriété,
parce que tout contrat supposant au moins
deux contractans, il n'en peut exister, où la
fiction de la loi ne répute qu'une seule personne.

Delà il résulte , qu'une donation entre vifs
faite par un mari à sa femme, ou par une femme
à son mari, ne peut être valable ( 2 ) comme
telle. La loi Romaine est ici d'accord avec notre
coutume : l'honneur & la paix des mariages,
la crainte d'en voir troubler la concorde par
des vues intéressées, le danger d'exposer les
bons cœurs à se dépouiller par l'excés d'une tendresse inconsidérée (3), ont fait opposer cette
barrière à la cupidité de celui des conjoints
qui voudrait spéculer sur la facilité de l'autre.

Un acte de cette espèce ne lie donc point
celui des époux qui l'aurait fait en faveur de

---

( 1 ) Il en est autrement par le droit romain,
qui ne prohibe que les donations entre vifs, faites
par un des époux à l'autre, mais non les autres
contrats. Voyez la loi 5. § 5. ff. *de donationibus
inter virum et uxorem.* lib. 24. tit. 1.

( 2 ) L. 3. §. 10- ff. *eod.* lib. 24. tit. 1.

( 3 ) LL. 1, 2 et 3. ff. *eod.*

l'autre; mais cependant s'il le laissait subsister sans l'avoir révoqué jusqu'à sa mort, la donation s'exécuterait ( 1 ) comme disposition de dernière volonté, pourvû qu'elle fut revêtue ( 2 ) des formes nécessaires & qu'elle ne fût point devenue caduque par le prédécès du donataire.

Les articles XIII & XIV de la loi du 17 nivôse an II, ayant accordé une grande latitude

_____

( 1 ) L. 23. §. 2. ff. *de donat. inter virum et uxor.* lib. 24. tit. 1.

( 2 ) Elle doit être insinuée lorsqu'elle excède 500 écus; faute de quoi, elle ne vaut que jusqu'à cette concurrence. Voyez les lois 36. §. 3. cod. *de donationibus.* lib. 8. tit. 54. L. 25. cod. *de donat. inter vir. et uxor.* lib. 5. tit. 16, et Novel. 162. cap. I. Et comme l'ordonn. de 1731, art. XLVI, renvoie à la disposition du droit commun ce qui concerne les donations entre mari et femme, autrement que par traité de mariage, il faut tenir pour constant que le texte de la loi romaine est le seul que nous devons consulter sur cette forme.

Mais il faut remarquer que le mari étant obligé à faire insinuer les libéralités faites au profit de son épouse, à peine d'en répondre, il serait non-recevable, ainsi que ses héritiers ou ayant cause, à se prévaloir contre elle, ou les héritiers de celle-ci, du défaut d'insinuation. — Voyez les art. XXVIII, XXIX et XXX de l'ordonnance de 1731.

aux libéralités des époux, & même déclaré
que les avantages dont ils pourraient se grati-
fier à l'avenir, seraient valables : soit qu'ils résultent des dispositions matrimoniales, legs ou
*dons entre vifs*, quelqu'un pourrait penser, que
par cette loi, il a été dérogé à notre ancienne
jurisprudence, & qu'aujourd'hui les donations
entre vifs doivent indistinctement en France,
être valables comme telles, entre les personnes
mariées.

Mais il faut remarquer que la loi du 17
nivôse, qui règle uniquement la transmission
des biens, n'est qu'un statut réel, qui n'a rien
de commun avec le statut personnel d'où dépend l'incapacité des époux; que par conséquent on ne peut, sans s'écarter des vrais
principes, l'appliquer à une cause qui est hors
de son objet naturel, & dont elle ne parle pas.
Que d'ailleurs le divorce étant aujourd'hui
admis en France comme à Rome, & la loi
Romaine qui fait notre droit commun, en
prononçant l'incapacité respective des époux,
pour les donations entre vifs de l'un à l'autre,
ayant directement eu pour motif de conserver
la paix dans les familles, crainte d'y laisser
des germes de rupture & de divorce, ce serait
doublement offenser l'esprit de l'une & l'autre
législation, que de prétendre qu'aujourd'hui
les

les donations entre vifs peuvent exister comme telles entre les époux : il est donc plus juste de penser que les termes du décret du 17 nivôse ne sont relatifs qu'aux ci-devant provinces ( 1 ) où de pareils actes étaient en usage, & qu'il n'a point voulu déroger à notre ancien droit sur ce point.

L'union conjugale, comme nous l'avons déjà dit, produit entre les époux, une parenté civile, qui les rend successibles ( 2 ) l'un à l'autre, à l'exclusion du fisc, lorsque le prédécédé n'a point laissé de parens connus.

## §. I I.

*Quelles sont la nature et l'étendue de l'autorité maritale sur la personne de l'épouse.*

L'institution de la puissance maritale, est aussi ancienne que l'histoire ; elle était en usage chez les juifs ( 3 ), & c'est un des articles de

---

( 1 ) Il y a des coutumes qui admettent les dons mutuels entre époux. Celle de Douai, chap. III, art. XIII, permet même les dons singuliers entre mari et femme ; celle de Ponthieu les admet aussi. *Voyez* le répertoire au mot *autorisation.* tom. I. pag. 824.

( 2 ) Art. IV. de la loi du 1.er décemb. 1790.

( 3 ) *Sub viri potestate eris & ipse dominabitur tibi.* Genesis *cap.* 3. *v.* 16.

la moràle des chrétiens ( 1 ). Depuis Athènes ( 2 ), elle passa dans la loi des douze tables ( 3 ); mais à Rome cette autorité ne fut pas toujours la même. Dans le commencement de la république, lorsque le mariage était célébré avec certains rits établis pour donner plus d'éclat à sa solennité : ou quand il avait été contracté sans ces formes publiques, comme cela était permis, & que la femme avait habité pendant un an avec son mari, sans découcher pendant trois nuits, alors elle lui était acquise avec ses biens, & il avait sur elle la même autorité que sur ses propres enfans ; ensorte que, dans ces premiers temps, à Rome, le mariage émancipait les filles de la puissance paternelle, lorsqu'elles passaient ainsi sous celle du mari (4), & étaient en quelque sorte dans son patrimoine.

Mais cet énorme pouvoir avait déjà disparu du dernier état de la jurisprudence Romaine, & depuis longtemps il n'était plus en usage lors de la composition du digeste & du code.

---

( 1 ) Paul. *ad Ephes. cap.* 5. *v.* 22. *et* 23.

( 2 ) Voyez dans Mornac, *ad* L. 8. cod. *de pactis conventis.*

( 3 ) *Tabulà sextà. cap.* 6.

(4) Voyez ces rits & leurs effets, rapportés dans les pandectes de Potier. tom. I. pag. 20. art. II.

Suivant les lois renfermées dans ces recueils, la femme passe sous la direction ( 1 ), mais non sous la puissance du mari : ensorte que le mariage ne l'émancipe ( 2 ) pas de celle de son père, & que ses biens lui demeurent propres, quant au domaine ( 3 ) naturel. Elle peut, dans l'esprit de cette législation, contracter avec son mari, autrement que par des libéralités entre vifs, ainsi que nous l'avons remarqué dans le paragraphe précédent : elle peut régulièrement paraître en justice, sans autorisation expresse, si c'est au vu & su de son époux qui ne contredise pas, pour défendre sur la propriété de ses biens dotaux ( 4 ); mais non pour intenter elle même l'action en revendication, qui n'appartient ( 5 ) qu'au mari revêtu du domaine ( 6 ) civil de la dot, &

---

(1) L. 8. cod. *de pactis conventis*. lib. 5. tit. 14. L. 2. cod. *ne fidejussor. dotium dentur*. lib. 5 tit. 20.

(2) *Argument. ex* L. 25. ff. *de emancipationibus*. lib. 1. tit. 7. — L. 5. cod. *de conditionibus insertis*. lib. 6. tit. 46. — L. 20. ff. *ad legem juliam de adulteriis*. lib. 48. tit. 5. et L. 12. cod. *de collationibus*. lib. 6. tit. 20.

(3) L. 30. cod. *de jure dot*. lib. 5. tit. 12.

(4) L. 63. ff. *de re judicatâ*. lib. 42. tit. 1. Voyez aussi la glose sur cette loi.

(5) L. 9. cod. *de rei vindicatione*. lib. 3. tit. 39.

(6) L. 7. §. 3. ff. *de jure dotium*. lib. 23. tit. 3.

comme seul soumis aux charges du mariage (1),
pour lesquelles elle est accordée.

Le droit coutumier a pris un milieu entre
l'autorité presque sans bornes, que la loi des
douze tables accordait au mari sur son épouse,
& l'indépendance civile où l'avait replacée le
dernier état de la législation Romaine. Mais
en restreignant sa liberté, nos coutumes ont
d'autre part amélioré son sort, par la portion
d'acquêts qu'elles lui accordent, & que le droit
écrit lui refuse.

Quoi qu'il en soit, sur le plus ou le moins
d'étendue de cette autorité, dont le principe
fut par tout reconnu : par l'union conjugale,
la femme, dans nos mœurs (2), passe sous
le pouvoir tutélaire du mari; & ce pouvoir
dérive,

De la raison naturelle qui veut que dans
toute association, le moins éclairé soit dirigé
par le plus clairvoyant.

Des premiers devoirs de l'humanité, qui
veulent que le plus foible soit sous la protection du plus fort.

---

(1) D. L. 7. *in princip.* et L. 56. §. 1. ff. *de jure
dotium.* et L. 65. §. 16. ff. *pro socio.* lib. 17. tit. 2.
(2) Art. I. tit. II. des coutumes générales de
la ci-devant Franche-Comté.

Il est fondé sur la bienséance (1) des mœurs publiques, qui ne permettent pas que les femmes paraissent seules & sans appui, dans les assemblées où leur pudeur pourrait être offensée.

Il est fondé sur l'intérêt commun, soit de la femme, soit sur-tout du mari, lequel serait blessé si le sort de leur association était livré à l'imprévoyance & à la légèreté de l'associé le moins propre à gouverner, & que, par caractère, la nature appele à la subordination.

La puissance maritale appartient donc non-seulement au droit naturel & au droit public sur lesquels elle est fondée; mais encore au droit civil qui en régle l'étendue & les effets.

C'est de la juste application de ces principes, que dépend toute la doctrine sur l'autorité maritale, comme on va le voir par les conséquences qui en dérivent.

*La première* conséquence qui résulte de l'autorité maritale sur la personne de la femme, consiste en ce que celle-ci ne peut contracter,

_____

(1) L. 21. cod. *de procuratoribus.* lib. 2. tit. 13. et L. 6. cod. *de receptis arbitris.* lib. 2. tit. 56.

ni paraître en justice en matière civile (1), sans l'autorisation du mari, ou, s'il la refuse, sans avoir obtenu l'autorisation d'office décernée par le juge.

*La seconde*; que la nécessité de l'autorisation étant fondée sur le droit public, puisque la loi constitutive de la puissance maritale régle l'état personnel de la femme, il n'est pas permis d'y déroger (2) par aucune convention privée ; son défaut opère une nullité absolue, contre laquelle toute partie est recevable à réclamer, & dont le juge gardien de l'ordre public, doit au besoin suppléer le manque d'allégation.

_____

(1) L'autorisation maritale n'est point requise pour la femme, lorsqu'elle est défenderesse ou accusée en matiere de police ou criminelle; parce que, de droit naturel et sans autorisation, elle s'est obligée par le délit commis, si elle est coupable; et que de droit naturel aussi, la défense légitime lui appartient, si elle est innocente, dans une cause où elle fait partie nécessaire, et où il ne lui est pas libre de ne pas paraître. Mais si elle était demanderesse en dommages-intérêts, elle devrait être autorisée, ou par son mari, ou d'office, même pardevant le tribunal criminel, parce qu'alors elle n'est pas partie nécessaire, et qu'il lui est libre de s'abstenir, et de ne pas paraître en jugement.

(2) L. 38. ff. *de pactis.* lib. 2. tit. 14.

*La troisième*; que la soumission de la femme constituée sous l'autorité du mari, réglant son état & ses qualités personnelles, ses effets s'étendent par-tout où elle possède des biens, comme nous l'avons amplement développé dans le chapitre XIII de cet ouvrage.

Mais pour se former de justes idées sur la nature & les bornes de la puissance maritale parmi nous, il faut rapprocher encore de plus près & par détail, les principes d'où elle part, des conséquences qui en découlent.

Elle fut établie, comme on l'a dit plus haut, non seulement à l'appui de la foiblesse du sexe, & pour protéger les intérêts de la femme, mais encore & principalement en faveur du mari; parce que celui-ci comme chef de l'association, en supporte ( 1 ) les charges principales, & est particulièrement responsable des événemens (2).

De-là il résulte, 1.º que parmi nous le mariage doit émanciper les filles, parce que la puissance paternelle qui est sur-tout en

---

( 1 ) L. 2. cod. *de jure dotium.* lib. 5. tit. 12. et L. 21. §. 1. ff. *de donat. inter vir. et uxor.* lib. 24. tit. 1.

( 2 ) L. 16. ff. *de fundo dotali.* lib. 23. tit. 5. LL. 9. et 66. ff. *soluto matrimonio.* lib. 24. tit. 3. et L. 17. ff. *de jure dotium.* lib. 23. tit. 3.

faveur du père, est absorbée, s'il est permis d'employer cette expression , par l'autorité maritale qui regarde principalement aussi les intérêts du mari, & qui, par cette raison, doit soustraire la femme à la puissance paternelle, puisque les mêmes droits, soit sur la personne, soit sur ses biens, ne peuvent appartenir à deux maîtres différens.

2.º Qu'il n'en est pas de même de l'autorité du curateur, laquelle étant toute en faveur du mineur, ou de l'insensé, n'est ni dérogatoire aux droits du mari, ni rendue inutile par la puissance de celui-ci, dont elle peut au contraire prévenir les abus.

3.º Qu'en conséquence la femme mineure, ou qui est tombée en démence, doit être (1), comme toute autre personne, pourvue d'un curateur, nonobstant la présence du mari, puisque le pouvoir de celui-ci n'ayant pas uniquement le même but que la dation du curateur, ne peut suppléer à l'autorité protectrice qui lui manque.

4.º Que le mari lui-même ne pourrait, dans l'un & l'autre cas, être donné pour curateur (2)

---

(1) Art. M CCCCXLIV. des anciennes ordonn. de la ci-devant Franche-Comté.

( 2 ) L. 1. §. 5. ff. *de excusat. tutor. vel curator.* lib. 27. tit. 1. et L. 14. ff. *de curator. furioso dat.* lib. 27. tit. 10.                        à

à sa femme, parce qu'il ne peut réunir au préjudice de celle-ci, deux pouvoirs, dont l'un se
trouverait nul entre ses mains, pour prévenir
les abus de l'autre, dans la reddition de ses
comptes ou l'usage de son autorisation.

La puissance maritale étant un effet immédiat du mariage, est aussi indivisible que
sa cause; & comme elle dérive essentiellement
de l'organisation publique, il n'est, en aucun
cas, permis d'y porter atteinte.

De-là il résulte, 1.º que le mari seul en est
dépositaire; que par conséquent, s'il est lui-
même fils de famille, ce n'en est pas moins
à lui seul qu'appartient le droit d'autoriser
son épouse; qu'il est à cet égard, réputé père
de famille, & que le père n'a aucun droit sur
la personne ou les biens de sa belle-fille.

2.º Que si l'homme marié est lui-même mineur, il n'en est pas moins époux, & par conséquent capable d'autoriser sa femme; parce que
ce droit n'est point attaché à l'âge, mais à la
seule qualité de mari; sauf à se faire restituer lui-
même, si, par l'effet de l'autorisation qu'il aurait
donnée, il éprouvait une perte dans la jouissance dont il se serait privé sur les biens de
son épouse.

3.º Que la séparation de biens n'opérant

point la dissolution du mariage, ne soustrait pas la femme à la puissance maritale, ni à l'obligation de se faire autoriser, hors les cas de la simple administration qui est rendue à celle-ci, par la justice.

4.º Qu'il en est de même lorsque le mari est insensé, furieux, interdit, ou mort civilement; parce que le mariage subsiste toujours. Dans ces cas, comme encore lorsque le mari refuse son autorisation, la femme doit se faire autoriser par la justice, qui supplée à ce qui lui manque aux lieu & place du mari incapable d'intervenir, ou refusant de le faire.

Mais quelle est la nature de l'acte même d'autorisation, & quels sont les effets qui en peuvent résulter contre le mari?

Comme pour s'obliger, même conditionnellement, il faut être capable, parce qu'un engagement conditionnel est un vrai contrat ( 1 ); que dans les actes entre vifs, l'obligation est toute dans le principe ( 2 ), à la différence des dispositions à cause de mort dont l'effet est en-

_____

( 1 ) L. 54. ff. *de verborum significat.* lib. 50. tit. 16 et §. 4. *instit. de verbor. obligat.* lib. 3. tit. 16.

( 2 ) L. 78. ff. *de verbor. obligat.* lib. 45. tit. 1. et L. 16. ff. *de solut. et liberat.* lib. 46. tit. 3.

tièrement reporté ( 1 ) à l'événement de la condition ; on doit en conclure que l'acte d'autorisation, qui n'est employé qu'entre vifs, doit être pur & non conditionnel ( 2 ).

Pour saisir la forme dans laquelle l'autorisation doit être faite ou conçue, il faut observer que celui qui autorise se porte en quelque façon, auteur de l'obligation d'un autre, en habilitant celui qui par lui-même est incapable de contracter; que toute personne maîtresse de ses droits, se trouve à la vérité valablement obligée d'une manière tacite ( 3 ), lorsqu'elle a manifesté son consentement par des faits naturellement déclaratifs de sa volonté, parce que, dans la cause de ses propres intérêts, son silence ( 4 ) peut lui être opposé, & que c'est sa faute personnelle de n'avoir pas ex-

---

( 1 ) L. 5. §. 2. ff. *quandò dies legat. cedat*. lib. 36. tit. 2. et L. 41. ff. *de condit. et demonstrat*. lib. 35. tit. 1.

( 2 ) L. 8. ff. *de autoritate et consensu tutor*. lib. 26. tit. 8.

( 3 ) L. 5. *in princip*. ff. *de acquirend. vel amittendà hæred*. lib. 29. tit. 2. — L. 1. §. 4. ff. *quod jussu.* lib. 15. tit. 4. —— L. 52. *in fin*. ff. *de obligat. et act*. lib. 44. tit. 7. et L. 9. ff. *de servitut*. lib. 8. tit. 1.

(4) L. 1. cod. *de filiis fam*. lib. 10. tit. 60. — L. 2. *in princip*. ff. *ad municipalem*. lib. 50. tit. 1. et LL. 6. §. 2, 18 et 53. ff. *mandati*. lib. 17. tit. 1.

primé. son refus, quand, par le fait, elle a donné lieu à présumer son consentement ( 1 ). Mais il n'en pourrait être ainsi, lorsque l'obligation qu'on voudrait faire résulter d'un consentement tacite, attaquerait les intérêts d'un tiers ; parce qu'on ne peut rien imputer à celui-ci ; qu'on ne peut lui reprocher ( 2 ) le silence gardé par un autre, ou interpréter contre lui un fait équivoque auquel il n'a point de part ( 3 ) : de-là il résulte, que par sa nature, l'autorisation ne peut intervenir par un simple ( 4 ) fait de l'autorisant pour obliger l'autorisé ; qu'elle doit être déclarée dans l'acte, & qu'elle doit l'être expressément (5); sans quoi elle ne peut produire ( 6 ) aucun effet, & que la présence seule du mari à l'acte, ou sa simple signature, ne suffirait pas pour la supposer, la femme étant, dans un sens absolu, incapable de contracter, sans une autorisation propre-

---

( 1 ) L. 2. *in fin.* ff. *soluto matrimonio.* lib. 24. tit. 3.

( 2 ) L. 5. *in fin.* ff. *pro suo.* lib. 41. tit. 10. L. 5. ff. *de juris et facti ignorantià.* lib. 22. tit. 6.

( 3 ) L. 197. ff. *de regul. jur.*

( 4 ) L. 1. §§. 2 et 3. ff. *de tutelis.* lib. 26 tit. 1.

( 5 ) L. 3. ff. *de autoritate et consensu tutor.* lib. 26. tit. 8.

( 6 ) L. 2. ff. *de autoritate et consensu tutor.* lib. 26. tit. 8.

ment dite, & indubitablement caractérisée ( 1 ).

Mais dès que l'autorisation doit être expresse, elle ne peut être vague & indéterminée : autrement elle ne serait plus expresse ; d'où il résulte qu'il est nécessaire aussi qu'elle soit spéciale.

D'ailleurs nous voyons dans le langage des lois (2), que les termes *exprès* & *spécial* sont pris pour synonymes, & que, dans le cas où le fils a besoin d'être autorisé par son père pour accepter des successions, cette autorisation doit être *spéciale* pour chaque hérédité, parce qu'il est nécessaire qu'elle soit

---

( 1 ) Il en est autrement dans le cas du Sénatus-Consulte Macédonien. Pour rendre valable un prêt reçu par le fils de famille, il suffit que le père y ait tacitement consenti L. 12. ff. *et* L. 4. cod. ad *Senatus-Consultum Macedon.* parce que le fils, dans l'esprit du droit écrit, n'est pas inhabile par lui-même, puisqu'il demeure obligé L. 10. ff. *eod.*, nonobstant la simple exception que la loi lui accorde L. 7. §. 10. ff. *eod.*, tant en haine du préteur, L. 1. ff. *eod.*, que pour prévenir les embûches qui pourraient être formées contre le père ; que cette exception ne regarde que le prêt, et non les autres contrats L. 3. §. 3. ff. *eod.*

( 2 ) L. 14. ff. *de supellectile legatâ.* lib. 33. tit. 10. *Junctâ cum* L. 19. ff. *de appellationibus.* lib. 49. tit. I.

*expresse* ( 1 ); l'esprit du droit se joint donc ici à l'empire de la raison, pour exiger que l'autorisation maritale soit spécialement donnée à chaque contrat où la femme veut intervenir ; à moins qu'il ne soit question d'une simple administration à elle confiée, pour laquelle il suffit d'une seule intervention du mari, sans qu'il soit nécessaire qu'il la réitère à chaque acte d'administration qui ne sortirait pas des bornes du mandat donné à son épouse.

L'on excepte de cette rigueur, le cas où le mari a permis à sa femme de former elle même un établissement public de commerce exercé par des faits notoires : alors elle est censée suffisamment autorisée pour tous les engagemens relatifs à ce commerce, sans qu'il soit besoin d'autre autorisation que la tolérance du mari ; parce que le public la jugeant émancipée pour cet objet, la justice exige qu'elle soit traitée comme telle ( 2 ); mais si en conséquence des marchés qu'une femme aurait ainsi faits, elle était obligée de paraître en justice, pour contestations élevées à ce sujet, il lui faudrait une

---

( 1 ) L. 25. §§. 4. et 5. ff. *de acquirendâ hæred.* lib. 29. tit. 2.

( 2 ) *Argumentum ex lege* 3. ff. *ad Senatus-Consult. Macedon.* lib. 14. tit. 6. et *ex* L. 9. cod. *de nuptiis.* lib. 5. tit. 4.

autorisation particulière pour être en jugement, parce que l'autorisation devant être spéciale, on ne pourrait étendre celle accordée tacitement pour fait de commerce, à celle nécessaire aux actes judiciaires. Semblable au mineur, qui quoique capable de contracter sans curateur, suivant le droit écrit (1), est cependant forcé de se faire autoriser pour paraître en jugement (2).

Au reste, quelque importante que soit l'autorité du mari : quelque rigoureuse que soit la nécessité de son autorisation, il ne faut pas perdre de vue qu'une des fins de la puissance maritale, est aussi en faveur de la femme, & pour la protéger; qu'en conséquence, elle ne doit point dégénérer en tyrannie : d'où il résulte, que sans l'autorisation maritale, l'épouse peut valablement, pour l'administration intérieure de sa famille, acheter ce qui est nécessaire à son honnête entretien & à celui de ses enfans; que son inconduite & l'excès seul, mettraient le mari en droit de se refuser au paiement.

Il faut observer en cette matière, qu'il n'en est pas de la femme comme du pupille, sur

_____

(1) L. 3. cod. *de in integrum restitut. minor.* lib. 2. tit. 22.

(2) Instit. §. 2. *de curatoribus.* lib. 1. tit. 23.

le fait de l'autorisation. Dans le pupille, l'autorisation du tuteur est requise pour suppléer au discernement qui lui manque ( 1 ); d'où il suit que ne pouvant seul entreprendre aucune espèce de négociations, même pour exécuter le mandat d'autrui, l'autorisation du tuteur ne peut précéder ( 2 ) l'acte, & son intervention personnelle y est absolument nécessaire.

Il en est autrement à l'égard de la femme : ce n'est plus ici le défaut de jugement ( 3 ) nécessaire que la loi considère, mais la décence des mœurs & les intérêts du mari ; & comme elle peut être légalement ( 4 ) fondée de pouvoirs dans sa cause propre, & dans celle de ses proches ( 5 ), il en résulte qu'elle peut être autorisée par un mandat antérieur au contrat pour lequel son mari lui aurait donné des pouvoirs.

Mais l'autorisation peut-elle régulièrement intervenir par la ratification postérieure du mari, & quel peut être l'effet d'une stipulation semblable ?

---

( 1 ) L. 189. ff. *de regul. jur.*

( 2 ) L. 9. §. 5. ff. *de autoritate et consensu tutor.* lib. 26. tit. 8.

( 3 ) L. 12. §. 2. ff. *de judiciis.* lib. 5. tit. 1.

( 4 ) L. 4. cod. *de procuratoribus.* lib. 2. tit. 13.

( 5 ) L. 41. ff. *de procuratoribus.* lib. 3. tit. 3.

Si

Si la femme reparaît avec son mari, dans le nouvel acte, alors toutes les formes étant remplies, rien ne peut plus s'opposer à l'exécution du contrat; mais comme parmi nous, l'autorisation n'est pas requise seulement pour l'intérêt du mari : qu'elle est aussi fondée sur une cause de droit public, & que sans cette autorisation, la femme n'est tenue d'aucun engagement ; il faut en conclure, que la ratification postérieure de l'époux serait inutile sans une nouvelle intervention de sa femme, soit parce que n'étant pas antérieurement engagée elle-même, elle ne peut après, se trouver obligée sans son consentement personnel (1), soit parce que la ratification, par sa nature, n'a d'empire que sur les intérêts de celui qui ratifie (2).

D'où il résulte aussi que le contrat ne peut avoir de force que du jour où la femme & le mari l'ont concurremment ratifié; que cette ratification ne peut avoir d'effet rétroactif, pour le temps où la femme était sans carac-

_____

(1) L. 27. §. 4. ff. *de pactis.* lib. 2. tit. 14. —— L. 73. §. 4. ff. *de regul. jur.* — L. 74. ff. *eod.*
(2) L. 12. §. 1. et L. 13. ff. *ratam rem haberi.* lib. 46. tit. 8.

tère (1), sans mandat, & où son obligation
était impossible; qu'enfin elle doit être faite,
les choses étant encore entières, c'est-à-dire,
avant que celui qui avait voulu contracter avec
la femme, n'ait révoqué son consentement.

Au reste, comme on peut contracter avec
un absent (2) pourvu qu'il soit capable d'un
consentement légal, & que dans le fait, il ait
réellement consenti, il n'est pas nécessaire que
le co-traitant reparaisse de nouveau à l'acte
de ratification (3), avec le mari & la femme,
parce qu'il fut dès le principe, capable de consentir : qu'il est censé persévérer dans le consentement qu'il a réellement donné, tant qu'il
ne le révoque (4) pas : & que devant connoître (5) la condition de la femme avec laquelle
il a voulu contracter, il est censé n'avoir agi

---

(1) L. 58. ff. *de solutionibus et liberat.* lib. 46.
tit. 3. — Voyez aussi l'art. V de l'ordonnance de
1731. sur la ratification des donations.

(2) LL. 24. et 28. ff. *depositi.* lib. 16. tit. 3. et
L. 27. ff. *in princip. mandati.* lib. 17. tit. 1. et L. 2.
§. 2. ff. *de obligat. et act.* lib. 44. tit. 7.

(3) *Argument. ex* L. 9. §. 6. ff. *de autoritate et
consensu tutor.* lib. 26. tit. 8.

(4) *Argumentum ex* L. 1. §. 2. ff. *quod jussu.* lib. 15.
tit. 4.

(5) L. 19. ff. *de regul. jur.*

qu'en vue de la ratification du mari, laquelle intervenant, donne précisément lieu à l'événement sous l'expectative duquel il a voulu s'engager.

*Quid juris* de la caution fournie par la femme qui a voulu traiter sans l'autorité maritale ?

Ce n'est que par l'oubli des principes les plus certains, que cette question a pu être controversée par les auteurs qui ont écrit sur cette matière.

En effet, il est incontestable que la caution n'étant fournie que pour assurer ce qui est dû ( 1 ) au créancier, il ne peut ( 2 ) y avoir de caution où il n'y a point de principal obligé, parce qu'alors il n'y a point de créance à assurer ; d'où il résulte que la femme ne pouvant s'obliger sans autorisation, ne peut pas non plus, valablement, fournir une caution; autrement l'accessoire subsisterait sans son principal, ce qui est impossible.

A la vérité pour que le cautionnement soit valablement fourni, il n'est pas nécessaire que l'obligation du principal débiteur soit capable de produire une action civile; il suffit ( 3 )

_____

( 1 ) L. 1. ff. *qui satisdare coguntur*. lib. 2. tit. 8.

( 2 ) LL. 16, 29 et 37. ff. *de fidejussoribus*. lib. 46. tit. 1.

( 3 ) LL. 1, 7 et 8. §§. 2 et 6. ff. *de fidejussoribus*. lib. 46. tit. 1.

qu'à s'en tenir aux termes du pur droit naturel, on puisse dire qu'il est réellement obligé; mais de-là il ne résulte pas que la femme puisse seule fournir une caution, parce qu'elle n'est pas même naturellement obligée sans l'autorisation maritale.

Pour s'en convaincre, il suffit de rappeler que la nullité qui naît du défaut d'autorisation de la femme, étant de droit public, détruit (1) toute idée d'obligation, même naturelle, parce que le droit naturel de l'individu en société, est toujours subordonné (2) au droit public de l'état : autrement les intérêts privés d'un simple citoyen, pourraient prévaloir sur ceux du corps politique (3); que la nécessité de l'autorisation de la femme étant fondée parmi nous, sur la bienséance des mœurs publiques, il serait contraire aux bonnes mœurs, & par conséquent au droit naturel même, de supposer en elle un engagement (4) qu'elle aurait tenté de contracter en contrevenant à cette institution, comme si l'on pouvait s'imposer une obligation immorale ; que chacun pouvant

(1) L. 27. ff. *de pactis.* lib. 2. tit. 14.

(2) L 38. ff. *eod.* et L. 5. §. 7. ff. *de administrat. et pericul. tutor.* lib. 26. tit. 7.

(3) L. 5. §. 1. cod. *de legibus.* lib. 1. tit. 14.

(4) L. 6. cod. *de pactis.* lib. 2. tit. 3.

invoquer le droit public ( 1 ), parce que sa faveur appartient à tous, la caution est elle-même habile à opposer ( 2 ) la nullité absolue qui résulte du défaut d'autorisation maritale ; qu'enfin l'obligation que la femme aurait voulu contracter contre le vœu de la loi, est telle-ment réprouvée ( 3 ) dans le droit, qu'elle a une action pour répéter ( 4 ) ce qu'elle aurait payé en conséquence , & que cependant on ne peut jamais répéter ( 5 ) ce qui a été payé pour satisfaire à une obligation même pure-ment naturelle , qui n'aurait point produit d'action civile ( 6 ).

Au reste , cette décision n'est applicable qu'aux intérêts de la caution simple, & ne doit point être étendue à la cause du co-obligé soli-daire, ( 7 ) ni de celui qui en principal, se serait soumis à faire valoir le contrat en son nom

---

( 1 ) L. 13. §. 1. ff. *de injuriis.* lib. 47. tit. 10.

( 2 ) L. 6. ff. *ad Senatus-Consultum Velleian.* lib. 16. tit. 1. et LL. 14 et 15. cod. *eodem.* lib. 4. tit. 29.

( 3 ) L. 16. §. 1. ff. *eod.*

( 4 ) L. 8. §. 3. ff. *eod.* et L. 9. cod. *eodem.*

( 5 ) LL. 19 et 64. ff. *de condictione indebiti.* lib. 12. tit. 6.

( 6 ) L. 10. ff. *de obligat.* et *act.* lib. 44. tit. 7.

( 7 ) *Argumentum ex.* L. 2. cod. *de duobus reis.* lib. 8. tit. 40. *junctà cum.* L. 19. ff. *eod.* lib. 45. tit. 2.

propre ( 1 ). Dans l'un & l'autre de ces cas l'obligation de celui qui aurait paru avec la femme, n'étant point subordonnée à l'engagement de celle-ci, subsisterait par elle-même, & d'une manière indépendante.

Voyons présentement quels doivent être les effets de l'autorisation maritale, relativement aux intérêts propres du mari.

Un mari qui autorise sa femme à plaider, peut-il être soumis aux dépens & dommages-intérêts résultans du procès? ces dépens ou dommages doivent-ils être pris sur les revenus de la dot, ou sur les biens de la communauté? peut-on, pour cet objet, attaquer les propres du mari? celui-ci en refusant son autorisation, est-il, dans tous les cas, soustrait aux condamnations de cette espèce?

Il serait inutile de chercher une solution certaine à ces questions, ni dans le texte de la loi Romaine, puisqu'elle ne reconnaît pas l'autorité maritale qui est une institution de notre droit coutumier, ni dans l'unanimité des auteurs qui ont écrit sur cette matière, puisqu'ils sont presque tous d'avis différens. Interrogeons donc seulement les principes qui doivent nous servir de guide.

_____

(1) *Argumentum ex.* L. 1*x*. §. 13. ff. *mandati.* lib. 17. tit. 1.

C'est une maxime incontestable en droit, que la comparution en justice opère un quasi-contrat entre ceux qui s'y présentent, en vertu duquel ils demeurent respectivement obligés à satisfaire au prescrit du jugement, comme s'il était, à ce sujet, intervenu de leur part une stipulation ( 1 ) expresse & indépendante de la cause occasionnelle du procès , & que ce quasi-contrat s'étend à tous ( 2 ) les adjugés de la sentence. Mais lorsqu'une personne ne paraît au tribunal que pour en autoriser un autre, quand & comment ce quasi-contrat peut-il l'obliger dans ses biens propres ? c'est ce qu'il faut examiner.

Si c'est un tuteur qui parait en jugement pour autoriser son mineur, le quasi- contrat ne peut frapper que sur les biens de ce dernier, parce que l'autorité du tuteur étant toute à l'avantage du mineur, la perte doit être pour celui auquel appartiendrait tout le gain du procès : ainsi le tuteur agissant *tutorio nomine,* n'est tenu ( 3 ) sur ses biens propres, d'aucun

---

( 1 ) L. 3. §. 11. ff. *de peculio.* lib. 15. tit. 1.

( 2 ) L. 9. ff. *judicatum solvi.* lib. 46. tit. 17.

( 3 ) L. 4. §. 1. ff. *de evictionibus.* lib. 21. tit. 2.
L. 5. §. 1. et 7. *quandò ex facto tutor. vel curator.*
lib. 26. tit. 9.

événement, quand il a agi sans imprudence, & toutes les actions à l'exercice desquelles il a concouru en cette qualité, passent (1) sur la tête du pupille, tant pour le passif que pour l'actif. Il en est de lui, à-peu-près, comme de celui qui a contracté en qualité de fondé de pouvoirs de la part d'un autre; c'est sur le mandant seul que le jugement peut être exécuté, parce que c'est à lui seul qu'aurait profité la la victoire, si le succès avait été favorable.

Dans le cas, au contraire, du père de famille qui se présente pour autoriser son fils en puissance, lorsqu'il n'est pas question de la cause d'un pécule propre à celui-ci, le quasi-contrat doit frapper directement même sur le père, qui n'est regardé en droit que comme une seule personne avec son fils; parce que l'autorité paternelle est toute à l'avantage du père dans les intérêts pécuniaires qui en dérivent; que par l'empire de cette autorité, le fils acquiert lui-même pour celui-ci, & que tout engagement devant s'exécuter pour la perte, contre celui qui, dans le cas contraire, emporterait le profit, nécessairement le quasi-contrat dont il s'agit engage personnellement le père, puisqu'il pro-

_____

(1) L. 2. ff. *de administrat. et pericul. tutor.* lib. 26. tit. 7.

fiterait

fiterait du gain : c'est pourquoi, dans ce cas, suivant le droit Romain, la condamnation doit être exécutée ( 1 ) sur les biens du père qui a autorisé, sans pouvoir même atteindre ceux du fils, encore qu'il y aurait consenti, s'il était ( 2 ) pupille : Comme autrefois à Rome on aurait eu recours sur les biens du maître qui se serait présenté pour contester sur les faits de son esclave ( 3 ).

La puissance maritale, telle qu'elle existe dans nos mœurs, tient un milieu entre ces deux extrêmes, puisqu'elle n'est ni entièrement à l'avantage de la femme, comme l'autorité du tuteur est toute en faveur du pupille ; ni entièrement au profit du mari, ainsi que la puissance paternelle l'est en faveur du père.

Il est par-là démontré, que les auteurs qui ont communément attribué, sans restriction, à l'autorisation du mari, les effets qui, d'après la loi Romaine, résultent contre le père, de la comparution qu'il a faite en jugement, pour

---

(1) *Argumentum ex* L. 36. ff. *de injuriis.* lib. 47. tit. 10. et L. 34. ff. *de noxalibus actionibus.* lib. 9. tit. 4.

( 2 ) L. 141. §. 2. ff. *de verbor. obligat.* lib. 45. tit. 1. et Institut. §. 10. *de inutilibus stipulat.* lib. 3. tit. 20.

( 3 ) L. 21. ff. *de noxalibus action.* lib. 9. tit. 4.

autoriser & soutenir son fils dans les contestations élevées sur des faits personnels à celui-ci, ont fait une fausse application de ces lois; car la femme est l'associée du mari, tandis que le fils en puissance ne peut jamais l'être avec son père; le gain qui résulte de l'autorisation de celui-ci, est, en thèse générale, pour lui seul; tandis que celui qui peut provenir de celle du mari, appartient aux deux époux.

Il suit de ces principes, que lorsqu'un mari se présente en justice, à l'effet d'autoriser sa femme, on ne doit voir en lui que le chef de la communauté, qui vient volontairement s'associer à l'événement du procès; qu'en conséquence le quasi-contrat formé par sa comparution, est un engagement de la société de l'un & de l'autre, & que dès-lors les condamnations aux dépens & dommages-intérêts qui peuvent intervenir, ne sont que des dettes de la communauté des époux, lesquelles doivent être prises en premier lieu, sur les revenus & les biens communs, & subsidiairement en totalité, sur les biens du mari, comme les dettes ordinaires de la société conjugale, quand la femme y renonce, ainsi qu'il sera expliqué plus bas; parce que le gain, dans le cas d'un jugement avantageux, aurait profité aux deux associés.

Mais si le mari refuse son autorisation, quel sera le résultat de ce refus?

En matière purement civile, lorsque le procès a pour objet les propriétés dotales de la femme, & qu'en connaissance de cause, elle a été autorisée d'office par le juge, on doit porter ici la même décision que dans le cas précédent; parce que le mari est obligé de protéger les droits de son épouse; qu'il ne peut arbitrairement lui refuser son autorisation; que le juge suppléant à son refus, en connaissance de cause, ne fait que remplir son devoir à sa place; qu'enfin le mari ayant le domaine civil sur les biens de cette espèce, c'est en partie pour lui que la contestation est agitée, & qu'il est par conséquent juste qu'il participe à la charge des dépens faits pour la défense de ses droits.

Il en est autrement en matière de police & d'injure : les délits dont la femme se serait rendue coupable, étant étrangers aux objets & à la fin de l'association conjugale, elle n'a pu, par cette voie, contracter aucun engagement préjudiciable aux intérets du mari; & dès que celui-ci ne paraît pas même pour l'autoriser dans les contestations qui en dérivent, il ne peut y avoir de titre à lui opposer; d'où il résulte, que les condamnations de cette espèce ne pourraient justement peser, ni sur les biens

propres du mari, ni sur ceux de la commu‑
nauté, ni même sur les revenus de la dot, &
qu'on ne serait fondé à les mettre à exécution
sur les propriétés dotales de la femme, qu'après
la dissolution de l'union conjugale.

Il faut excepter de cette règle 1.° le cas où
il serait question de délits commis par la
femme avant l'époque de son mariage; alors les
condamnations pécuniaires intervenues contre
elle, pourraient être exécutées sur les revenus,
& même sur la propriété des fonds dotaux,
parce qu'elle n'aurait pu apporter en dot à
son mari, que ses biens tels qu'ils étaient grevés
des charges précédemment contractées (1).

2.° Si le mari avait commandé (2) le délit
imputé à sa femme : s'il y avait seulement
donné son approbation (3), ou si pouvant
l'empêcher, il n'avait pas usé de son autorité
pour y mettre obstacle (4), il serait alors
responsable des suites, comme réputé complice.

3.° Si le délit avait été commis par la femme
préposée à quelques ouvrages de la part de
son mari, dans lesquels elle aurait mal‑

_____

(1) L. 72. ff. *de jure dot.* lib. 23. tit. 3.
(2) L. 169. ff. *de regul. jur.*
(3) L. 13. §. 1. *de his qui notantur infamiâ.* lib. 3. tit. 2.
(4) LL. 50. et 109. ff. *de regul. jur.*

versé ( 1 ); l'époux serait encore tenu des dommages, parce qu'il doit répondre de la fidélité de son commis, envers ceux à qui il les aurait causés ( 2 ).

## §. III.

### Des biens de la femme, et des droits du mari sur la dot.

Les biens de la femme sont ou paraphernaux, ou dotaux.

On entend par *biens paraphernaux*, ceux dont l'épouse, par une stipulation expresse ou équivalente, s'est réservé l'administration & la jouissance entière, lors de ses conventions matrimoniales.

En ce qui concerne cette espèce de biens, la femme n'est point soumise à l'autorité maritale; elle peut les administrer, en jouir de toutes manières, les vendre & aliéner ( 3 ) & paraître en jugement tant en demandant qu'en défendant ( 4 ), sans l'autorisation de son mari. Elle est considérée comme émancipée pour cet objet.

---

( 1 ) L. 14. ff. *de custodiâ & exhibitione reorum*. lib. 48. tit. 4.

( 2 ) L. 27. §. 9. ff. *ad legem aquiliam*. lib. 9. tit. 2.

( 3 ) L. 8. cod. *de pactis conventis*. lib. 5. tit. 14.

( 4 ) L. 11. cod. *eodem*.

Si les biens paraphernaux consistaient en rentes, dettes actives, ou autres objets mobiliaires, qu'il y en eût inventaire, & que la femme les eût livrés entre les mains du mari sur une reconnaissance de celui-ci ( 1 ), consignée dans leur traité, il serait obligé de donner à leur conservation, les mêmes soins qu'un bon père de famille en apporte pour ses biens propres; dans ce cas, il serait aussi en droit d'exiger les intérêts, même les remboursemens des capitaux, & d'en donner valablement quittances, sans qu'il soit besoin d'aucune ratification ( 2 ) de la femme qui l'aurait laissé agir; mais pour la sureté des droits de l'épouse dont le mari aurait ainsi reçu le paiement des effets paraphernaux, la loi lui accorde une hypothèque qui remonte à la date du contrat de mariage, quand cette responsabilité y a été exprimée, ou seulement à la date des paiemens faits, lorsqu'il n'y a point eu d'hypothèque promise par le mari ( 3 )?

Quant à la restitution que l'époux peut être obligé de faire sur cette espèce de biens confiés

---

( 1 ) L. 9. §. 3. ff. *de jure dotium.* lib. 23. tit. 3.

( 2 ) D. L. 11. cod. *de pactis conventis.* lib. 5. tit. 14.

( 3 ) Voyez la même loi 11. cod. *de pactis conventis.*

a son administration, il faut faire une distinc-tion entre les fruits ou intérêts, & les capitaux.

Le mari qui a joui, au vu & su de sa femme, des biens paraphernaux de celle-ci, sans qu'elle y contredise, est, par cela seul, déchargé de faire aucun compte ou aucune restitution des fruits consommés au profit de la société con-jugale ( 1 ).

Quant aux capitaux, il est toujours tenu de les rendre.

*Les biens dotaux* sont ceux que la femme apporte en jouissance à son mari, pour lui aider à soutenir les charges du mariage ( 2 ).

D'où il résulte que la constitution dotale est toujours subordonnée à la célébration du ma-riage, comme à une condition nécessaire ( 3 ) & sans laquelle elle ne peut avoir d'effets.

Suivant le droit écrit, la dot ne comprend que les biens expressément ( 4 ) assignés par la femme, ou accordés & promis à ce titre, par ses parens ou autres personnes ( 5 ). Cette législation ne reconnaît de dot tacitement cons-

---

( 1 ) D. L. 11. cod. *de pactis conventis.*

( 2 ) L. 7. ff. *de jure dotium.* lib. 23. tit. 3.

( 3 ) LL. 3. et 10. §. 4. et L. 68. ff. *eod.* lib. 23. tit. 3.

( 4 ) L. 9. §. 2. ff. *eod.*

( 5 ) L. *ult.* cod. *de dotis promission.* et L. 41. ff. *de jure dotium.* lib. 23. tit. 3.

tituée, que dans le cas où une femme après avoir divorcé, se remarierait ensuite avec son premier mari. Elle serait alors censée lui rapporter de nouveau sa dot ( 1 ), quand même cela ne serait pas stipulé, à moins qu'elle n'ait manifesté une volonté contraire ( 2 ).

La loi Romaine ne reconnaît donc, en thèse générale, pour biens dotaux, que ceux qui sont constitués tels ; ensorte qu'en pays de pur droit écrit, une femme qui se serait mariée sans aucune convention écrite, ni verbale ( 3 ), sur cet objet, ni avant ni après le mariage ( 4 ), n'apporterait aucune dot proprement dite, à son mari.

Il en est autrement dans nos mœurs ; le droit coutumier ayant établi une société de biens & d'acquêts entre les époux, & la société exigeant naturellement des mises respectives de la part de ceux qui sont appelés au partage du bénéfice, il fut nécessaire, pour être d'accord avec le principe, de réputer dotaux les biens de l'épouse.

---

( 1 ) L. 64. ff. *de jure dotium.* lib. 23. tit. 3.

( 2 ) L. 30. ff. *eod.*

( 3 ) L. *unicâ* §. 1. cod. *de rei uxoriæ actione.* lib. 5. tit. 13.

( 4 ) L. 1. ff. *de pactis dotalibus.* lib. 23. tit. 4.

Il

Il y a donc, sur ce point, cette différence entre la loi Romaine & notre droit coutumier, que, suivant l'une, les biens paraphernaux réputés *extra-dotem*, sont tous ceux qui n'ont pas été expressément constitués en dot, ou qui n'en sont pas un accessoire ( 1 ); tandis que dans notre usage, il n'y a de paraphernal que ce qui est réservé comme tel, soit par une stipulation expresse, soit équivalemment, en limitant la constitution dotale.

Tous les biens de l'épouse étant réputés dotaux parmi nous, il en résulte que la constitution dotale, quand elle ne fut pas limitée, est un titre universel qui embrasse non seulement ce qui appartient ou qui est donné à la femme lors du mariage : mais même tout ce qui peut lui arriver par la suite, autrement qu'à titre d'acquêts ( 2 ).

Les pères & mères étant obligés non seulement de nourrir & entretenir leurs enfans, comme on l'a déjà dit, mais encore de pourvoir à leur éducation & à leur établissement,

---

(1) LL. 4. et 32. ff. *de jure dotium*. lib. 23. tit. 3. L. 7. §. 12. ff. *soluto matrimonio*. lib. 24. tit. 3. — L. 8. ff. *de fundo dotali*. lib. 23. tit. 5.

(2) Art. XI. tit. II. de la coutume de la ci-devant Franche-Comté.

sont, par une conséquence nécessaire, tenus
de doter convenablement leurs filles (1) lorsqu'elles veulent se marier (2); ce qui est
accordé à ce titre, cède à l'épouse, à charge
par elle d'en rapporter les fonds & capitaux,
& non les fruits & intérêts, en partage des
successions des auteurs de la donation, lorsqu'il y a d'autres enfans appelés avec elle à
les recueillir.

Les dons de cette espèce ne sont pas sujets
à la révocabilité pour cause d'ingratitude (3),
comme (4) les donations ordinaires, parce
qu'ils sont moins censés faits en faveur d'un
seul individu, qu'en contemplation du nouvel
établissement, & de la famille qui, à cette condition, a consenti à l'alliance contractée avec
le donataire.

---

(1) L. 7. cod. *de dotis promissione.* lib. 5. tit. 11.

(2) Ce qu'on dit ici des filles, est aussi applicable à l'égard des garçons, pour l'établissement
desquels un relâche serait nécessaire de la part
des pères & mères. Voyez la loi 19. ff. *de ritu
nuptiarum.* lib. 23. tit. 2. et L. 7. cod. *de dotis promissione.* lib. 5. tit. 11. et ce que nous avons dit
pag. 207.

(3) L. 69. §. 6. ff. *de jure dotium.* lib. 23. tit. 3.

(4) L. 10. cod. *de revocandis donationibus.* lib. 8.
tit. 56.

Si la fille dotée venait à mourir avant ses père & mère, ce sont ses héritiers qui recueilleraient les biens qui lui auraient été donnés, à moins que le droit de retour ne fût stipulé par ceux qui l'auraient dotée; auquel cas, ce qui lui aurait été accordé à cette condition, ne ferait point partie de sa succession ( 1 ), si elle était décédée sans enfans, mais retournerait aux auteurs de la donation.

L'obligation de doter les filles lors de leurs mariages, est-elle commune au père & à la mère? pèse-t-elle également sur l'un & sur l'autre? la fille pourrait-elle les actionner ensemble pour les forcer à y concourir en commun? ou cette action n'est-elle que subsidiaire contre la mère, lorsque le père ne peut y satisfaire, comme dans la cause des alimens?

Quoique dans le simple droit naturel, les obligations des pères & mères envers leurs enfans, soient les mêmes; qu'elles leur soient concurremment imposées, & que l'une ne puisse être regardée comme subsidiaire à l'autre; cependant, comme d'après l'organisation sociale, la famille appartient plus particulièrement au père qui en est le chef, la loi civile veut que l'obligation de fournir des alimens aux enfans,

_____

(1) Art. LXXIV. de la loi du 17 nivôse an II.

s'exécute en premier ordre contre lui, comme nous l'avons fait voir dans le §. II. du chapitre précédent. Cette obligation principale du mari, n'est qu'une conséquence des avantages que la loi lui accorde d'ailleurs : car, puisque d'une part, elle le rend maître des fruits des biens dotaux pour soutenir les charges du mariage dont la principale & la première est la nourriture des enfans : & que d'autre côté, cette dette alimentaire étant annuelle & périodiquement renaissante, pèse immédiatement sur les fruits & revenus des biens, c'est à celui qui les a en son pouvoir, à acquitter cette charge dont ils sont naturellement grevés : c'est par ces considérations, que la loi Romaine veut que, pour obtenir des alimens, les enfans dirigent d'abord leur action contre le père & les ascendans paternels, & que régulièrement, ils ne puissent attaquer la mère & les ascendans maternels, que subsidiairement ( 1 ), & à défaut de moyens de la part des premiers.

Et comme dans les principes du droit écrit, tous les avantages pécuniaires de l'union conjugale sont en faveur du mari, puisque la femme n'est point associée aux acquêts, la

_____

( 1 ) LL. 8. et 5. §. 14. ff. *de agnoscendis et alendis liberis.* lib. 25. tit. 3.

charge de la dot y est aussi dirigée comme celle des alimens, c'est-à-dire, directement & en premier ordre contre le père, & non contre la mère ( 1 ).

Dans la cause des alimens, nos usages ne peuvent s'écarter du prescrit de la loi romaine, qui fait notre droit commun, puisque la coutume ne renferme rien de contraire; mais il n'en est pas absolument ainsi, en ce qui concerne la dot: car, quoiqu'elle pèse principalement sur le père, comme chef de la communauté, lorsqu'elle est accordée en revenus, la mère comme associée, est aussi censée y contribuer, & elle ne pourrait refuser d'en fournir une partie, si elle était adjugée en fonds.

Pour en sentir la raison, il suffit d'observer que la dot par elle-même est une espèce de capital; qu'en cela, elle est très-différente des alimens qui ne correspondent qu'aux revenus; que par conséquent, la femme étant, par le droit coutumier, associée au bénéfice des acquêts, c'est-à-dire à l'accroissement du capital, il est juste qu'elle reste soumise à une partie des charges qui affectent la masse des biens, telle que la dot des filles.

De-là résultent trois conséquences principales:

*La première* : Que la mère peut être ainsi

_____

(1) L. 14. cod. *de jure dotium.* lib. 5. tit. 12.

que le père , & concurremment avec lui, ac-
tionnée pour fournir une dot convenable à
sa fille; laquelle ou dans le cas de séparation
de biens, ou lorsqu'elle serait fixée en capital,
doit être adjugée contre l'un & l'autre, dans la
proportion de leurs facultés respectives.

*La seconde* : Que quand la femme a, conjointement avec son mari, constitué une dot
à leur fille, elle ne peut, après la dissolution
du mariage, lorsqu'elle relève ses apports,
répéter sur les propres de celui-ci, ce qu'elle
a accordé de son chef à sa fille; ce cas est
différent de celui où elle répéterait le montant d'une autre obligation qu'elle aurait contractée envers un tiers, avec son époux.

*La troisième* : Que si le père & la mère avaient
ensemble pourvu au traité de mariage de leur
fille, & qu'ils lui eussent accordé pour dot, un
fonds appartenant en propre à l'un d'eux,
lors de la liquidation de la communauté conjugale, celui des époux auquel n'appartenait
pas le fonds donné à la fille, serait obligé de
tenir compte à l'autre de la moitié du prix,
puisqu'il aurait été cédé par les deux, & en acquittement d'une dette commune.

Lorsque les père & mère ont doté ensemble
leur fille, à une somme déterminée, sans distinguer pour quelle portion chacun y a con-

couru, l'un & l'autre est censé en supporter la moitié, parce que les parties sont égales (1), quand on n'a point exprimé d'inégalité entre elles, à moins que les circonstances ne le fassent présumer autrement; comme, par exemple, dans une constitution dotale faite avant la loi du sept mars 1793, par laquelle les père & mère auraient réduit une fille à sa légitime; en lui assignant une somme unique pour les deux : dans ce cas, la fille dotée ne serait pas recevable à prendre la moitié de la somme qui lui aurait été accordée, sur celle des successions de ses père & mère, dans laquelle cette moitié excéderait la légitime, pour demander un supplément sur l'autre succession, au regard de laquelle la moitié de la somme dotale n'équivaudrait pas à la portion légitimaire. L'héritier principal lui opposerait avec succès, que les père & mère s'étant réunis pour la réduire à sa légitime dans l'une & l'autre de leurs successions, il serait contre leur volonté d'aller au-delà; qu'ainsi, pour connaître si elle est lésée dans la somme qui lui a été accordée pour correspondre à ce double apportionnement, on doit cumuler le montant

_____

(1) L. 164. §. 1. *in fine.* ff. *de verborum significat.* lib. 50. tit. 16.

des deux successions, & y prendre, *unicâ æstimatione*, la valeur de la légitime, de la même manière que la dot a été cumulativement fixée, *unico pretio*, par les deux constituans.

Mais si un père, dotant sa fille en l'absence ou après le décès de son épouse, avait déclaré que la somme accordée à cet effet, serait tant pour les biens paternels que pour la portion de la succession maternelle; nonobstant cette déclaration, la loi ( 1 ) veut que la somme entiere soit payée par le père & sur ses biens propres, si elle n'excède pas la proportion de ses facultés, & s'il n'avait pas reçu de son épouse le droit d'agir ainsi en son nom; parce que pour remplir un devoir personnel, c'est avec son propre patrimoine qu'il doit y satisfaire.

Passons aux droits du mari sur la dot de l'épouse.

La femme retient ( 2 ) le domaine naturel de ses biens dotaux; mais elle en transfère le domaine civil au pouvoir du mari, qui a droit d'en jouir, & d'en percevoir tous les fruits & émolumens ( 3 ).

_____

(1) L. 11. cod. *de dotis promissione.* lib. 5. tit. 11.
(2) L. 30. cod. *de jure dotium.* lib. 5. tit. 12.
(3) L. 7. ff. *de jure dotium.* lib. 23. tit. 3.

S'ils

S'ils consistent en sommes d'argent ; dès qu'il les a garantis par assignats ou promesse d'assignats, il est en droit d'en exiger ( 1 ) le paiement, & d'en percevoir l'intérêt depuis le terme auquel ils ont été promis : ou dès le jour de la demande qu'il en aurait formée, s'il n'y avait eu aucun terme fixé pour la délivrance, dans la constitution dotale ( 2 ).

Mais pour connaître quelle peut être l'étendue des droits du mari sur la propriété même des apports de la femme, il faut faire plusieurs distinctions sur la nature desdits biens, & sur les stipulations qui peuvent intervenir dans le traité de mariage.

Ou les biens dotaux sont consomptibles par le premier usage : ou ils ont été estimés dans la constitution dotale : ou ils ne sont ni consomptibles par le premier usage, ni estimés dans le contrat nuptial.

S'ils sont de nature à être consomptibles par le premier usage, tels que l'argent, les denrées & comestibles ; le mari, par la délivrance qui lui en est faite, n'en acquiert pas seulement la possession & jouissance ; mais il

_____

(1) L. 5. cod. *de dotis promission*. lib. 5. tit. 11.

(2) Art. VIII. tit. II. de la coutume de la cidevant Franche-Comté.

en devient seul & plein propriétaire (1), à charge d'en rendre autant, de même qualité ou valeur, après la dissolution du mariage, parce que, dans les choses de cette espèce, l'usage est inséparable (2) de la propriété.

Si l'estimation en a été faite dans le contrat dotal, ils sont censés vendus (3) au mari pour le prix estimatif: ils restent à ses risques & périls, comme lui appartenant en propre, à charge par lui ou ses héritiers, de rendre seulement la valeur fixée, lors de la liquidation de la société conjugale; à moins que l'option n'ait été réservée (4) à la femme de les reprendre en nature, ou qu'il paraisse par les termes du contrat, que l'estimation a été faite pour une autre fin.

Mais si les biens dotaux ne sont ni consomptibles par l'usage, ni estimés par le traité de mariage; c'est alors que la femme, comme nous l'avons déjà dit, en retient la nue propriété, & que la jouissance seulement & leur domaine civil passent au mari.

---

(1) L. 42. ff. *de jure dot.* lib. 23. tit. 3.

(2) LL. 2. et 7. ff. *de usuris earum rerum quæ usu.* lib. 7. tit. 5.

(3) L. 10. §§. 4. et 5. et L. 17. §. 1. ff. *de jure dotium.* lib. 23. tit. 3.

(4) L. 11. ff. *de fundo dotali.* lib. 23. tit. 5.

De-là il résulte que dans la première espèce de biens, le mari a les actions tant au pétitoire qu'au possessoire, puisqu'il est seul & plein propriétaire.

Que dans la seconde, c'est la femme qui, comme propriétaire, doit agir au pétitoire de l'autorité de son mari, & que celui-ci seul doit agir au possessoire comme ayant droit de jouir *proprio nomine*. Comme aussi, il doit supporter les charges affectées à la jouissance, telles que les impositions (1) de tous genres dont les biens pourraient être affectés, & les frais de réparations (2) nécessaires à leur entretien, suivant l'usage d'un bon (3) père de famille, & d'un administrateur sage, répondant (4) des fautes qu'il pourrait commettre.

Mais puisque la propriété naturelle des biens dotaux demeure entre les mains de la femme, & que le mari n'est revêtu que du droit de jouissance, il est sensible qu'il ne peut les

_____

(1) L. 13. ff. *de impensis in rebus dotalibus factis.* lib. 25. tit. 1. — L. 27. §. 3. ff. *de usufructu.* lib. 7. tit. 1.

(2) LL. 3. §. 1, 12. et 15. ff. *de impensis in rebus dotalibus pactis.* lib. 25. tit. 1.

(3) L. 17. ff. *de jure dotium.* lib. 23. tit. 3.

(4) L. 66. ff. *soluto matrimonio.* lib. 24. tit. 3.

vendre sans le consentement de son épouse ( 1 ).

Dès que les choses consomptibles par l'usage, ainsi que les deniers dotaux provenans de la femme, livrés au mari, lui appartiennent en toute propriété, il en résulte que les fonds qu'il peut avoir acquis contre les objets de cette espèce, ne doivent point ( 2 ) être réputés dotaux, parce qu'ils seraient achetés pour un prix qui aurait cessé d'être dans le domaine de la femme.

On excepte le cas auquel cet emploi aurait été stipulé dans le traité de mariage, & qu'en exécution de cette promesse, on aurait fait l'acquisition au profit de l'épouse; mais il ne suffirait pas de déclarer dans l'acte d'achat, que c'est pour remplacer les deniers de celle-ci, &

---

( 1 ) L. *unicâ* cod. *de rei uxoriæ actione.* lib. 5. tit. 13.

Nota. On ne suit pas cette loi en France, en ce qu'elle défend l'aliénation du fonds dotal, même du consentement de la femme; si elle est majeure, il suffit que, dûment autorisée, elle soit intervenue dans la vente, ou qu'elle l'ait ratifiée, pour que l'acte soit valable, sans qu'il soit besoin de renoncer au *Velléien. Voyez* l'édit du mois de novembre 1703, tom. 2. du recueil, pag. 218.

( 2 ) L. 12. cod. *de jure dotium.* lib. 5. tit. 12. et L. 7. cod. *de servo pignori dato manumisso.* lib. 7. tit. 8.

lui en tenir lieu, si cela n'avait été promis dans leur traité, parce qu'alors ce serait un avantage indirect prohibé par la loi entre les conjoints.

Il n'en est pas de même dans l'hypothèse où un fonds dotal aurait été échangé contre un autre; celui reçu en contre-échange, serait, de droit, subrogé ( 1 ) au premier.

Il faut observer 1.° que dans le cas où un mari aurait reçu en papier-monnoie, le paiement des deniers dotaux de sa femme, ou le remboursement de ses créances; lui ou ses héritiers, lors de la liquidation de la communauté conjugale, ne doivent que le montant desdits remboursemens calculés sur l'échelle de dépréciation, au taux où ils auraient été reçus, & que la femme ou ses héritiers peuvent être forcés d'accepter pour leur acquit, le remploi que le mari aurait fait de ces deniers, même au nom de la communauté.

---

(1) *Argumentum ex*. LL. 71. et 72. ff. *de legatis*. 2. lib. 31. tit. 1.

*Nota*. La subrogation exprimée dans ces lois, a lieu, parce qu'il est question d'une universalité de droits, en sorte que la chose n'est achetée qu'avec l'argent qui est censé appartenir à celui en faveur de qui la subrogation est faite; il en doit être de même dans l'échange dont il est ici question, & c'est aussi la jurisprudence.

2.º Qu'il en est de même à l'égard des remplois qui auraient été faits par le mari, des deniers provenus, soit de l'aliénation des propres, soit du remboursement des capitaux de rentes constituées dans les pays où, comme dans le nôtre, au regard de la société conjugale, elles sont réputées immeubles; le tout néanmoins, pourvu qu'il y ait eu de sa part, déclaration d'emploi, & acceptation du remploi par la femme, pendant la communauté ( 1 ).

Le mari peut-il, sans l'intervention de son épouse, recevoir le remboursement des créances dotales, ou rentes à elle dûes, & en donner seul, valable quittance? Le débiteur qui aurait ainsi fait son paiement, serait-il valablement acquitté? serait-il en pleine sécurité, lors même que le mari aurait dissipé les deniers, & serait devenu insolvable?

Parmi les auteurs qui ont agité cette question, la négative a trouvé de nombreux partisans, fondés sur le texte de deux lois Romaines; mais il n'est pas difficile de démontrer jusqu'à l'évidence, qu'ils ont erré sur le principe, & qu'ils ont fait une fausse application de ces lois.

Comme les départemens de la ci-devant

_____

(1) Voyez le titre II de la loi du 27 thermidor an VI. Bult. 217. n.º des lois 1952.

Franche-Comté, sont, en cette matière, tout à-la-fois pays coutumier, & pays de droit écrit, pour les cas où notre ancienne loi municipale est muette (1), ainsi qu'on l'a déjà observé plus haut, nous allons examiner cette question, soit d'après les termes de la coutume, soit dans l'esprit du droit Romain ; & nous ferons voir que dans l'un & l'autre de ces législations, le mari en recevant le remboursement des créances dotales dûes à son épouse, en donne seul valablement quittance, & allibère entièrement le débiteur.

*Le mari, constant le mariage,* porte l'art. XI. tit. II. de notre coutume, *fait les fruits siens des biens dotaux de sa femme..., & pour la poursuite d'iceux, en matière de possessoire, peut être & comparaître en jugement, sans procuration de sa femme.*

Le mari peut donc seul, en son nom propre & personnel, & indépendamment de sa femme, exercer tous les droits du possessoire sur ce qui dépend de la dot de celle-ci. Mais qu'est-ce que le possessoire d'une somme exigible ou d'une créance dont le remboursement est forcé par le débiteur ? Pour entrer en jouissance &

_____

(1) Art. V. tit. XIX. des anciennes coutumes de la ci-devant Franche-Comté.

possession de cette somme, ne faut-il pas la recevoir? Pour en jouir & s'en servir, ne faut-il pas l'avoir reçue? Comment donc le mari, à qui seul & indépendamment de sa femme, la loi donne le droit d'entrer en possession pour jouir, n'aurait-il pas celui de recevoir?

L'action au possessoire est celle qui tend à obtenir la délivrance effective de la chose qu'on veut posséder, parce que la possession doit être dans le fait, ( 1 ) aussi bien que dans le droit. Lorsqu'il s'agit d'un fonds dotal, le mari peut forcer au déguerpissement celui qui s'y serait entremis, & s'en faire céder la jouissance: s'il est question d'un meuble, il peut en demander la délivrance; pourquoi ne pourrait-il donc pas demander & recevoir seul le paiement d'une somme d'argent, lorsqu'on ne lui conteste pas la validité du titre de la dette?

Si de cette disposition de la coutume nous passons à celle de la loi Romaine, nous voyons qu'en général elle considère la dot comme étant dans (2) les biens du mari; il faut donc qu'il puisse la recevoir *proprio nomine*, puisqu'il en est réputé maître dans la jouissance & tous ses accessoires.

____

( 1 ) L. 49. §. 1. ff. *de acquirendâ vel amittendâ possess.*
( 2 ) L. 7. §. 3. et L. 75. ff. *de jure dotium.* lib. 23. tit. 3. —— L. 23. cod. *de jure dotium.* lib. 5. tit 12.

Que

Que quand le bien dotal est consomptible par l'usage, comme quand il est question d'une somme à rembourser, le mari, par la délivrance qui doit lui en être faite, en acquiert (1) le domaine propre; il peut donc, en la recevant, libérer seul le débiteur, puisqu'il est seul propriétaire par l'empire de la loi.

Qu'à lui seul appartient le droit de revendiquer (2) la chose pour en jouir, ainsi que celui de forcer au paiement des créances dotales, sans que la femme(3)elle-même puisse y mettre obstacle, ni s'attribuer une pareille action, & que, dans le cas où il aurait négligé d'exiger le capital, se contentant des intérêts, si le débiteur devenait insolvable, il est responsable (4) de cet événement : non-seulement donc il a le droit, mais même il est obligé de recevoir.

Que le mari,dans les poursuites de cette espèce, n'a pas besoin d'un mandat (5) de son épouse, & que pour les remboursemens même des créances paraphernales, dont sa femme lui aurait remis les titres, il peut valablement

---

(1) L. 42. ff. *de jure dotium*. lib. 23. tit. 3.

(2) L. 9. cod. *de rei vindicatione*. lib. 3. tit. 32.

(3) L. 5. cod. *de dotis promissione*. lib. 5. tit. 11.

(4) L. 71. ff. *de jure dotium*. lib. 23. tit. 3.

(5) L. 21. cod. *de procuratoribus*. lib. 2. tit. 13.

recevoir & donner quittance sans sa ratification (1); à plus forte raison lorsqu'il s'agit
de créances dotales où il a un droit propre.

Que ni la femme ni les parens de celui-ci,
ne pouvant exiger aucune caution (2) du mari
pour la sureté de la dot, il y aurait de la
contradiction à lui contester le droit de la
recevoir seul, puisqu'on ne peut l'en empêcher.

Qu'après la dissolution du mariage, le mari
étant seul chargé de la restitution de la dot,
il serait absurde de supposer qu'il n'est pas
en droit de recevoir ce qu'il sera obligé de
rendre.

Qu'enfin le mari qui est exempté par la
loi, de toute prestation de cautionnement pour
la sureté de la dot, ne peut avoir moins de
droit que n'en aurait un simple usufruitier,
lequel après avoir fait accepter sa caution, peut
forcer les débiteurs au paiement (3), recevoir
d'eux & leur procurer entière libération par
ses quittances.

Les auteurs qui ont embrassé une opinion
contraire, se fondent sur deux lois Romaines;

-------

(1) L. 11. cod. *de pactis conventis*. lib. 5. tit. 14.
(2) LL. 1. et 2. cod. *ne fidejussores dotium*. lib.
5. tit. 20.
(3) LL. 24. et 37. ff. *de usu & usufructu legato*.
lib. 33. tit. 2.

l'une est la onzième au code, titre *de solutio-*
*nibus* (lib. 8. tit. 43.) où il est porté, que celui
qui doit une somme d'argent à une femme
mineure, ne peut se regarder comme suffisamment libéré par le paiement qu'il aurait fait
entre les mains de son mari, si celle-ci n'a
pas ratifié après sa majorité.

Mais d'abord rien dans cette loi n'indique que la dette dont il s'agit fût dotale,
ni que la femme eût confié à son époux, le
recouvrement de ses paraphernaux : & comme
dans l'esprit du droit Romain rien n'est dotal
que ce qui est expressément stipulé tel, & que
le mari n'a ni droit ni pouvoir sur ce qui
n'est pas dotal, & dont on ne l'a pas chargé,
il en résulte que la décision de cette loi est
entièrement étrangère à la question qui nous
occupe.

En second lieu, dès qu'il s'agit d'une femme
mineure que la présence de son mari ne peut
dégager de l'obligation d'avoir un curateur,
pour pouvoir valablement faire quittance,
suivant la loi 25 au code *de administratione*
*tutorum*, il n'est pas surprenant que le paiement fait entre les mains du mari, sans autre
forme, & pour une créance qu'on ne voit pas
avoir été dotale, soit nul & ne puisse être
opposé à la femme qui n'aurait pas même pu

donner un mandat à cet effet sans l'autorisation du curateur.

L'autre texte qu'on oppose, est tiré du paragraphe onze de la 41.ᵉ loi au digeste *de legatis*
3°, lequel porte, qu'un père qui a été institué
héritier par le premier mari de sa fille, & 
grevé d'un fidéicommis envers celui-ci, ne
s'acquitte pas valablement en constituant ce
fidéicommis pour dot & en le payant à son
second gendre, si sa fille ne paraît & ne ratifie.

La raison en est simple : c'est que le père,
comme débiteur grevé n'a pas droit de changer
la nature de la dette qui lui est imposée envers
sa fille. Il ne s'agit point de savoir dans cette
loi, si les deniers dotaux peuvent être payés
entre les mains du mari; mais seulement si
ce qui appartient à la femme à titre de fidéicommis, peut lui être constitué en dot, malgré
elle ou sans son consentement : le jurisconsulte
Scævola se décide avec raison pour la négative,
parce que personne ne peut disposer du bien
d'autrui sans son consentement, ni par conséquent forcer une femme à regarder comme
dotal ce qui lui appartient, & qu'elle n'aurait
pas elle-même renfermé comme tel dans son
traité nuptial.

## §. I V.

*Des bases morales de la société d'intérêts qui existe entre les époux.*

Les bases morales de la société des époux reposent ou dans leurs traités, ou dans la disposition des lois.

Les personnes qui veulent se marier, sont communément dans l'usage de régler les conditions de leur association, par un traité préalable, destiné à constater leurs apports respectifs, ainsi qu'à fixer les proportions suivant lesquelles il est convenu que chacun des associés participera aux profits qu'ils pourront faire.

S'il n'y a point eu de contrat de mariage rédigé entre les parties, préalablement à sa célébration, c'est la loi du domicile marital qu'il faut interroger, pour régler les droits des époux, parce que la femme suit la condition de son chef. Dans ce cas, cette loi a stipulé pour les parties qui sont censées en avoir adopté les dispositions, dès qu'elles n'en ont point réglé d'autres.

Comme il est défendu aux époux de se faire des avantages, même indirects, dès que le mariage est contracté, il ne leur serait plus

permis de déroger ( 1 ) à leurs conventions
quand ils en ont réglées, ni d'en former d'autres
que celles que la loi a établies pour eux, lorsqu'ils n'en ont point faites. Un contrat de cette
espèce serait nul, non seulement comme renfermant une libéralité en faveur de l'époux
avantagé : mais encore parce que la femme est
absolument inhabile à traiter sans l'autorisation maritale, & que le mari ne pourrait autoriser tout à-la-fois, & contracter pour lui dans
le même acte ( 2 ).

Dans les pays de droit écrit, telle que la
commune de Besançon, la femme qui n'a
point de traité de mariage, n'est pas, par la
loi, associée aux acquêts.

Il en est autrement dans le reste de la ci-
devant province de Franche-Comté : la cou-

---

( 1 ) Art. CCCXVI. de la suite des anciennes
ordonnances de la ci-devant Franche-Comté.

*Nota.* Suivant cet article, sont réputées nulles
toutes conventions clandestines qui même auraient
précédé le mariage, si elles étaient contraires à
celles qui y seraient consignées par le vœu des
familles.

( 2 ) *Argumentum ex* L. 1. ff. *de autoritate et consensu tutor. et ex* L. 7. *in princip. et* §. 2. ff. *eod.*

tume y associe la femme en toutes acquisitions d'immeubles ( 1 ).

On regarde comme immeuble , en cette matière, non seulement les fonds; mais encore les droits incorporels assis sur les fonds, telles que les servitudes & rentes foncières; & même les rentes constituées ( 2 ) à prix d'argent.

Un fonds de boutique ou d'imprimerie, serait également regardé comme un immeuble, quoique composé en détail de choses mobiliaires, parce qu'il résulte d'un tout permanent, différent dans son usage & sa jouissance, d'un meuble particulier.

L'on ne peut insérer dans un traité de mariage, aucune clause contraire aux bonnes mœurs ; telle que serait la condition de divorcer après un temps : ni au droit public; comme si la femme réservait qu'elle ne serait pas soumise à l'autorité maritale: ni à la justice; comme si l'on promettait à l'un des conjoints une part dans les acquêts, & qu'on réservât qu'il ne serait pas associé aux dettes; ce serait une société léonine ( 3 ) réprouvée par la loi,

---

( 1 ) Art. IV. tit. II. de la coutume de la ci-devant Franche-Comté.

( 2 ) Art. XIV. *ibidem.*

( 3 ) L. 29. §. 2. et L. 5. §. 2. ff. *pro socio.* lib. 17, tit. 2.

comme naturellement propre à décourager les associés.

Mais toutes autres clauses honnêtes y sont permises (1): la femme peut s'y réserver son bien *en paraphernal*; les futurs peuvent y exercer entre eux toutes sortes de libéralités réciproques ou singulières: sauf la réduction prescrite, en cas d'existence d'enfans, par l'article XIV de la loi du 17 nivôse an II; une partie peut y renoncer aux acquêts en faveur de l'autre; l'on peut y stipuler dans quelle proportion de bénéfice & de perte, on veut que les traitans soient associés; & c'est toujours dans ce traité, quand il y en a un, qu'on doit prendre les bases de la liquidation de la communauté conjugale, lorsqu'elle est dissoute.

## §. V.

*Des objets matériels qui composent la communauté conjugale.*

En ce qui concerne les biens des conjoints, les uns sont anciens entre les mains du mari & de la femme, & ceux-là restent à chacun d'eux quant à la propriété. D'autres peuvent être acquis pendant le mariage; & ceux-ci, ainsi

---

(1) L. *unicâ*. §. 17. cod. *de rei uxoriæ actione.* lib. 5. tit. 13.

que les fruits & revenus des premiers sont communs entre les époux pour satisfaire aux charges du mariage; mais pendant leur union, l'exercice de tous leurs droits sur cette dernière espèce de biens, appartient exclusivement au mari. Comme chef de la communauté, &, en cette qualité, maître soit de ses revenus, soit de ceux de la dot, il l'est aussi des acquisitions faites par lui ou par sa femme, ou par les deux ensemble; il peut (1), durant leur mariage, les hypothéquer & aliéner par actes entre vifs, pourvu qu'il n'agisse pas en fraude & dans la vue d'en priver son épouse ou les héritiers de celle-ci: son pouvoir à cet égard a même une telle étendue, qu'il est d'usage en cette matière, de ne regarder régulièrement comme frauduleux, que les actes de libéralité qu'il tenterait d'exercer en faveur de ses proches, pour faire passer dans leur famille, les biens de la communauté de son épouse.

Mais que doit-on entendre ici par acquêts, & quelles sont les choses comprises sous cette dénomination? c'est une question qu'il faut éclaircir avec quelques détails.

_____

(1) Art. X. tit. II. de la coutume de la ci-devant Franche-Comté.

Sous le nom d'acquêts, on comprend en général, tout profit ou augmentation de biens acquis par l'industrie ou le travail des conjoints ( 1 ).

L'on rapporte donc à ce genre de biens :

1.º Tout ce qui est amassé durant le mariage, par l'un ou l'autre des associés ou par les deux ensemble, par toutes sortes de négociations : telles que permutations, locations, achats & entreprises de tous genres ( 2 ).

2.º Les salaires ( 3 ) que l'un ou l'autre des associés perçoit dans les places qu'il peut occuper, ou qu'il retire des arts qu'il cultive, parce qu'ils sont le produit de son industrie.

3.º Les revenus des biens de l'un & l'autre des conjoints ; car si le produit de leur industrie, ou leurs revenus corporels, entrent dans la société, à plus forte raison ceux de leurs biens patrimoniaux.

4.º Les dommages-intérêts ( 4 ) que l'un ou l'autre des époux aurait obtenus contre un tiers de la part duquel il aurait eu à souffrir, parce qu'on ne peut nuire à l'un, sans porter

( 1 ) LL. 8. et 13. ff. *pro socio.* lib. 17. tit. 2.

( 2 ) L. 7. ff. *eod.*

( 3 ) L. 52. §. 8. ff. *eod.*

( 4 ) D. L. 52. §. 16. ff. *eod.*

préjudice à la société des deux ; & que la justice exige que la réparation profite à ceux qui ont ressenti la perte.

5.º Le montant des dots que le mari ou la femme payerait à ses enfans du premier lit, avec des biens ou revenus communs de la société.

6.º Les sommes ou effets payés ou délivrés par la communauté, en acquittement de legs, pour allibérer une succession qui ne serait déférée qu'à l'un des conjoints.

7.º La valeur des dettes contractées avant le mariage, par l'un des conjoints & par eux acquittées, avec l'argent commun de leur société ; dans ce cas, comme dans les deux précédens, la communauté acquiert sur le débiteur, les droits de la créance par elle acquittée.

Mais il faut remarquer, en ce qui concerne le paiement des dettes particulières à l'un des conjoints, que par une disposition bizarre de la coutume (1) de la ci-devant Franche-Comté, si la communauté des époux a payé des sommes, pour allibérer les fonds du mari, des cens, rentes, charges & hypothèques dont ils auraient été affectés avant le mariage, & même pour

_____

(1) Art. XII. tit. II.

rembourser le prix moyennant lequel ils auraient été vendus à réachat, également avant
le mariage; ces sommes, non plus que les
fonds affranchis ou retirés, ne sont point acquêts
de la communauté, & la réciprocité n'est point
accordée à la femme envers laquelle le mari
ou ses héritiers sont en droit de répéter, non
pas les fonds, mais la moitié du prix payé
pour leur retrait ou affranchissement, à moins
qu'il ne soit provenu des deniers même de
l'épouse ( 1 ).

8.º On doit compter au nombre des acquêts,
les frais de bâtisse, ou de grandes réparations
faites par la communauté sur les fonds anciens
d'un des époux, parce que son augmentation
de valeur est un produit de la société ; mais
comme l'édifice cède au sol, & appartient par
sa nature, au propriétaire du fonds dont il fait
partie, il ne peut y avoir d'acquêt pour l'autre
conjoint, que la moitié du prix de la bâtisse;

_____

( 1 ) *Nota.* Il est bon que les notaires qui rédigent
les traités de mariages, avertissent les parties, de
certe disposition singulière de notre ancienne loi
municipale, afin qu'elles puissent, en connaissance
de cause, rédiger d'une manière expresse, leurs
conventions à ce sujet, en dérogeant à la disposition coutumière, si elles le jugent convenable,
et entendent contracter autrement.

d'où il résulte que la femme ne doit avoir part aux acquisitions de cette nature, provenans de constructions faites sur les héritages du mari, que dans le cas où elle serait associée aux acquêts de meubles, puisqu'en répétant le mi-denier, elle ne répéterait réellement qu'une chose mobiliaire.

9.° On rapporte encore au rang des acquêts, les dons de la fortune, soit parce que le plus souvent ils ne sont que le fruit d'une découverte industrielle, soit parce qu'en tant qu'ils peuvent être le produit du hazard, ils ne sont la recompense d'aucun mérite , ni l'acquit d'aucun droit étranger à l'association.

Ainsi un trésor trouvé par l'un des époux dans le fonds dotal de la femme, appartiendrait (1) pour moitié à celle-ci, en vertu du droit de propriété sur le fonds; & pour l'autre moitié, il serait acquêt de la communauté.

Quelle règle doit-on suivre, en ce qui concerne les meubles, lors de la liquidation de la société conjugale? doit-on, eu égard à leur existence passagère, les réputer acquêts tant que le contraire n'est pas prouvé par celui des conjoints qui prétendrait les relever comme étant ses apports?

_____

(1) L. 7. §. 12. ff. *soluto matrimonio.* lib. 24. tit. 3.

Lorsqu'il n'y a eu aucun inventaire ni autre acte constatant les apports mobiliaires des époux, & que leur communauté a duré pendant long-temps, la présomption est que les meubles exis-tans lors de sa dissolution, ont été en général, acquis pendant le mariage : cela est même certain en ce qui concerne le bétail, dont l'existence passagère ne dure ordinairement qu'un temps très-court ; mais delà il ne faut pas conclure, avec quelques jurisconsultes, qu'on doive simplement les réputer acquêts & les partager sans autre motif, entre l'époux survivant & les héritiers du prédécédé.

De ce que les meubles seraient nouveaux, il en résulterait bien qu'ils auraient été acquis durant la communauté, mais nullement que l'un des conjoints n'en avait pas apporté, dans le principe, d'autres d'égale valeur, ou même en plus grande quantité : & comme il ne peut y avoir de bénéfice à partager, qu'après que les associés ont prélevé leurs mises respectives, ou en nature pour les objets qui existent les mêmes, ou en valeur de ceux qui n'existent plus, & qui ont été usés ou aliénés au profit de la société ; reste toujours la question de savoir s'il y a un des époux, & quel est celui d'entre eux, qu'on doit présumer plutôt que l'autre, avoir eu dans le principe de l'association, un mobilier à lui propre, pour le remplir de la valeur, sur celui qui se trouve existant lors de la liquidation de la communauté?

Dans ce cas, la présomption est en faveur de celui chez lequel l'autre est allé demeurer, parce qu'il est naturel de croire qu'il existait, dès le principe, un mobilier, là où déjà l'on tenait ménage; c'est en conséquence à l'époux qui y a été reçu, ou à ses héritiers, à prouver que les meubles existans lors de la dissolution de communauté sont plus considerables en valeur, pour être admis au partage gratuit du surplus; sans quoi ils ne pourraient prendre part, même dans ceux nouvellement achetés, qu'en tenant compte d'une valeur égale à l'autre époux, ou à ses héritiers, pour le remploi des anciens.

*Quid juris*, des successions qui peuvent arriver, ou des donations & legs qui peuvent être faits à l'un des époux durant le mariage? les propriétés de cette espéce doivent-elles être comprises au nombre des acquêts?

Cette question est controversée parmi les auteurs: plusieurs ont admis une distinction entre les successions légitimes provenantes des parens de l'un des conjoints, & les dons ou legs qui lui auraient été faits par des étrangers. Dans le premier cas, suivant eux, ces successions ne doivent pas être regardées comme acquêts de communauté; mais dans le second, les donations & legs doivent, disent-ils, être regardés comme des acquisitions de la société conjugale ( 1 ).

Cette distinction est juste pour les pays où elle est fondée sur des lois particulières; mais parmi nous, elle est insoutenable tant en droit positif, qu'en point de justice & d'équité; & l'on doit décider que, dans tous les cas, les dons ainsi faits à l'un des époux, lui appartiennent en propre, & qu'ils ne sont point acquêts de communauté.

En effet, l'article XI de la coutume porte, que " le mari ( constant le mariage ) fait les „ fruits siens des biens dotaux de sa femme, „ *& de tous autres qu'adviendront à icelle par* „ *quelque titre ou moyen que ce soit.* „ Les biens qui arrivent à la femme en particulier, après le mariage, *par quelque titre que ce soit*, par conséquent même *par donations* ou *legs* faits de la part des étrangers, ne sont donc pas acquêts de communauté, puisque le mari

---

( 1 ) *Nota.* Eu égard à cette diversité d'avis des différens auteurs, il est utile que les notaires, lors de la rédaction des conventions matrimoniales, fassent expliquer les parties sur cet objet, et en insèrent un article dans le contrat.

n'en

n'en a que la jouissance & le droit d'en percevoir les fruits comme des autres biens dotaux.

Si des expressions de la coutume, nous passons à celles de la loi Romaine, nous croyons que dans la société générale d'acquêts, telle que celle qui existe entre le mari & la femme, tout ce qui provient des gains (1), négociations (2), ou travaux (3) des associés, leur est commun; mais que les donations (4) soit entre vifs, soit à cause de mort, ainsi que les legs (5) faits, ou les successions (6) déférées indistinctement à l'un des associés, ne sont point réputés acquisitions de sociétés.

Peu importe que dans la société de tous biens, les successions échues aux associés deviennent communes (7), parce que ce mode d'association est étranger à la communauté d'acquêts établie entre le mari & la femme.

Cette décision est sur-tout conforme à l'équité & à la justice; car le droit de successibilité

(1) L. 13. ff. *pro socio.* lib. 17. tit. 2.

(2) L. 7. ff. *eodem.*

(3) L. 8. ff. *eod.*

(4) L. 9. ff. *eod.*

(5) L. 11. ff. *eod.*

(6) L. 10. et L. 71. §. 1. ff. *eodem.* et L. 45. §. 2, ff. *de acquirendâ vel amitt. hæred.* lib. 29. tit. 2.

(7) L. 3. §. 1. ff. *pro socio.* lib. 17. tit. 2.

ou le mérite personnel qui a provoqué le bienfait en faveur d'un des époux, n'étant point des choses qui dépendent de la société, leurs effets ne doivent point être communs.

D'ailleurs le donateur n'ayant voulu donner qu'à un des époux, ce serait aller directement contre sa volonté que d'appeler l'autre au partage d'une libéralité dont il l'a exclu par le fait. Cela serait particulièrement injuste à l'égard de la femme en faveur de laquelle on aurait fait une donation ou un legs, parce que le mari étant maître de disposer des acquêts, comme nous l'avons dit, pourrait, contre le vœu du donateur & de la donataire, aliéner les biens donnés, en dissiper le prix, & rendre la donation illusoire.

On devrait en décider autrement, si le don avait été fait conjointement tant au mari qu'à la femme; les donataires étant, en ce cas, considérés comme associés par le donateur même, il serait naturel de regarder l'objet de la donation comme acquêt de la communauté à l'accroissement de laquelle il aurait été directement destiné.

La licitation n'étant qu'un mode de partage par lequel on consolide le tout indivis, entre les mains d'un des co-propriétaires, en formant le lot de l'autre en argent, le fonds adjugé par licitation, n'est point (1) réputé acquêt entre le mari & la femme: mais seulement le prix nanti à cet effet par la société.

Il en est de même du fonds acquis par échange, comme nous l'avons déjà observé; s'il n'y a point eu de soulte, l'héritage reçu en contre-échange appartient pour le tout, à celui des conjoints qui était propriétaire de celui qui a été donné; & s'il y a une soulte, le fonds reçu est acquêt pour la partie correspondante à la valeur du prix qui a été nanti par la communauté.

## §. V I.

*Des privilèges de la femme pour la conservation & le recouvrement de sa dot.*

Si le mari, comme chef de la communauté, a beaucoup d'avantages, soit sur la dot de la femme, soit sur les acquêts de leur société: la femme de son côté, a aussi ses droits & priviléges sur les biens de celui que la loi lui donne pour administrateur.

D'abord, elle conserve le domaine naturel de ceux de ses biens dotaux qui ne sont point censés vendus ou aliénés au mari, & il est

---

(1) L. 78. §. 4. ff. *de jure dotium.* lib. 23. tit. 3.

défendu à celui-ci de les vendre (1), engager, ou hypothéquer (2).

Le mari doit à la conservation de cette espèce de biens, tous les soins qu'un bon père de famille est dans l'usage de donner à ses affaires propres (3): ensorte qu'il serait à cet égard, tenu même des suites du cas fortuit, si quelque faute grave de sa part avait précédé l'événement (4): qu'il devrait indemniser la femme ou ses héritiers, de la perte du fonds dotal qu'il aurait laissé prescrire par sa négligence (5): & que s'il avait fait novation dans le titre de la dot, le danger (6) d'insolvabilité du débiteur, qui regardait auparavant la femme, pèserait sur lui seul.

A l'égard des biens dotaux qui consistent en deniers, ou qui sont consomptibles par

---

(1) L. 4. ff. *de fundo dotali*. lib. 23. tit. 5.

(2) Novel. 61.

(3) L. 17. ff. *de jure dotium*. lib. 23. tit. 3. —L. 11. *in fine*. cod. *de pactis conventis*. lib. 5. tit. 14.

(4) L. 66. ff. *soluto matrimonio*. lib. 24. tit. 3.

(5) L. 16. ff. *de fundo dotali*. lib. 23. tit. 5.

(6) L. 36. ff. *de jure dotium*. lib. 23. tit. 3. —*Nota*. Cette loi vient encore à l'appui de ce que nous avons soutenu plus haut, sur le paiement des créances dotales, fait au mari, parce que la novation éteint tout aussi bien le titre primitif, que le paiement.

l'usage, ou qui en vertu de l'estimation faite dans le traité nuptial, seraient acquis au mari chargé d'en rendre le prix, la loi donne à la femme pour garantie de leur restitution, une hypothéque (1) sur les biens propres du mari, moyennant l'inscription au bureau du conservateur, en conformité de l'article XXI chapitre VI de la loi du 11 brumaire an VII (2). Cette hypothéque remonte à la date de leur traité (3) de mariage, s'il y en a un, ou au jour de sa célébration, s'il n'y a eu aucun contrat préalable, lors même que les biens ou deniers dotaux seraient arrivés à la femme postérieurement (4) à ces époques.

Bien plus : le beau-père qui a consenti au mariage de son fils, devient souvent caution pour la restitution de la dot de sa belle-fille : & dans plusieurs cas ses biens sont hypothéqués à même date que ceux du fils pour la sureté des droits de la femme de celui-ci ; sur quoi il faut distinguer plusieurs hypothèses.

---

(1) L. unicâ. §. 1. cod. de rei uxoriæ actione. lib. 5. tit. 13.

(2) Bult. 238. n.° des lois 2137.

(3) L. 1. ff. qui potior. in pignor. lib. 20. tit. 4.

(4) L. 8. in fine cod. de jure dotium. lib. 5. tit. 12. L. 26. §. 2. in fine ff. de pactis dotalibus. lib. 23. tit. 4. et Novel. 97. cap. 2.

1.º Si le père a non-seulement consenti au mariage de son fils, mais qu'il ait encore autorisé ce dernier à recevoir le paiement de la dot de son épouse, il en est caution pour le tout; & la belle-fille ou ses héritiers, après avoir discuté les biens provenans du fils, sont en droit d'obtenir le recouvrement entier de la dot, sur les biens du beau-père.

2.º Si le beau-père qui a consenti au mariage de son fils ne l'a pas autorisé à recevoir le paiement de la dot de sa femme, mais qu'il l'ait mis en possession d'un pécule, ou lui ait donné en jouissance un avancement d'hoirie, la femme ou ses héritiers ont droit de se faire rembourser, sur ce pécule ou cet avancement d'hoirie, autant qu'il peut s'étendre.

3.º Dans le cas où le beau-père qui a autorisé le mariage & n'a pas autorisé le fils à recevoir le paiement de la dot, en aurait cependant profité, la femme ou ses héritiers, sont fondés à lui faire restituer le montant de ce qui en aurait tourné à son profit (1).

Il faut observer que l'hypothéque tacite, que la loi donne à la femme dans les cas, & de la manière qu'on vient d'expliquer, étant un

_____

(1) Voyez pour tous ces cas les lois 22. §. 12. et L. 53. ff. *soluto matrimonio.* lib. 24. tit. 3.

privilége purement personnel, introduit pour elle-seule, & les bénéfices de cette nature ne passant (1) pas au-delà des personnes auxquelles ils sont accordés, la femme ne le transmettrait (2) pas à ses héritiers, si elle mourait sans avoir intenté sa demande (3); pourquoi il est plus utile d'avoir un assignat conventionnel dont l'effet est transmissible.

## §. VII.

### *De la liquidation de la communauté conjugale.*

La dissolution du contrat matrimonial peut arriver de deux manières : ou par la mort d'un des époux, ou par le divorce légalement prononcé entre eux. Ce double mode entraîne des conséquences qu'il ne faut pas confondre dans la liquidation de la société (4).

Si le mariage est dissout par la mort d'un des époux, la femme ou ses héritiers sont aussitôt & de plein droit, saisis (5) des biens dotaux

---

( 1 ) LL. 68, 151 et 156. ff. *de regulis juris.*

( 2 ) L. *unicà* cod. *de privilegio dotis.* lib. 7. tit. 74.

( 3 ) L. 13. §. 3. ff. *de fundo dotali.* lib. 23. tit. 5.

(4) Nous exposerons dans le chapitre du divorce, les régles d'après lesquelles on doit liquider les intérêts pécuniaires des époux.

(5) Art. XV et XVI de la coutume. tit. II.

qui existent en nature, & même la femme des
assignaux spécialement hypothéqués pour la
sureté de ceux qui ont passé dans le domaine
du mari : la loi lui livre ce gage pour en jouir
jusqu'au remboursement de sa dot, & elle transmet ce droit à ses héritiers ; mais seulement
lorsque, par le fait, elle s'en est fait investir,
ou qu'elle en a intenté la demande ; parce
qu'ici, comme dans l'hypothèque tacite de la
dot, c'est un privilège personnel qui ne passe
aux héritiers, que quand le défunt a réellement & de fait été saisi, ou qu'en intentant
l'action, il l'a perpétuée.

Il résulte de-là deux conséquences :

*La première :* qu'aussitôt après la dissolution
du mariage, les intérêts de la dot sont dus,
puisque la femme est en droit de percevoir con-
pensatoirement les fruits de son assignat, jusqu'à ce que restitution lui en soit faite : d'ailleurs comme le mari a pu les exiger avant
le paiement, la réciprocité est dûe à la femme
ou à ses héritiers, lorsqu'ils sont à l'attente du
remboursement.

*La seconde :* que quoique la femme ne soit
en possession de son assignat que comme du
gage de sa dot, si cette jouissance excède la
valeur des intérêts, elle ne doit pas rendre
le surplus ni l'imputer sur le sort principal,

puisque

puisque, suivant la loi, elle en fait les fruits siens : comme aussi elle ne pourrait demander l'excédant des intérêts dans le cas contraire, après avoir adopté cette jouissance pour mode de compensation.

La société conjugale n'est pas en tout semblable aux autres associations dans lesquelles nul associé n'a d'empire ni de prépondérance sur les autres, qu'autant que ceux-ci y ont consenti : la femme au contraire, reçoit des mains de la loi un chef dont elle ne peut se dégager, & au pouvoir absolu duquel leur administration commune est confiée. Si elle n'avait que les secours ordinaires des autres associés, elle courrait souvent les risques de se voir ruiner sans qu'on pût lui imputer la moindre faute.

La justice demande donc quelque chose de plus pour elle, & la loi lui présente ce remède ainsi qu'à ses héritiers, dans la faculté qu'elle leur donne de renoncer à la communauté, pour s'en tenir aux simples droits matrimoniaux, résultans de ses apports & des libéralités maritales : c'est ainsi qu'elle tâche de prévenir les abus d'autorité de la part du mari, en provoquant sur sa seule tête, les suites d'une mauvaise administration.

La femme ou ses héritiers peuvent donc

renoncer à la société conjugale après la dissolution du mariage; mais comme cette renonciation ne doit pas être faite légérement, la loi leur accorde un délai de trois mois depuis l'ouverture de la succession, pour faire inventaire; & en outre quarante jours pour délibérer: ce n'est qu'au bout de ce double intervalle, qu'on peut les forcer à s'expliquer ( 1 ).

Cette renonciation peut être faite par une déclaration consignée au greffe du tribunal dans l'arrondissement duquel la succession a été ouverte, ou par tout autre acte authentiquement notifié, au mari ou à ses héritiers.

L'acceptation de la communauté peut être aussi faite expressément par acte notifié, ou tacitement, lorsque par le fait, la femme ou ses héritiers s'entremettent dans la jouissance & possession des effets dépendans de la communauté.

---

( 1 ) Voyez l'art. V tit. VII de l'ordonnance de 1667.

Suivant l'ancienne coutume, la femme, présente au domicile mortuaire du mari, était obligée de s'expliquer avant que le corps du défunt fût inhumé; et si elle était absente, elle n'avait que vingt-quatre heures dès le moment qu'on lui avait notifié le décès; mais l'ordonnance civile a abrogé cette disposition trop rigoureuse.

A l'égard de l'acceptation tacite, il faut remarquer soigneusement qu'on ne doit pas la faire résulter de simples faits matériels: mais de l'intention (1) qui en aurait été le principe: il est nécessaire que les faits sur lesquels on veut la fonder, soient naturellement déclaratifs de la volonté d'accepter, parce que nul ne peut contracter, sans donner son consentement au contrat.

Celui à qui l'on impute un fait de cette espèce, doit avoir agi en connaissance (2) de cause, en qualité de communier & à titre de maître (3); comme si la femme ou ses héritiers s'entremettaient dans la culture d'un fonds acquis durant le mariage & connu pour tel, ou s'ils payaient (4) en tout ou en partie, les dettes contractées durant la société conjugale.

Il en serait par conséquent autrement, si la veuve était simplement restée dans la maison maritale après le décès du mari, & qu'elle y eût vécu sur les provisions communes, parce qu'elle a droit, même en renonçant à la communauté, de recevoir des alimens jusqu'à ce qu'on l'ait remboursée de ses apports.

_____

(1) *Magis est animi quàm facti.* L. 20. §. 1. ff. *de acquir. hæred.* lib. 29. tit. 2.

(2) L. 20. ff. *eodem.*

(3) L. 22. ff. *eodem.*

(4) L. 2. cod. *de jure deliberandi.* lib. 6. tit. 30.

Si elle avait emporté ses habits & autres effets nécessaires à l'usage de sa personne.

Si elle ou ses héritiers avaient acquitté quelques charges pour cause de piété ou d'humanité ( 1 ).

S'ils avaient simplement pourvu à la garde ou conservation des biens dépendans de la communauté : dans ces cas & autres semblables, l'on ne pourrait en induire une acceptation, puisque ces faits auraient un autre principe, dans l'intention de leur auteur.

Mais si la veuve avait recélé ou détourné à son profit, soit par elle même ou par autrui, des effets communs, la loi punit ( 2 ) sa mauvaise foi en la soumettant aux charges de la communauté & lui ôtant le droit d'y renoncer : & quand elle serait mineure, elle ne pourrrait se soustraire à cette punition, à moins qu'il n'y eût des circonstances atténuantes , capables de lui mériter le bénéfice de la restitution en entier ( 3 ): mais dans tous les cas, elle demeure privée ( 4 ) de sa part dans l'objet recélé.

---

( 1 ) *Pietatis vel custodiæ causa.* D. L. 20. ff. *de acquirend. hæred.* lib. 29. tit. 2.

( 2 ) Art. XIX. tit. II. de la coutume.

( 3 ) L. 1. cod. *si adversùs delictum.* lib. 2. tit. 35.

(4) L. 48. ff. *ad senatus-consult. trebellian.* lib. 36. tit. 1. *Voyez* Furgol. tom. 1. pag. 613. et 614.

Dunod croit que cette punition doit avoir lieu lors même que le recélé serait postérieur à la renonciation de la femme, s'il avait été commis dans un court intervalle.

Si la femme ou ses héritiers sont mineurs & qu'ils aient accepté une communauté onéreuse, ou que par légéreté, ils en aient refusé une opulente : dans l'un & l'autre cas, la loi leur accorde ( 1 ) le bénéfice de la restitution en entier.

L'acceptation & la renonciation entraînent des conséquences contraires, qu'il faut examiner séparément.

La femme ou ses héritiers, en acceptant la communauté conjugale, se trouvent, de plein droit, investis pour leur part, soit de l'actif ou des biens, soit du passif ou des dettes qui la composent ( 2 ).

En ce qui concerne l'actif; si la communauté est fructueuse, la femme commence à prélever sur la valeur des acquêts, le montant de ses apports matrimoniaux; le mari préleve ensuite, & de même, ce qu'il a pu y conférer

---

(1) L. 44. ff. *de minor. viginti-quinque annis.* lib 4. tit. 4. — L. 8. cod. *de in integr. restit. min.* lib. 2. tit. 22.

(2) L. 22. §. 1. cod. *de jure deliberandi.* lib. 6. tit. 30.

de son côté ; & ce n'est qu'après ce double prélevement qu'on partage le gain s'il y en a, parce que, dans toute société, il ne peut être question de profit, qu'après déduction faite des mises des associés.

Si le prélevement des apports de la femme absorbe tous les acquêts, il n'y en a plus à faire de la part du mari, ni de bénéfices à partager.

S'ils ne suffisent pas pour la remplir de ses droits, elle est pourvue pour ce qui lui manque, sur les propres du mari, parce que comme c'est lui seul qui a administré en maître, c'est à lui à rendre compte de tout ce qu'on lui avait confié.

Il faut cependant observer, que si le mari ou ses enfans étaient dans l'extrême indigence, & que la femme ou ses héritiers n'éprouvassent pas les mêmes besoins, ceux-ci seraient obligés de leur laisser de quoi subsister (1) & c'est ce qu'on appelle en droit, le bénéfice de compétence, dont nous avons parlé au §. 2. du chapitre XIV.

En ce qui concerne le passif, ou les dettes de la communauté, la femme ou ses héritiers, par leur acceptation, forment un quasi-contrat

---

(1) L. 20. ff. *de jure dotium.* — L. 12. ff. *soluto matrimonio.* — L. 173. ff. *de regulis juris.*

par lequel ils donnent aux créanciers contre eux une action directe, & se soumettent à leur paiement, pour moitié, lors même qu'ils ne pourraient participer qu'à une seule espèce d'acquêts.

Comme ces dettes, en ce qui concerne les époux, portent d'abord sur les acquêts en masse, toutes ont cela de commun, que la femme ou ses héritiers sont obligés d'en supporter la moitié sans recours, jusqu'à l'épuisement, s'il est nécessaire, de leur portion d'acquisitions.

Mais sous d'autres rapports, il faut distinguer les dettes contractées par le mari seul, de celles contractées par l'épouse conjointement avec lui.

Quand c'est le mari seul qui a contracté, il faut remarquer 1.° qu'alors les créanciers s'en sont rapportés à sa foi seule, & indépendamment de sa femme.

D'où il résulte, qu'ils peuvent l'attaquer ou ses héritiers directement pour le tout, sauf le recours contre la femme ou ses héritiers pour leur part.

2.° Que le mari n'a jamais pu, sans la participation de son épouse, aliéner ni hypothéquer les biens dotaux de celle-ci.

D'où il résulte que, s'il y a eu inventaire empêchant toute présomption de fraude, les créanciers ne peuvent jamais, dans ce cas, attaquer la dot de la femme, & que celle-ci, quoique commune en biens, peut revendiquer ses fonds vendus par le mari, en supportant sa part de la restitution du prix.

3.° Que comme maître des acquêts, le mari a pu les aliéner & les hypothéquer, & qu'en acceptant la communauté, l'épouse ou ses héritiers ne sont pas devenus solidaires du mari; mais seulement ses co.débiteurs suivant l'étendue des acquêts, qui sont les seuls biens que le mari ait pu obliger au préjudice de la femme & sans sa participation.

D'où il résulte, que les créanciers de cette espèce ne pourraient jamais, dans le droit, actionner la femme au-delà de sa part des acquêts, si dans le fait, elle s'était garantie par un bon & légal inventaire; mais qu'ils peuvent, en cette concurrence, diriger directement leurs actions contre elle. Et alors, ou c'est par action personnelle, ou c'est par action réelle qu'ils se pourvoient.

Si c'est par action personnelle, ils ne peuvent demander que la moitié, puisqu'il n'y a pas de solidité, & ne peuvent la forcer au-delà de sa part d'acquêts.

Si c'est par action réelle : comme l'hypothèque est, par sa nature, indivisible, ils peuvent

attaquer

attaquer l'immeuble pour le tout; & la femme ou ses héritiers peuvent, à leur tour, se reverser sur le mari ou ses héritiers, pour la moitié.

Quand il est question de dettes contractées par la femme concurremment avec son mari, alors ses biens dotaux sont obligés envers les créanciers, sans qu'il soit besoin de renoncer au Sénatus-consulte *Velléien* ( 1 ); & si l'on a stipulé la solidité ou que les créanciers se pour-voient par action réelle, ils peuvent forcer la femme ou ses héritiers au paiement du tout, sauf le recours de ceux-ci sur les biens du mari, pour la moitié.

Mais il ne faut pas confondre ici les droits & obligations de la femme envers les créanciers pour lesquels elle a expressement contracté, avec ceux qu'elle peut exercer contre les biens du mari ou les créanciers de celui-ci.

Pour saisir le principe qui les différencie, rappelons encore que si sa qualité de maître de la communauté donne au mari le droit d'engager les acquêts, sa qualité de gardien de la dot l'en rend essentiellement responsable, & l'oblige dans tous les cas, à la rendre en nature ou en valeur; obligation dont la femme

_____

( 1 ) Édit du mois de novembre 1703, tom. 2. du recueil, pag. 219.

elle - même ne pourrait le dégager , parce
qu'elle lui ferait un don qui serait contraire
à la loi.

Il suit de-là , que quand pour soutenir
la société conjugale , le mari autorise sa
femme à engager tout ou partie de ses biens
dotaux, l'intervention de cette dernière n'est
utile que pour la sureté du créancier, & que
le mari n'étant & ne pouvant être libéré de
ses obligations & restitution d'apports envers
son épouse, celle-ci n'est, à proprement parler,
que la caution de l'engagement, & qu'elle ou
ses héritiers ont toujours un recours ouvert
sur les biens du mari pour le montant de l'obligation qui frappe & s'exécute sur les biens
dotaux, après avoir épuisé les acquêts s'il y
en a.

Par conséquent, si la femme autorisée de son
mari avait vendu un fonds à elle appartenant,
quoiqu'elle ne serait pas recevable à en évincer
l'acquéreur, elle ou ses héritiers pourraient
en répéter le prix sur les biens du mari, après
l'épuisement des acquêts, s'il n'était pas prouvé
que ce prix eût été converti à l'avantage particulier de la femme, parce qu'eu égard à l'autorité maritale, on le présumerait confondu dans
la communauté.

Comment doit-on faire la liquidation des fruits

pendans par racine, sur les fonds des époux, lors de la dissolution de la communauté conjugale?

Suivant le droit Romain, la femme ne peut rien avoir à prétendre sur les fruits provenans ou à provenir des biens du mari, puisqu'au contraire celui-ci perçoit pour lui seul ceux de la dot, sans les considérer comme appartenans à la société, puisque dans cette espèce de législation, il n'y en a point entre les époux.

Et comme les fruits de la dot lui sont accordés pour soutenir les charges du mariage: lorsqu'il vient à être dissout, tandis qu'ils sont encore pendans par racines, il est considéré comme un usufruitier onéreux, & les recueille en conséquence, dans une partie proportionnelle aux mois ou jours de l'année qui se sont écoulés, depuis celui qui correspond à l'époque de la célébration du mariage (1). C'est-à-dire, que si le mariage avait été contracté le premier vendémiaire, & qu'il vînt à être dissout le premier pluviôse, le mari aurait droit au tiers des fruits pendans par racines en l'année de la dissolution, parce qu'il se serait réellement écoulé le tiers de cette année depuis.

_____

(1) L. 7. §§. 1. 2. & 3. ff. _soluto matrimonió_ lib. 24. tit. 3.

le jour correspondant à l'anniversaire du contrat.

Mais ce principe du droit écrit ne peut être
exécuté parmi nous, à cause de la société coutumiere des époux.

On les considère donc comme associés, c'est-
à-dire, que la société étant dissoute, les fruits
pendans par racine sur les fonds anciens des
époux, suivent la condition des héritages dont
ils font partie, & appartiennent à celui d'entre
eux qui a le domaine du fonds, sauf de part
& d'autre, le remboursement des frais de culture & de semence, au profit de la communauté qui les avait supportés.

# CHAPITRE XVI.

## Du Douaire.

LE douaire, dans son institution, appartient au droit coutumier.

Il consiste dans une jouissance à vie, que la loi accorde à la veuve sur les biens du mari après son décès.

Le douaire considéré soit dans sa cause constituante, soit dans ses motifs, ne doit point être regardé comme une pure libéralité du mari.

*Dans sa cause constituante ;* parce qu'étant un don de la loi, ce n'est plus une simple libéralité de l'homme.

*Dans ses motifs* ; parce qu'il est accordé en recompense de la jouissance de la dot & des services de la femme.

La loi du 17 nivôse an II, portant art. 13, que „ les avantages singuliers ou réciproques „ stipulés entre les époux encore existans, soit „ par leur contrat de mariage, soit par des „ actes postérieurs, ou qui se trouveraient „ établis dans certains lieux, *par les coutumes* „ *statuts ou usages*, auront leur plein & entier „ effet, „ il en résulte que notre ancienne législation sur le douaire, n'est point abolie par les lois nouvelles.

„ Néanmoins, ajoute cet article, s'il y a des
„ enfans de leur union ou d'un précédent
„ mariage, ces avantages, au cas qu'ils con-
„ sistent en simple jouissance, ne pourront
„ s'élever au-delà de moitié du revenu des
„ biens délaissés par l'époux décédé; & s'ils
„ consistent en des dispositions de propriété,
„ soit mobiliaire, soit immobiliaire, ils seront
„ restraints à l'usufruit des choses qui en seront
„ l'objet, sans qu'ils puissent excéder la moitié
„ du revenu de la totalité des biens. „

C'est-à-dire, que le douaire ne peut jamais
excéder la moitié du revenu de la succession
du mari, s'il a laissé des enfans.

On distingue deux espèces de douaire : l'un
qu'on appelle douaire *préfix* ou *divis*, & l'autre
douaire *coutumier*.

Le douaire préfix ou divis, est celui qui a
été fixé par une stipulation expresse dans le
traité nuptial, de la part des époux, qui ont
préféré le déterminer à un objet fixe, plutôt
que de s'en rapporter à la disposition coutumière.

Il peut être ainsi abonné, soit en usufruit
ou jouissance de fonds, soit en propriétés
foncières ou capitaux une fois délivrés, soit
en quotité de revenus annuels ou intérêts pécuniaires, sauf la réduction prescrite, en cas

d'existence d'enfans, par la loi qu'on vient de citer; parce que nulle loi prohibitive n'interdit parmi nous ces sortes de conventions?

Le douaire coutumier est celui qui résulte simplement des dispositious de la coutume à laquelle les parties n'ont pas voulu déroger par leur traité de mariage.

Les différentes coutumes ne sont point uniformes sur la quotité du douaire qu'elles accordent à la veuve. Celle de la ci-devant Franche-Comté porte que la femme *est douée à la tierce partie de sa dot & mariage à vie* ( 1 ). C'est-à-dire que le douaire équivaut parmi nous au tiers de la dot, & que par sa nature, il ne consiste qu'en usufruit.

Suivant la jurisprudence attestée par Dunod(2), on entend ici par dot, ce qui a été promis de fixe & de certain à l'épouse, & nullement de ce qu'elle peut attendre & espérer de ses père & mère ou d'autres, & qui était encore incertain au temps du traité de mariage; ensorte que la femme qui aurait été mariée sans biens échus, ni dot déterminée, soit dans le prin-

---

(1) Art. III. tit. II. de la coutume.

Entre les ci-devant nobles, le douaire était de la moitié des héritages du mari.

(2) Pag. 354. n.º 10. et 11. en ses observations.

cipe, soit par augmentation postérieure, ne pourrait prendre son douaire que sur l'estimation de son trousseau.

De ce que suivant notre ancienne loi municipale, le douaire est correspondant à la dot de la femme, il en résulte que la dot elle-même doit être effective, pour que le douaire coutumier soit dû.

En conséquence, si c'était l'épouse elle-même qui se fût constitué sa dot & qu'elle fût insolvable, elle n'aurait pas droit de demander un douaire coutumier; mais si c'était un autre qui l'eût dotée, que le mari eût négligé de se faire payer, & que le débiteur fût, par la suite, devenu insolvable, le douaire n'en serait pas moins dû, parce qu'il suffit qu'il ait été revêtu d'une action effective, pour obtenir paiement (1).

Quant au douaire préfix, il serait dû nonobstant l'insolvabilité de celui qui aurait promis la dot, chaque fois qu'on pourrait imputer au mari d'avoir eu connaissance de cet état d'insolvabilité, malgré lequel il aurait promis ce douaire; parce que rien n'empêche d'en accorder un à la femme qui n'aurait rien.

Le douaire est donc acquis à la veuve, ou

_____

(1) L. 15. ff. *de regulis juris.*

par stipulation expresse, lorsqu'il a été fixé dans les traités de mariage, ou par convention tacite, lorsque les parties s'en sont rapportées à la disposition coutumiere, qui a disposé pour elles.

Dans ce second cas, il est dû par convention tacite, parce qu'il est une dépendance que la loi attache au contrat de mariage, & que, dans tout contrat, les traitans sont censés suivre l'usage & la coutume (1) des citoyens avec lesquels ils vivent.

De-là il résulte plusieurs conséquences :

*La première :* Que c'est la loi du domicile matrimonial qu'on doit prendre pour fixer le montant du douaire, parce que les époux doivent être regardés comme ayant voulu ce que détermine la loi sous l'empire de laquelle ils se sont proposé de vivre avec les autres domiciliés.

*La seconde :* Que comme le douaire, même coutumier, est dû par la convention tacite du mari qui est censé avoir contracté suivant l'esprit de la loi, & qu'une obligation tacite (2) a

_____

(1) L. 31. §. 20. ff. *de ædilitio edicto.* lib. 21. tit. 1. L. 1. §. 15. ff. *de inspiciendo ventre.* lib. 25. tit. 4. et L. 34. ff. *de regulis juris.*

(2) L. 2. ff. *de pactis.* lib. 2. tit. 14. — L. 1, cod. *de filiis familias.* lib. 10. tit. 60.

autant de force & d'étendue qu'une obligation expresse, il peut être pris même sur ses biens situés hors de l'empire de la loi sous laquelle le mariage aurait été célébré ; ensorte qu'il ne faut pas confondre, en ce cas, le statut du douaire, quoique réel dans son espèce, avec les cas où les statuts de ce genre, disposant des biens sans aucun fait de l'homme, ne peuvent étendre leurs effets au-delà de leur ressort ( 1 ).

*La troisième :* Que le douaire préfix étant l'image du coutumier : s'il était fixé à une somme considérable, qu'on n'eût point exprimé qu'elle céderait en propre à la femme, & qu'il n'y eût aucune autre circonstance qui en qualifiât la concession, on présumerait qu'elle ne fut accordée qu'en usufruit, & les héritiers du mari seraient fondés à en demander la restitution après le décès de la douairière, parce que les parties seraient censées avoir suivi l'esprit de la loi qui n'accorde le douaire qu'en usufruit. Mais il faudrait décider autrement ( 2 ), si la somme promise par un abonnement était

─────────────

( 1 ) Voyez les principes établis sur cette matière dans les pages 130, 131, 146 & suivantes de ce traité.

( 2 ) Voyez la décision 113. de Grivel.

stipulée propre à la femme ; si elle était modique relativement au tiers de la dot, & si en se servant des termes, *pour une fois payée seulement* & autres équivalens, les parties avaient suffisamment donné à entendre qu'elles ne voulurent simplement abonner que les fruits & revenus du douaire par un seul paiement ( 1 ).

Comme d'une part, la femme est d'après la coutume, *douée à la tierce partie de sa dot*, & que d'autre côté, suivant la loi, *après le trépas de son mari, elle demeure saisie de son douaire coutumier ou divis* ( 2 ), il en résulte :

1.° Que si la dot de la femme consistait en fonds, & que le mari en eut laissé dans sa succession, on doit lui en remettre à titre de jouissance, une quantité égale au tiers de ceux de sa dot.

2.° Que dans le cas où la dot aurait été constituée en argent, les héritiers du mari seraient obligés de compter à la veuve une somme équivalente au tiers de celle constituée en dot, pour en jouir comme elle le trouverait convenir, & qu'il ne suffirait pas de lui en

_____

(1) C'est encore ici un article sur lequel les notaires doivent soigneusement étudier leurs expressions, pour ne rien laisser d'équivoque sur l'intention des parties.

(2) Art. XVI. tit. II. de la coutume.

offrir l'intérêt annuel, parce que , pour être
saisi d'une chose, il faut l'avoir en son pouvoir ,
& que d'ailleurs l'usufruitier acquiert la propriété de celles qui sont consomptibles par
l'usage, tel que l'argent ; mais alors la veuve
serait obligée à fournir caution ( 1 ) fidéjussoire ,
pour la restitution de la somme, à l'expiration
du douaire.

3.º Que la femme étant saisie par l'empire
de la loi, les revenus ou intérêts du douaire
lui sont dûs dès la mort du mari, même avant
la demande en justice.

Le douaire étant une récompense de la dot
& des services de la femme, la jurisprudence
lui accorde les mêmes privilèges & hypothèques sur les biens du mari & du beau-père,
pour la sureté du douaire que pour celle
de la dot dont il est une dépendance ; mais
cette décision ne doit être appliquée contre
le beau-père de l'épouse, dans le cas du douaire
préfix, qu'en tant qu'il n'excéderait pas le
coutumier, & non pour la portion excédante,
qu'on peut regarder plutôt comme libéralité
du mari.

La veuve répète , en général, son douaire
contre les héritiers du mari ; mais si celui-ci

---

(1) L. 2. *in princip.* L. 4. et L. 7. ff. *de usufructu
earum rerum.* lib. 7. tit. 5.

avait laissé des enfans de plusieurs lits, c'est seulement à la charge de ceux qui seraient nés d'elle, s'il y en avait, qu'elle pourrait en former la demande ( 1 ), soit parce qu'ils doivent plus spécialement être soumis aux charges résultantes du mariage dont ils sont issus, soit parce qu'ils sont seuls obligés aux alimens & secours nécessaires à leurs mères• Mais si elle n'avait pas eu d'enfans de son mari, le douaire serait dû par ceux qu'il aurait laissés d'un autre lit.

Dunod a prétendu que cette disposition coutumière ne devait pas être étendue au cas où il s'agirait du douaire préfix, parce que, dit-il, étant alors dû par action personnelle, en vertu d'une convention qui lie tous les héritiers indistinctement, on ne doit plus faire de distinction entre eux, ensorte que tous doivent être soumis à la charge promise par le père, que tous représentent dans sa succession.

Mais il faut remarquer, comme nous l'avons déjà dit, que le douaire préfix n'étant que l'image du coutumier, leur cause est absolument la même; l'un n'est que l'abonnement de l'autre : le mari doit, dans ce cas, par stipu-

_____

(1) Art. XVII. tit. II. de la coutume.

lation expresse, ce qu'il devrait dans l'autre par convention tacite ; d'où il résulte que la décision de Dunod n'est soutenable en principe, que lorsque le douaire préfix excéderait le coutumier, & seulement pour la portion excédante.

Le douaire consistant en usufruit, l'épouse qui en jouit est soumise aux charges ordinaires de réparations & entretiens qui pèsent sur les usufruitiers.

La femme est privée du droit de l'obtenir un jour, lorsqu'elle est convaincue d'adultère (1), ensuite d'accusation intentée par le mari lui-même (2).

La veuve en est déchue (3), si elle a déshonoré la mémoire de son époux en se livrant à la débauche pendant l'année de son deuil.

---

(1) *Argumentum ex* L. 3o. cod. *ad legem juliam de adulteriis et stupro,* lib. 9. tit. 9. *et* Novel. 134. *cap.* 10.

(2) L. 26. ff. *ad legem juliam de adulteriis.* lib. 48. tit. 5.

(3) *Argumentum ex* L. 2. cod. *de secundis nuptiis.* lib. 5. tit. 9. *et ex* Novel. 39. *cap.* 2.

# CHAPITRE XVII.

## Des Joyaux.

ON entend par joyaux, proprement dit, des effets destinés principalement à servir d'ornemens à l'épouse, & qui lui sont donnés à titre de présent, par le futur époux, après le mariage conclu, mais avant sa célébration ; tels que les bagues, colliers & autres meubles d'agrémens.

Il n'en est pas des joyaux comme du douaire : si le futur n'en a point donné, la coutume n'accorde rien à l'épouse pour cet objet.

Les joyaux sont une pure libéralité, puisque c'est l'homme & non la loi qui les accorde, & qu'étant précédens au mariage, ils ne peuvent être regardés comme une récompense des services de l'épouse.

Ils sont acquis en toute propriété à la femme, & lui appartiennent comme ses apports mêmes, puisqu'ils lui sont donnés avant le mariage.

Outre les bagues ou autres ornemens dont le futur veut orner les graces de son épouse, il est souvent d'usage de lui accorder encore une somme pour joyaux, dans le traité de mariage ; laquelle lui cède aussi en propre ; mais à charge de la réduction en usufruit, prescrite, en cas d'existence d'enfans, par l'art. XIII de la loi du 17 nivôse, pour toutes les libéralités matrimoniales.

Si cette somme n'a été que promise par le traité de mariage & non payée avant sa célébration, elle forme une dette du mari envers l'épouse, laquelle n'est point exigible durant la communauté : puisque, pendant ce temps, le mari retient *jure proprio*, la jouissance des biens propres de son épouse.

Lorsque le mari a fait présent de bagues ou autres effets à son épouse, & qu'en outre il lui a promis une somme pour joyaux, dans leur traité de mariage, Dunod pense, que le cas arrivant où la femme exige la somme promise, on doit lui imputer en déduction la valeur des objets qui lui avaient déjà été livrés en nature; mais les principes résistent à cette décision : car où il y a deux titres & deux objets différens, on en doit cumuler les deux avantages ; & la promesse consignée dans le contrat, ayant été faite outre & indépendamment des meubles dont il avait fait présent auparavant, ce serait aller contre l'intention des parties & reprendre ce qui avait été donné, que de l'imputer lorsqu'il ne fut pas déclaré imputable, sur la seconde donation.

De ce que les joyaux sont une pure libéralité maritale,

maritale, indépendante de la dot & des services de la femme, il en résulte trois conséquences remarquables, qui, dans leurs effets, les distinguent totalement du douaire.

*La première :* Que les biens du beau-père ne doivent point être regardés comme tacitement hypothéqués, pour la sureté du paiement des joyaux, comme pour celle du douaire, jusqu'à la concurrence coutumière.

*La seconde :* Que les intérêts de la somme promise pour joyaux ne sont dûs que dès le jour de la demande qui en aurait été faite en justice, parce qu'il s'agit ici d'un capital de pure convention, & que dans toutes conventions les intérêts ne sont dûs, avant que le débiteur soit interpellé, que quand ils ont été promis.

*La troisieme :* Que si le mari avait laissé des enfans de plusieurs lits, tous devraient concourir au paiement dû à la veuve pour ses joyaux; parce que tous indistinctement sont tenus, comme héritiers du père, à satisfaire à ses engagemens.

De ce que les joyaux deviennent propres à la femme, il en résulte, que la séparation de biens entre les époux les rend exigibles, parce qu'elle a pour effet, de remettre séparément le mari & la femme chacun dans la jouissance & possession de leurs biens propres.

Et comme la séparation de biens n'est demandée par la femme que pour cause d'inconduite administrative du mari qui se ruine, & qui pourrait l'entraîner dans sa perte, il faut observer que lors de la discussion des biens de celui-ci, l'épouse faisant valoir sa créance à la date de son traité de mariage, contre les autres créanciers du mari, doit être pourvue à leur égard, préférablement à tous les cédulaires & même aux hypothécaires dont les titres seraient postérieurs. Mais si la discussion est telle qu'il ne reste pas au mari de quoi subsister, la somme promise pour joyaux, quoique distraite au préjudice des créanciers, n'est plus, en ce cas, exigible contre le mari, qui doit en demeurer en possession, au moins jusqu'à concurrence de ce qui lui est nécessaire pour vivre, par le privilège du BÉNÉFICE DE COMPÉTENCE qui lui appartient envers son épouse, ainsi qu'on l'a expliqué en d'autres endroits de ce traité.

# CHAPITRE XVIII.

### De la séparation de biens entre Époux.

LA séparation de biens entre époux, consiste dans l'exercice du droit qui appartient à la femme de rentrer dans l'administration & la jouissance de ses biens, que le mauvais état des affaires du mari mettrait en péril entre ses mains.

L'ancien mode de séparation de corps fut aboli en France par l'article VII. du §. I. de la loi du 20 septembre 1792, qui y substitua l'institution du divorce; mais cette loi ni aucun autre décret, n'ayant rien prononcé sur les séparations de biens entre époux, l'ancienne jurisprudence subsiste toute entière à cet égard.

Quelles sont les causes de la séparation de biens ?

Quelle est la manière d'y parvenir ?

Quels en sont les effets ?

Telles sont les trois questions qui se présentent ici à examiner.

## §. I.er

### Des causes de la séparation de biens entre Époux.

Le mari, comme nous l'avons vu, acquiert par le mariage, le domaine civil de la dot, il en perçoit les fruits & revenus destinés à supporter les charges de l'union conjugale; mais il ne peut ni l'aliéner, ni la dissiper, & il en est comptable lors de la dissolution de la communauté.

De-là il résulte, que quand les affaires du mari sont en mauvais état, au point de le rendre incapable de supporter les charges du mariage & de mettre la dot de sa femme en péril, la fin pour laquelle il l'avait reçue, manquant, la femme doit se retrouver en droit de rentrer dans la jouissance de ses apports, & la loi (1) lui accorde ce moyen de pourvoir à leur sureté.

Quelques auteurs ont prétendu que pour que la femme fût fondée à demander sa séparation de biens, il était nécessaire que le délabrement des affaires du mari fût imputable à sa mauvaise administration, & non à des événemens qu'il n'aurait pu prévenir; mais il est plus conforme aux principes de justice d'admettre l'épouse à l'exercice de ce droit, indistinctement chaque fois que ses biens sont en péril, puisque les motifs de sa séparation

---

(1) L. 24. *in princip.* et L. 22. §. 8. ff. *soluto matrimonio.* lib. 24. tit. 3. et L. 30. *in fine.* cod. *de jure dotium.* lib. 5. tit. 12.

sont absolument lés mêmes pour elle, & que les lois qui pourvoient à la sureté de sa dot ne renferment point cette distinction.

## §. I I.

### *Sur la manière dont on se pourvoit pour obtenir la séparation de biens.*

La femme qui veut parvenir à une séparation de biens doit se pourvoir par pétition présentée au tribunal du domicile du mari; lui exposer le mauvais état des affaires de celui-ci, & les dangers qu'elle court pour la perte de sa dot; & conclure en conséquence à être autorisée à le citer dans les formes ordinaires, ainsi qu'à faire preuve, au besoin, tant par titres que par témoins, des faits par elle avancés.

Si elle est mineure, on doit en préalable lui faire décerner un curateur.

Elle commence ordinairement par renoncer à la communauté, parce que si elle la regardait comme fructueuse, & qu'elle ne voulût pas y renoncer, ce serait, par son aveu, détruire les motifs de sa demande; car on pourrait lui répondre que sa dot ne peut être en péril, tant que la communauté est avantageuse.

Cependant il est des cas extraordinaires, où la jurisprudence a sagement admis des femmes à intenter l'action en séparation de biens, quoiqu'elles se réservassent d'accepter la communauté, ou d'y renoncer après que l'inventaire serait fait. ,, Qu'un mari, par exemple, dit ,, le citoyen Merlin, tome. XVI. page 220 ,, col. 2 du répertoire, après avoir administré ,, longtemps avec sagesse, change tout-à-coup ,, de conduite & se livre à la dissipation, on ,, n'obligera certainement pas la femme d'atten- ,, dre, pour se faire séparer, que la commu- ,, nauté soit entièrement ruinée ; on ne la ,, contraindra pas non plus de renoncer à une ,, communauté qui est encore bonne, & qui ,, ne l'est devenue que par la collaboration ,, commune : il faudra donc nécessairement ,, l'admettre au partage. ,,

Cette opinion serait sur-tout équitable dans le cas où le mari n'ayant pas des propres capables de répondre de la dot, il faudrait rejetter entièrement ou en grande partie, la sureté des reprises de la femme, sur les acquêts de communauté ; car comme on n'attendrait (1) pas à accueillir la demande en séparation, que le mari eût aliéné tous ses propres, quand il en a, de même on ne doit point attendre

---

(1) Novel. 97. *cap.* 6. et L. 5. *in fine.* cod. *in quibus causis in integrum.* lib. 2. tit. 41.

qu'il ait dissipé toutes les acquisitions, quand c'est principalement sur elles que la femme peut compter pour ses reprises. Mais si l'on ne peut rejetter sa demande quoique la communauté renferme encore des acquêts, dont l'étendue comparée, soit aux droits de l'épouse, soit aux autres dettes du mari, n'est ni déterminée ni connue dès le principe; comment pourrait-on équitablement exiger qu'elle commençât par renoncer à sa portion de l'actif qui pourait peut-être se trouver encore après la liquidation des créances, ou après que l'inventaire aurait été fait sur le tout?

Comme l'instance en séparation ouvre une espèce de discussion ( 1 ) sur les biens du mari, dans laquelle les créanciers de celui-ci ont des droits à faire valoir: que d'ailleurs la femme renonçant ordinairement à la communauté, pourrait commettre des fraudes qui leur seraient préjudiciables, il est d'usage parmi nous, de les citer à personne ou à domicile, pour ceux qui sont connus, & à voix de cri public pour ceux qui ne le sont pas ( 2 ); & ils doivent être appellés dès le principe, pour comparaître à

_____

(1) L. 29. cod. de jure dotium. lib. 5. tit. 12.

(2) Voyez les art. III, VII, VIII et IX du titre II de l'ordonnance de 1667.

l'inventaire, représenter leurs titres & défendre leurs droits, soit entre eux, soit contre la femme.

## §. I I I.

### Des effets de la séparation de biens entre Époux.

La séparation de biens a pour effet principal, de remettre la femme en jouissance & possession de ses propres, indépendamment de son mari, qui en est dépossédé.

Elle peut donc faire tous actes nécessaires à l'administration qui lui est rendue par la justice, sans l'autorisation maritale, puisque le mari n'a plus aucun pouvoir sur cette administration qui lui est enlevée.

Mais pour se faire une idée juste de l'étendue des droits de la femme, sous le rapport de son indépendance de l'autorité maritale, dans cette gestion : il faut remarquer que la dot, par sa nature, est essentiellement affectée aux charges du mariage, c'est-à-dire, à la nourriture & à l'entretien du mari, de la femme & des enfans, puisqu'elle ne fut dans le droit établie, ni dans le fait accordée qu'à cette fin : que la jouissance de ces mêmes biens étant rendue à la femme, ils ne font que passer des mains du mari entre les siennes, grèvés des mêmes

charges,

charges, puisqu'il n'y a que l'administration qui a changé de maître; que c'est la femme qui se trouve alors obligée à les supporter (1) sur les revenus qu'elle perçoit; d'où il résulte qu'elle n'a pas la pleine liberté d'en disposer, & que pour tout acte d'aliénation (2), elle demeure, nonobstant la séparation de biens, assujettie à l'autorisation maritale, parce que le mari, dans le cas de nécessité, conserve pour lui & ses enfans, des droits sur l'emploi de leurs revenus, dont il ne peut être dépouillé malgré lui & sans sa participation : elle ne peut pas même, d'après l'art. IX de l'ordonnance de 1731, accepter une donation qui serait faite à son profit, sans être autorisée.

Ainsi, la femme séparée de biens ne pourrait seule, régulièrement, vendre ses fonds, donner quittance des capitaux à elle dûs, ni paraître en jugement, sans être autorisée ou par son mari ou d'office, soit parce que tous ces faits excèdent les bornes de la simple administration qui lui est rendue, soit parce que l'autorité maritale tenant au droit public & étant essentiellement inhérente au mariage, le mari ne peut en être entièrement privé par

_____

(1) D. L. 29. cod. *de jure dotium*. lib. 5. tit. 12.
(2) D. L. 29. *eodem*.

la simple séparation de biens, qui n'a rien de commun avec la dissolution de l'union conjugale.

La séparation de biens rendant à la femme l'exercice de ses droits pour entrer en jouissance de ses propres, donne nécessairement ouverture à la demande en paiement des sommes promises pour joyaux, ou de toutes autres libéralités ( 1 ), parce que ces objets sont propres à l'épouse.

Il n'en est pas de même du douaire, qui n'est qu'éventuel & qui ne peut être exigible qu'après la mort du mari. Mais comme il ne peut être répété tant que dure le mariage, l'hypothèque acquise à l'épouse pour cet objet, ne peut lui être enlevée; & le temps nécessaire pour l'éteindre par la prescription, ne commence à courir que du moment où le mariage est dissous ( 2 ).

---

( 1 ) Novel. 96. *cap.* 6. §. 1.

( 2 ) L. 7. §. 4. cod. *de præscriptione* 30. *vel.* 40. *annorum.* lib. 7. tit. 39.

# CHAPITRE XIX.

## Des Secondes Nôces.

ON entend en droit, par les termes génériques de *secondes nôces*, soit du mari, ou de la femme, tout mariage qui n'est pas le premier pour celui qui le contracte, quoiqu'il y aurait déjà été plusieurs fois précédemment engagé.

Le droit écrit renferme beaucoup de dispositions sur les secondes nôces; les unes pénales, contre la veuve qui se remarierait dans l'année de son deuil, & qui non-seulement était par-là privée (1) de tous les avantages qu'elle avait reçus de son mari; mais qui encourait encore la peine d'infamie (2).

Par d'autres dispositions communes (3) aux maris & aux femmes, quand celui des époux survivant convolait à de secondes nôces, dans quelque délai que ce fût, & qu'il y avait des enfans de leur mariage, tous les biens qui lui étaient provenus du prédécédé, soit pour

_____

(1) L. 2. cod. *de secundis nuptiis*. lib. 5. tit. 9. *et* Novel. 39. *cap.* 2.

(2) L. 1. cod. *de secundis nuptiis*. lib. 5. tit. 9.

(3) Novel. 2. *cap.* 2. *in fine. et* Novel. 22. *cap.* 23.

gains acquis par leur contrat de mariage, ou dispositions entre vifs, ou à cause de mort, ou enfin par quelque autre manière que ce pût être , étaient, des le moment même de son nouveau mariage , affectés quant à la propriété, à leurs enfans communs, & il n'en conservait plus que l'usufruit ( 1 ).

Cette seconde espèce de disposition n'était point, à proprement parler , pénale contre l'époux remarié, ni portée en haîne des secondes nôces; mais seulement en faveur des enfans du premier lit, puisque , dans le cas de prédécès de tous ceux-ci, il rentrait dans tous ses droits précédens & en conservait les avantages ( 2 ).

Les peines que les Romains avaient établies contre la femme qui se remariait dans l'année du deuil, n'étaient point en usage en France (3), même avant la révolution , dans tout ce qu'elles pouvaient contenir d'infamant : en ce qui concerne la privation des libéralités maritales, la jurisprudence n'était pas par-tout uniforme.

---

(1) Voyez les lois 3. et 5. cod. *de secundis nuptiis.* lib. 5. tit. 9. — Novel. 2. *cap.* 2. *et* Novel 22. *cap.* 23. et 24.

(2) D. L. 3. *in fine.* cod. *de secundis nuptiis.* lib. 5. tit. 9.

(3) Voyez Domat, des lois civiles, livre 3. tit. 4. dans le préambule.

Dans les parlemens de Toulouse, Bordeaux, Grenoble & Aix ( 1 ), on appliquait, à quelques nuances près, la rigueur des lois Romaines, en déclarant la veuve qui avait ainsi précipité son second mariage, déchue de tous les avantages qu'elle avait reçus de son mari défunt; mais dans la plupart des autres parties de la France, & notamment parmi nous (2), les femmes remariées pendant l'année de deuil, n'étaient point privées des dons, libéralités, ou successions de leurs époux, lorsqu'elles n'avaient point d'enfans : à plus forte raison, doit-on leur conserver ces avantages dans le nouvel ordre de choses, sous lequel le mari lui-même imposerait vainement à sa veuve, la condition de ne se remarier en aucun temps.

Il n'y a qu'un seul cas où la législation Française défend les secondes nôces pendant l'année qui suit la dissolution du mariage; c'est lorsqu'il a été dissous par le divorce.

Les époux divorcés peuvent bien se remarier ensemble sans délai ; mais ils ne peuvent le

----

(1) Voyez dans le répertoire, au mot *secondes nôces.*

(2) Voyez dans Dunod, traité des prescriptions, pag. 142.

faire avec d'autres qu'un an après le divorce,
lorsqu'il a été prononcé sur le consentement
mutuel, & pour simple cause d'incompatibilité
d'humeur & de caractère ( 1 ).

Et s'il fut prononcé pour une cause déterminée, la femme ne peut également se remarier
qu'un an après, avec un autre que son premier
mari, à moins que le divorce ne soit fondé sur
une absence de cinq ans, sans nouvelles ( 2 ).

En ce qui concerne les dispositions par lesquelles les lois Romaines affectaient aux enfans
du premier lit, la propriété des biens que l'un
des époux avait donnés au survivant, quand
celui-ci passait à un nouveau mariage, elles
étaient en usage dans toute la France, avec
quelques modifications, soit en vertu d'une
ordonnance de *François Second*, portée en
1560, & connue sous le nom *d'édit des secondes
nôces*, pour les provinces soumises à sa domination, soit en vertu des différentes coutumes
qui contenaient des décisions semblables, soit
enfin par l'empire même de la loi Romaine
pour les pays de droit écrit, comme le nôtre.

Les lois nouvelles, loin de déroger à la

_____

(1) Art. II. §. III. tit. I. de la loi du 20 septembre 1792.

(2) Art. III. *ibidem*.

faveur accordée par l'ancienne jurisprudence aux enfans du premier lit, l'ont au contraire portée beaucoup plus loin : puisque, par les art. XIII & XIV de la loi du 17 nivôse an II, la propriété des avantages de cette espèce leur demeure toujours affectée , soit que l'époux survivant se remarie ou non, & sans qu'il puisse même conserver une jouissance excédant la moitié de l'usufruit des biens du prédécédé , à laquelle moitié d'usufruit se réduit aujourd'hui , le *maximum* des libéralités matrimoniales, quand le donateur a laissé des enfans.

Puisque la nouvelle législation n'a fait qu'augmenter la faveur que l'ancienne accordait aux enfans, il faut en conclure que la mère tutrice qui se remarie est toujours soumise aux mêmes régles ; c'est-à-dire, qu'elle est par-là, déchue de la tutelle (1); qu'elle est obligée de provoquer (2) la dation d'un autre tuteur ; qu'elle doit rendre son compte & en solder (3) le reliquat, avant son nouveau mariage ; sans quoi les biens du second mari se trouvent tacitement hypothéqués (4) pour tout ce qu'elle

---

(1) Novel. 94. *cap.* 2. *in fine.*
(2) L. 1. ff. *qui petant tutores.* lib. 26. tit. 6.
(3) Novel. 22. *cap.* 40. *in fine.*
(4) D. Novel. 22. *cap.* 40. *et* L. 6. cod. *in quibus causis pignus,* lib. 8. tit. 15.

peut redevoir à cet égard; parce que toutes ces dispositions des lois anciennes ne sont point pénales contre la veuve qui se remarie; mais seulement conservatoires des biens des enfans, pour empêcher les fraudes & dissipations dont ils pourraient devenir les victimes, par les affections nouvelles, ou les erreurs de leur mère.

Le passage d'une législation à l'autre ne se franchit jamais, sans que les circonstances transitoires fassent naitre de nombreuses difficultés. Cette matière en présente plusieurs; nous en parcourrons quelques-unes des principales, sur la solution desquelles les tribunaux & les jurisconsultes ne sont pas tous d'accord.

Supposons qu'un mari ait légué à sa femme un domaine à condition qu'elle ne se remarierait pas, ou une jouissance quelconque en usufruit, pour le temps de sa viduité seulement, & que cet homme soit décédé avant la loi du 12 septembre 1791, qui est la premiere de notre nouvelle législation, qui ait déclaré non écrites & comme non avenues les conditions de cette espèce : la veuve qui aura accepté son legs à condition de ne pas convoler à de secondes nôces, en serait elle privée si elle se remariait aujourd'hui? Si le testateur avait seulement déclaré qu'en cas son épouse viendrait à se remarier,

remarier, son legs serait réduit à la moitié ou au tiers, celle-ci pourrait-elle conserver le tout en se remariant?

La question qu'on propose ici sur l'exécution d'un testament ouvert, avant la nouvelle loi prohibitive, serait la même s'il s'agissait d'une donation entre vifs, consommée à la même époque. En adjugeant dans l'une ou l'autre hypothèse, le legs ou la donation à la veuve remariée, ne serait-ce pas créer une libéralité pour le cas où elle n'aurait pas été faite? ne serait-ce pas donner un effet rétroactif à la loi, en regardant comme non écrite, une condition permise dans le temps où elle fut imposée & acceptée?

Pour mieux saisir les développemens que mérite cette question, il est bon de rappeler ici les dispositions des lois anciennes sur les conditions de cette espèce, imposées aux donataires, dans les actes de libéralité, & de les rapprocher du texte des décrets qui leur ont succédé.

Suivant la loi Romaine, qui fait notre droit commun, la condition indéfiniment imposée au légataire de ne pas se marier, était déclarée comme non écrite, & le legs devait avoir (1)

_____

(1) L. 65. §. 1. ff. ad Senatus-consult. Trebel. lib. 36. tit. 1.

45

lieu , nonobstant que celui auquel il était fait
à charge de ne pas se marier, eût effectivement
contracté le mariage.

Il en était de même ( 1 ) si le legs avait été
fait à un père, à condition qu'il ne marierait
pas sa fille en puissance, ou si c'était le fils
non émancipé qui eût été fait légataire, à condition que son pére ne se marierait pas : parce
que dans l'un & l'autre cas, l'intérêt privé
aurait été mis en opposition avec le bien
public qui dérive de la population.

Il en était autrement, si la condition de ne
pas se marier avait été imposée pour un certain
temps ( 2 ) seulement, ou avec certaines personnes ( 5 ), ou dans un lieu ( 4 ) déterminé,
à moins qu'il ne fût difficile de le faire diffé-
remment ; parce que dans ces cas, on ne regardait pas que la liberté du donataire fût griève-
ment lésée.

La même jurisprudence avait lieu dans le
temps des lois du digeste & du code, à l'égard
des veuves auxquelles on ne pouvait imposer

---

( 1 ) L. 79. §. 4. ff. *de conditionibus et demonstrat.*
lib. 35. tit. 1.

( 2 ) L. 62. §. 2. ff. *eodem.*

( 3 ) LL. 63. et 64. ff. *eodem.*

( 4 ) D. L, 64. §. 1. ff, *eodem.*

la condition de ne pas se remarier ( 1 ); mais *Justinien* y dérogea par sa Novelle 22 , chapitre 32, en permettant au mari d'imposer à sa veuve, la charge de ne pas se remarier, à peine d'être privée du legs qui lui avait fait à cette condition.

Tel était l'état de notre législation sur ce point, lorsque l'assemblée constituante rendit le décret du 5 septembre 1791, sanctionné le 12 du même mois, portant que toute clause impérative ou prohibitive par laquelle on imposerait au donataire une condition qui gênerait sa liberté de se marier, même avec telle personne, est réputée non écrite : & cette disposition législative a été plus expressément encore consignée dans les lois des 5 brumaire & 17 nivôse an II.

En conséquence, lorsqu'il s'agit de juger du mérite d'un clause de cette nature, insérée dans un acte stipulé ou devenu irrévocable sous l'ancienne législation, ou avant la publication de la loi du 12 septembre 1791, il faut examiner si la veuve s'est remariée avant cette époque, & dans ce cas elle serait incontestablement déchue de la libéralité maritale, sans pouvoir y rentrer, parce qu'elle aurait encouru

_____

( 1 ) L. 2. cod. *de indictâ viduitate.* lib. 6. tit. 40.

la peine, sous l'empire de la loi qui en permettait la stipulation, & qu'on ne pourrait donner un effet rétroactif à la nouvelle législation, en privant les héritiers du mari, des droits à eux acquis par la déchéance légalement encourue de la part du légataire.

Mais si la veuve ne s'était remariée qu'après les lois nouvelles, elle devrait conserver son legs en entier, & sans prendre égard à la condition imposée par le mari, quoique dans un acte antérieur.

Cette décision résulte du texte précis de la loi du 17 nivôse an II, dont l'art. XII est ainsi conçu :

„ Est réputée non écrite toute clause im-
„ pérative ou prohibitive insérée dans les actes
„ *passés même avant le décret du 5 septembre*
„ 1791, lorsqu'elle est contraire aux lois ou
„ aux mœurs, lorsqu'elle porte atteinte à la
„ liberté religieuse du donataire, de l'héritier
„ ou du légataire, lorsqu'elle gêne la liberté
„ qu'il a, *soit de se marier ou de se remarier*
„ même avec des personnes désignées, soit
„ d'embrasser tel état, emploi ou profession,
„ ou lorsqu'elle tend à le détourner de remplir
„ les devoirs imposés, & d'exercer les fonctions
„ déférées par les lois aux citoyens. „

Nul doute par conséquent, qu'une clause

de cette espèce ne soit aujourd'hui sans effet, quand même elle aurait fait partie d'un acte régulièrement passé avant la nouvelle législation.

Cependant il est des tribunaux qui ont décidé le contraire, sur le motif de la loi du 18 pluviôse an V, qui ayant aboli l'effet rétroactif des précédentes , concernant les successions, déclare, art. I. que les avantages, donations, institutions & autres dispositions irrévocables & légalement stipulées avant la prohibition des lois nouvelles, *auront leur plein & entier effet conformément aux lois anciennes:* tant sur les successions ouvertes jusqu'à ce jour, que sur celles qui s'ouvriraient à l'avenir: d'où l'on a conclu qu'une donation légalement stipulée sous l'ancien ordre de choses, ou qu'un testament ouvert à cette époque, & dans lesquels on aurait imposé à la veuve légataire ou donataire, la condition de ne pas se remarier, devrait encore aujourd'hui obtenir le même effet que sous les lois anciennes, parce qu'autrement ce serait laisser subsister l'effet rétroactif, que la loi du 18 pluviôse a voulu entièrement abolir.

Mais cette opinion n'est pas moins erronée dans son motif, que contraire au droit public de la France & au droit naturel des sociétés.

La loi du 17 nivôse efface évidemment toute condition imposée à la veuve, de ne pas se remarier ; celle du 18 pluviôse, en supprimant l'effet rétroactif qu'on avait donné à la première sur l'article des donations ou institutions annullées depuis le 14 juillet 1789, ne déclare nullement que la remise de la condition imposée à la veuve renfermerait aussi un effet rétroactif ; elle ne parle même aucunement des conditions de cette espèce. Par conséquent, admettre pour principe de sa décision, que l'abolition d'une condition de cette nature, donne lieu à un effet rétroactif, c'est supposer ce qui devrait être prononcé par la loi & qui ne l'est pas : c'est se rendre juge de la loi du 17 nivôse en décidant qu'elle renferme un effet rétroactif dans un article où celle du 18 pluviôse n'en a point trouvé ; puisqu'elle n'y en a point aboli.

Lorsque le texte d'une loi est équivoque dans sa rédaction, certes le magistrat auquel on en demande l'application, ne doit pas l'entendre de manière à lui donner un effet rétroactif ; mais quand elle est claire & précise, il ne peut, sans excéder les bornes du pouvoir judiciaire, refuser de la mettre à exécution, sous prétexte qu'il croirait y voir un effet rétroactif, si aucune autre postérieure ne l'a déclaré :

parce qu'il se constituerait juge de la loi elle-même.

Mais n'est-ce point un rêve que de trouver un effet rétroactif dans la loi qui supprime pour l'avenir l'empire d'une condition semblable, quoique stipulée sous une loi qui le permettait?

La loi n'a jamais d'effet rétroactif, que lorsqu'elle ravit un bien ou un droit acquis avant qu'elle ait été portée; par conséquent, suivant l'art. XXIII du décret du 9 fructidor an II, celui du 17 nivôse en annullant les clauses contraires à la liberté, ne peut avoir d'effet rétroactif, lorsque la déchéance du donataire ou du légataire n'a pas été encourue antérieurement; parce que tant que l'effet de la condition n'est pas ouvert, les héritiers du donateur ne pouvant être saisis de ce qui ne leur a point fait retour, la loi, en maintenant l'exécution du legs ou de la donation, ne les dépouille d'aucun bien à eux acquis.

Nul ne peut s'imposer irrévocablement une obligation tendante à restraindre sa liberté naturelle, parce qu'autrement il aliénerait une faculté de son être; c'est-à-dire qu'il aliénerait ce qui est inaliénable. D'où il résulte, que quand un donataire a accepté une libéralité à condition de ne pas se remarier; n'ayant pu, par son autorité propre, mais par le seul empire de la loi qui le lui permettait, s'imposer cette alternative, son obligation cesse nécessairement dès qu'une autre loi, dérogatoire de la première, lui en fait remise.

Si l'opinion contraire pouvait être admise, il s'ensuivrait, que les mariages contractés avant la loi du 20 septembre 1792, ne pourraient être dissous par le divorce, parce qu'ils ont été célébrés sous l'empire d'une loi qui en consacrait l'indissolubilité.

Si les héritiers du donateur pouvaient, dans ce nouvel état de choses, forcer encore le donataire ou à demeurer dans le célibat, ou à se voir dépouillé de l'objet de la donation, il s'ensuivrait que le simple citoyen aurait, dans un état, un droit opposé à l'intérêt du corps politique, puisqu'il pourrait, contre le vœu de la loi, mettre obstacle au mariage du légataire, en le plaçant dans l'alternative ou de se vouer au célibat, ou de lui abandonner une possession nécessaire à sa subsistance. C'est donc avec raison que nous avons avancé, que l'opinion que nous combattons ici, est contraire au droit naturel des sociétés.

*Autre Question.* Supposons qu'un des époux mort dans l'ancien ordre de choses, ait institué le survivant son héritier, & n'ait laissé que la légitime à son enfant : ou pour généraliser

d'avantage

davantage la question, supposons qu'il lui ait donné en toute propriété, à quelque titre que ce soit, une portion de ses biens excédant la quotité que les lois nouvelles permettent seulement de laisser en usufruit; si le donataire survivant vient à se remarier, peut-il encore, & jusqu'à quel point, conserver les avantages à lui accordés par l'époux prédécédé?

Cette question en renferme deux:

1.º L'avantage reçu par l'époux survivant, doit-il être restraint à l'usufruit de moitié des biens du prédécédé, suivant les art. XIII & XIV de la loi du 17 nivôse, ou autrement ces articles sont-ils applicables à cette espèce?

2.º Si l'époux donataire vient à se remarier, les biens qui lui ont été donnés en toute propriété, se trouvent-ils encore aujourd'hui affectés au profit des enfans du premier lit, suivant le prescrit de la loi Romaine, ensorte qu'il ne puisse en conserver que l'usufruit? Ne serait-il pas en droit de dire que cette privation ne peut être compatible avec les lois nouvelles, sur la liberté de se marier ou remarier indéfiniment? qu'on doit juger ici, de même que si le donateur avait imposé au donataire la condition de ne pas se remarier, cas auquel celui-ci conserverait le bienfait tout entier, sans en rien perdre en convolant à de secondes nôces?

*Sur la première question* : il est indubitable que l'époux donataire ou légataire avant les lois prohibitives, ne doit souffrir aucune réduction sur l'usufruit, s'il y a des enfans, ni sur la propriété des choses données, s'il n'y en a point, puisque l'art. I$^{er}$. de la loi du 18 pluviôse an V, suprimant tout effet rétroactif auparavant établi, veut que toutes les dispositions de cette espèce, légalement stipulées ou devenues irrévocables, *en ligne directe, avant la publication de la loi du 7 mars 1793, & en ligne collatérale, ou entre individus non parens, antérieurement à la publication de la loi du 5 brumaire an II*, aient leur plein & entier effet, conformément aux lois anciennes.

*Sur la seconde question* : il n'est pas móins certain que l'époux survivant, donataire ou légataire, qui se remarie, lorsqu'il y a des enfans du premier mariage, se trouve encore aujourd'hui privé de la propriété des biens à lui laissés par l'époux prédécédé ; laquelle est affectée par la loi, au profit de leurs enfans, ensorte qu'après son second mariage, il n'en conserve plus que l'usufruit.

Cette décision est fondée tant sur les lois anciennes, que sur l'esprit & la lettre de la nouvelle législation Française.

La disposition des lois anciennes ne peut

être douteuse , nous les avons citées au commencement de ce chapitre : aucun décret ne
les a abrogées, elles doivent donc être exécutées.

Loin que l'esprit de notre nouvelle législation ait porté atteinte à la faveur accordée aux
enfans, sur ce point, il l'a au contraire étendue
beaucoup plus loin, puisque, comme nous
l'avons déjà remarqué , la loi du 17 nivôse,
même dans le cas où l'époux survivant ne se
remarierait pas, réduit à leur profit, en simple
usufruit, l'objet des libéralités matrimoniales
qui lui auraient été faites ; & encore ne peut-
il, dans tous les cas, excéder la jouissance de
moitié des biens de l'époux prédécédé.

Enfin l'art. I<sup>er</sup>. de celle du 18 pluviôse an V,
en déclarant que toutes les libéralités faites en
collatérale, ou entre personnes non parentes,
avant le 5 brumaire an II , seront exécutées
*conformément aux lois anciennes*, confirme litté-
ralement le prescrit de l'ancienne législation
sur ce point.

Vainement opposerait-on que le donateur
n'aurait pu imposer lui-même au donataire, la
condition de ne pas se remarier ; que s'il
l'avait fait, celui-ci, en se remariant, n'en conserverait pas moins l'objet de la donation tout
entier & sans réduction ; qu'il doit en être ainsi
dans ce cas , parce que ce serait mettre la même

opposition entre la conservation de la propriété donnée, & l'exercice de la liberté que tout individu a de se marier ou remarier, quand il lui plaît.

On ne doit point arguer d'un cas à un autre : ici c'est la loi qui prononce, & là ce ne sont que les individus qui stipulent.

La liberté naturelle du citoyen ne peut, à la vérité, être bornée par des conventions particulières ; mais elle ne peut aussi avoir d'autre étendue dans son exercice, que celle que la loi lui donne : d'ailleurs, le donateur qui impose la condition de ne pas convoler à de secondes nôces, agit directement en haine du mariage ; la loi au contraire, qui affecte aux enfans du premier lit, la propriété des libéralités matrimoniales, n'a pas le même but ; elle ne fait que rendre cette propriété à sa destination.

Une autre question qui se présente ici, est de savoir si, d'après notre nouvelle législation, on doit encore restraindre le douaire des veuves qui se remarient ?

„ Les veuves, ( *porte l'art.* III. *titre* II *de*
„ *notre ancienne coutume* ), auxquelles, par
„ leurs défunts maris, aura été accordé douaire
„ coutumier ou divis, passant à secondes nôcés,
„ seront dès-lors privées de la moitié dudit
„ douaire, s'il y a enfans vivans, ou un ou

„ plusieurs du précédent mariage, sans qu'il
„ soit loisible déroger à ce, par convention con-
„ traire, & sous quelque prétexte que ce soit;
„ bien entendu toutefois, que si durant le
„ nouveau mariage, ou après, lesdits enfans
„ viennent tous à mourir, icelles femmes
„ entrent dès-lors en la jouissance du toutage
„ dudit douaire. „

Il est sensible, d'après ce qui vient d'être dit sur la question précédente, que cet article doit encore recevoir son exécution.

# CHAPITRE XX.

## Du Divorce.

Le terme *divorce* tire son étimologie des mots latins, *vel à diversitate mentium*, *vel quia in diversas partes eunt qui distrahunt matrimonium* ( 1 ) : c'est-à-dire, de la diversité de caractères de ceux qui le mettent en usage, & de la diversité des lieux où ils se retirent en se séparant.

Dans son sens propre, le divorce est un acte par lequel, après les formalités préalables, légalement remplies, l'autorité compétente prononce ( 2 ) la dissolution du mariage.

Le divorce n'est point d'institution nouvelle; il fut en usage chez tous les peuples anciens, & il a continué de l'être parmi la plupart des modernes.

Les Juifs en avaient puisé le goût chez les Égyptiens. Moïse en fit un article de leur loi; & donna une si grande étendue à la liberté du divorce, qu'il permit aux maris de répudier leurs femmes, par le seul motif qu'elles leur

( 1 ) L. 2. ff. *de divortiis & repudiis*. lib. 22. tit. 2.
( 2 ) Art. I. de la loi du 20 septembre 1792.

seraient devenues odieuses ( 1 ); par conséquent de leur propre autorité & sans le recours au magistrat, puisqu'ils n'étaient tenus à alléguer aucune cause sur le mérite de laquelle le juge dût en préalable prononcer.

A Athènes le divorce fut aussi en usage; mais les Grecs, plus circonspects & plus justes que les Juifs, en étendaient la liberté réciproque tant à la femme qu'au mari; & il fallait paraître par-devant le magistrat revêtu du pouvoir de prononcer sur le mérite des causes alléguées de part ou d'autre, pour obtenir la dissolution du mariage.

C'est ainsi que la femme d'Alcibiade s'étant présentée devant l'Archonte pour lui porter ses plaintes sur les infidélités & les débauches de son mari, celui-ci redoutant la honte d'une pareille procédure, courut saisir son épouse au milieu de l'auditoire, la transporta chez lui, & à force de caresses, parvint à regagner ses bonnes graces, & à lui faire oublier son projet de divorce ( 2 ).

---

( 1 ) *Si acceperit homo uxorem & habuerit eam et non invenerit gratiam ante oculos ejus propter aliquam fœditatem, scribet libellum repudii et dabit in manu illius et dimittet eam de domo suâ.* DEUTERON. cap. 24. v. 1.

( 2 ) Voyez dans Gravina, pag. 184.

A Rome le divorce fut aussi établi dès le principe, par les lois de Romulus; mais il n'en accorda la faculté que pour certaines causes, hors desquelles celui qui répudioit son épouse était sévérement puni (1). Ces causes étaient, si la femme avait empoisonné ses enfans, ou commis l'adultère, ou fabriqué de fausses clefs.

La même institution fut de nouveau consignée dans la loi des douze tables, & mise en usage pendant la république; mais dans les fragmens qui nous restent de cette loi fameuse, les causes qui pouvaient autoriser la séparation des époux, ne sont pas détaillées (2).

Dans ces premiers temps, les Romains ne permettaient le divorce qu'aux maris & non aux femmes : cette inégalité de droits tenait à

---

(1) Terrasson rapporte en ces termes, la 25.ᵉ loi du code papyrien portée sur cet objet.

  ,, Un mari pourra faire divorce d'avec sa femme,
,, si elle a empoisonné ses enfans, ou fabriqué
,, de fausses clefs, ou commis l'adultère; mais s'il
,, la répudie quoiqu'elle n'ait commis aucun de
,, ces crimes, il sera dépouillé de tous ses biens,
,, dont une moitié tournera au profit de la femme,
,, & l'autre sera adjugée à la déesse Cerès: outre
,, cela, le mari sera dévoué aux dieux infernaux.,,

(2) *Si vir mulieri repudium mittere volet, causam dicito. harumce unam......* §. ULT. TABULÆ. 6. œ.

la

la nature de leurs mariages, suivant lesquels la femme passait sous la domination absolue du mari, & ne pouvait avoir aucune action à exercer contre lui.

Mais quoique le divorce eût toujours été permis à Rome, l'usage en fut d'abord très-rare, au point que les historiens remarquent, comme une chose singulière, & qu'on peut dire bien extraordinaire, que ce fut un nommé CARVISIUS-RUGA, qui le premier répudia sa femme l'an de Rome 523. Ce qui paraît, pour concilier la vraisemblance avec l'histoire, ne devoir être entendu que du divorce exercé hors les cas précisément déterminés par les lois antérieures. Carvisius-Ruga aimait tendre-ment son épouse, & ne la quitta qu'avec regret; mais, avant son mariage, il avait juré entre les mains des censeurs, de donner des enfans à sa patrie, & sa femme se trouva stérile; c'est ainsi que, par l'impulsion du patriotisme bouillant qui distinguait alors ce peuple célèbre, la religion du serment l'emporta dans l'ame de ce Romain, sur les attraits de l'amour conjugal.

On voit, à la vérité, dans la 60.ᵉ loi, ff. *de dona-tionibus inter virum & uxorem*, que la stérilité fut aussi à Rome une des causes du divorce; mais comme cette loi est tirée des ouvrages

47

du jurisconsulte Hermogène, qui vécut plus de cinq siècles ( 1 ) après Carvisius-Ruga, il est probable que lors du divorce de celui-ci, cette cause n'était pas encore établie par les lois.

. L'exemple de Garvisius-Ruga ne fut pas sans influence sur les mœurs austères des premiers Romains. Il trouva des imitateurs; & malgré tous les efforts des Censeurs, le divorce devint tellement à la mode, qu'il fut aussi fréquent vers la fin de la république, qu'il avait été rare dans les commencemens. Le gouvernement lui-même fut entraîné par l'habitude: on en multiplia les causes, on abrogea la sévérité des formes, & l'on permit de répudier, même par simples lettres.

Les femmes ayant été affranchies de la puissance maritale, sous les premiers Empereurs, on leur accorda aussi la faculté de répudier leurs maris ( 2 ); mais en multipliant excessi-

_____

( 1 ) Hermogène vivait sous les Empereurs Dioclétien et Maximien en 287 de l'ère chrétienne, c'est-à-dire, l'an de Rome 1040 ; et le divorce de Ruga est fixé à l'an de Rome 523, par conséquent 517 ans auparavant.

( 2 ) La première loi qu'on connaisse pour constater cet usage de la part des femmes, est tirée des décisions du jurisconsulte Julien, qui vivait

vement les causes du divorce, on avait ouvert
tant de portes à l'inconstance, & la sainteté du
mariage fut tellement avilie, que, suivant
l'expression de Sénèque, elles ne comptaient
plus le nombre de leurs années, que par celui
de leurs maris.

Il fallut mettre ordre à cette licence : pour
y parvenir, Constantin réduisit les causes du
divorce à trois pour le mari, & à trois pour
la femme, par un édit publié en 331 (1) : &

---

sous Adrien, dont le règne s'étend depuis l'an
117 jusqu'à l'an 138. *Generaliter definiendum est,*
dit cette loi, *donec certum est maritum vivere in cap-
tivitate constitutum, nullam habere licentiam uxores
earum migrare ad aliud matrimonium, nisi mallent
ipsæ mulieres causam repudii præstare.* L. 6. ff. *de
divortiis et repudiis.* lib. 24. tit. 2.

(1) *Placet mulieri non licere propter suas pravas
cupiditates, marito repudium mittere, exquisità causâ,
velut ebrioso aut aleatori, aut mulierculario; nec verò
maritis per quascumque occasiones uxores suas dimit-
tere; sed in repudio mittendo à fœminâ, hæc sola
crimina inquiri, si homicidam, vel medicamentarium,
vel sepulchrorum dissolutorem, maritum suum esse
probaverit, ut ita demùm laudata, omnem suam dotem
recipiat: nam, si præter hæc tria crimina, repudium
marito miserit, opportet eam usque ad acuculam ca-
pitis in domo mariti deponere, et pro tam magnâ sui
confidentiâ in insulam deportari.*

décréta des peines très sévères, soit contre les femmes qui feraient divorce, soit contre les maris qui répudieraient leurs épouses hors des cas, & sans les causes pour lesquelles il avait permis de le faire impunément.

Mais la longue habitude d'un peuple entraîné vers l'inconstance, sur un objet qui flatte ses passions, n'est pas facile à corriger tout-à-coup ; la loi de Constantin fut regardée comme trop sévère ; on fut obligé de rétablir d'autres causes du divorce : c'est ce que firent ses successeurs Théodose & Valentinien ( 1 ), & après eux Justinien, dont les Novelles 22 & 117, chapitres 10 & 140, contiennent plusieurs dispositions à cet égard, & dans lesquelles il changea souvent de principes.

---

*In masculis etiam si repudium mittant, hæc tria crimina inquiri convenit, si mœcham, vel medicamentariam vel conciliatricem repudiare voluerit ; nam, si ab his criminibus, liberam ejecerit, omnem dotem restituere debet, et aliam non ducere. Quod si fecerit, priori conjugi facultas dabitur ejůs domum invadere, et omnem dotem posterioris uxoris ad semetipsam transferre, pro injurià sibi illatà. L. 1. de repudiis.* cod. *THEODOSIAN.* lib. 3. tit. 16.

( 1 ) Voyez la loi 8. cod. *de repudiis.* lib. 5. tit. 17.

Le divorce fut donc longtemps en usage dans l'empire Romain, même après l'établissement du christianisme; l'on voit dans le décret de Gratien, dont la première compilation est de l'an 1150, & qui fut recorrigé & publié par ordre du Pape Gregoire XIII en 1582, un témoignage irrécusable (1), qu'il a été pratiqué par les catholiques eux-mêmes, dans les premiers siècles de l'église, pour cause d'adultère de l'un ou l'autre des époux.

Anciennement il était aussi en usage en France (2) & dans les Gaules : on trouve dans les capitulaires de Baluse, une formule de Marculphe, qui vivait en 660, constatant la manière dont il était pratiqué ; & l'histoire

_____

(1) *Quod autem ei, cum quo priùs fornicata fuerat, post separationem nubere possit, superiùs probatum est; mortuus est enim sibi vir ejus, ex quo judicio ecclesiæ separata, ab ejus lege soluta est : undè juxta apostolum nubat, cui vult, tantum in domino.* CAUSA 33. *quæst.* 2. *in principio.* —— Voyez aussi dans Vanespen, tom. 3. pag. 640. col. 2.

(2) Voyez la nouvelle histoire de France, par Louis Legendre, chanoine de l'Eglise de Paris, règnes de Clovis III. et Childebert II. tom. 1. pag. 123. édit. de 1718.

nous apprend que Charlemagne répudia successivement ses deux premières femmes, sans
en donner d'autres causes, sinon qu'elles avaient
eu le malheur de lui déplaire.

Enfin l'institution du divorce a continué à
être admise dans les états du Nord, en Allemagne, en Suisse & en Angleterre.

C'est depuis la seconde race des Rois de
France, qu'il n'a plus été toléré parmi nous,
& qu'on lui avait impérieusement substitué
la séparation de corps & d'habitation ; mais
la loi du 20 septembre 1792 a, pour l'avenir,
proscrit en France, toute autre voie de séparation des époux que celle du divorce.

Le divorce opère une désunion entière &
parfaite ; il rend les époux étrangers l'un à
l'autre : il les rend à leur liberté primitive ; la
séparation de corps n'était au contraire, qu'une
désunion fictive & imparfaite : elle ne faisait
que relâcher le lien, sans le briser. Elle rendait,
par le fait, les époux étrangers l'un à l'autre,
parce qu'ils n'étaient plus regardés comme
tenus à remplir le devoir conjugal ; & cependant elle les supposait encore unis dans le
droit, puisque l'un ne pouvait, pendant la vie
de l'autre, contracter un nouveau mariage.

La séparation de corps était contradictoire
en elle-même, puisqu'elle supposait encore

des droits, où l'on ne reconnoissait plus de devoirs à remplir.

Elle était contraire à la tolérance & à la liberté, puisque les époux séparés demeuraient condamnés à vivre dans un célibat involontaire & forcé.

Le divorce a donc sur la séparation de corps, le double avantage de rendre à l'homme sa liberté, & d'adoucir les liens du mariage, soit en présentant un remède consolateur à l'époux victime d'une union malheureuse, soit en forçant le méchant à devenir juste, crainte de se voir exposé à un entier abandon de la part de l'autre.

Quoiqu'on ne doive pas trop multiplier les causes du divorce, parce que tous les extrêmes sont dangereux, il est indispensable aujourd'hui d'en admettre l'exercice en France.

Cette institution est nécessairement renfermée dans la tolérance de tous les cultes, qui fait un de nos articles constitutionnels : elle fait partie de la liberté publique, & dérive immédiatement des droits de l'homme.

En effet, dès qu'il est démontré en principe, que toutes les facultés physiques & morales de l'homme ne peuvent être irrévocablement aliénées par aucune convention particulière : que le citoyen, suivant le droit naturel, ne peut

pas plus, de sa propre autorité, aliéner à perpétuité une seule faculté intégrante de son être,
que pactiser de n'être plus homme à l'avenir,
il en résulte que non seulement le divorce
demandé pour de justes causes, n'est pas défendu
par le droit naturel : mais qu'au contraire, une
loi qui le proscrirait indéfiniment, serait en
contradiction avec l'inaliénabilité naturelle des
droits du citoyen. Dans un état républicain,
où l'on doit donner à la liberté publique
autant d'étendue qu'il est possible, & n'opposer
à son usage aucun obstacle arbitraire, une
pareille loi serait en opposition avec le principe constitutionnel, puisqu'elle prohiberait
d'une part, ce qui serait consacré de l'autre.

L'institution du divorce est d'autant plus
juste, que personne, de quelque opinion qu'il
soit, n'a le droit de s'en plaindre ; parce que
la loi qui l'établit, en accordant à tous la
liberté de le faire, pour de justes causes, ne
le commande à personne.

Voyons actuellement quelles sont les causes
légitimes du divorce en France : quelle est
la manière d'y procéder, & quelles sont
les autorités compétentes, soit pour le prononcer, soit pour connaître des contestations qui y sont relatives : Enfin quels sont les
effets du divorce ?                          §. I.er

## §. I.er

### Des causes du Divorce.

On compte en France, neuf causes de divorce.

1.º La première résulte du consentement ( 1 ) mutuel des deux époux. Alors, sans allégation d'autres motifs, l'officier prononce la dissolution du mariage, de la même manière dont il avait été contracté, c'est-à-dire, d'après la volonté mutuelle des deux parties ( 2 ).

2.º La seconde consiste dans l'incompatibilité ( 3 ) d'humeurs & de caractères, alléguée par l'un ou l'autre des époux.

Quoique cette cause paraisse vague au premier coup d'œil, elle n'en est pas moins juste dans son principe : soit parce qu'il ne peut

---

( 1 ) Art. II. §. I. de la loi du 20 septembre 1792.

( 2 ) Cette cause fut aussi admise à Rome : *et ideo bonâ gratiâ matrimonium dissolvitur.* — L. 62. ff. *de donationibus inter virum et uxor.* lib. 24. tit. 1. et L. 9. cod. *de repudiis.* lib. 5. tit. 17. Justinien l'avait abrogée par sa Novelle. 117. chap. 10. et il l'a rétablie par la Novelle 140.

( 3 ) Art. III. de la loi du 20 septembre 1792. Souvent cette cause seule est la source des autres. *à diversitate mentium.* I. 2. ff. *de divortiis et repudiis.* lib. 24. tit. 2.

subsister d'union affectueuse & bienfaisante, comme doit être essentiellement celle du mariage, entre ceux à qui des caractères inconciliables n'inspirent d'autres sentimens que l'aversion & la haine l'un pour l'autre : soit parce qu'un époux maltraité par l'autre ne pourrait pas toujours fournir la preuve des sévices qu'on lui fait souffrir & des dangers qu'il court : soit enfin parce que l'époux maltraité ne pourrait souvent obtenir justice, sans révéler au public, des secrets qu'il importe à l'innocence même de conserver dans le sein des familles.

Mais comme d'autre part, la latitude de cette cause peut facilement prêter à des abus, le législateur a sagement voulu les prévenir, en établissant des formes plus longues pour parvenir au divorce de cette manière, comme on l'expliquera plus bas.

3.º La troisième cause du divorce consiste dans la folie, la démence ( 1 ) ou la fureur d'un des époux.

_____

(1) Art. IV. de la loi du 20 septembre 1792.

Cette cause fut ausssi admise à Rome. *Julianus scribit furiosam repudidri posse.* L. 4. ff. *de divortiis et repudiis.* lib. 24. tit. 2.

Mais, *quid juris*, si la demence n'était pas perpétuelle ?

Ce serait au juge, d'après les informations lé-

Cette cause porte dans son énonciation seule, un caractère de justice d'autant moins contestable, que, suivant qu'on le verra plus bas, il doit être, autant que possible, pourvu aux besoins de l'insensé.

4.° La quatrième résulte de la condamnation de l'un des époux à des peines afflictives ou infamantes. Il ne serait pas juste que l'innocent fût condamné à rougir pour les crimes du coupable; & il serait immoral de l'exposer lui-même à être entraîné dans l'habitude du vice.

5.° La cinquième consiste dans les crimes, sévices (1) ou injures graves d'un des époux envers l'autre.

L'époux infidèle qui manque à la foi de ses engagemens, d'une manière si atroce, ne

---

galement prises, à décider de l'importance du reproche qui en serait fait, et s'il était suffisamment justifié.

La loi Romaine ne permettait de divorcer impunément pour cette cause, que lorsque la démence était perpétuelle ou que les momens de fureur étaient dangereux pour l'autre époux. L. 22. §. 7. ff. *soluto matrimonio*. lib. 24. tit. 3.

(1) A Rome, autorisé pour l'adultère. L. 11. §. *fin.* ff. *ad L. jul. de adulter.* lib. 48. tit. 2. et pour mauvais traitemens respectifs. — L. 39. §. *soluto matrimonio*. lib. 24. tit. 3.

mérite aucun ménagement : non, le crime ne doit point être récompensé.

6.º La sixième consiste dans le déréglement notoire des mœurs, de l'un ou l'autre des époux : ce qui comprend non seulement le crime d'adultère, ( autrement cette cause ci rentrerait dans la précédente ); mais encore toute autre espèce de déréglement grave, qui, par sa nature & ses excès, provoquerait la ruine des associés.

Leur bonheur mutuel ne pouvant être que le prix de leur fidélité, il ne serait pas juste que celui qui se plonge dans la débauche, pût encore s'attribuer le droit irrévocable de souiller la couche nuptiale de l'autre, & de lui communiquer la contagion de ses vices.

Le déréglement dans les mœurs entraîne d'ailleurs sous un autre aspect, la ruine de la famille & la perte de la fortune des associés. Tel est le précipice où conduisent tous les genres de débauches, lorsqu'on s'y livre avec excès : la justice doit donc ici tendre une main protectrice à la vertu, pour l'empêcher de tomber dans l'abîme creusé par le vice.

7.º La septième consiste dans l'absence de l'un des époux pendant cinq ans au moins, sans donner de ses nouvelles ( 1 ).

---

(1) Art. IV. §. I. de la loi du 20 septembre 1792.

Cette cause suppose une infraction à la fidélité que se doivent les époux; mais elle doit être prouvée par la notoriété publique.

Par *absent*, ici l'on ne doit pas entendre seulement celui qui se serait retiré en pays étranger, ou qui aurait passé au-delà des mers ( 1 ); mais même celui qui serait dans la République, s'il se tenait caché.

Mais que devrait-on penser de celui dont l'absence ne serait pas volontaire? de celui qui, par exemple, aurait reçu une mission du gouvernement pour un pays éloigné, ou d'un défenseur de la patrie qui aurait été fait prisonnier, & envoyé par les ennemis, dans un lieu d'où il n'aurait pu donner de ses nouvelles? sa femme serait-elle fondée, sous prétexte de son absence, à demander le divorce?

En général les hommes absens pour le service de l'état, sont réputés présens, & il pourrait paraître, au premier abord, bien rigoureux de soumettre à la peine du divorce, pour cause d'absence, celui qui ayant reçu une mission du gouvernement dans un pays très-éloigné, ou qui ayant été fait prisonnier ( 2 ) par l'ennemi,

---

(1) *Non enim absentem trans mare desideramus* L. 199. ff. *de verbor. significat.* lib. 50. tit. 16.

(2) *Abesse non videtur qui ab hostibus captus est.* D. L. 199. §. 1. ff. *de verbor. significat.* lib. 50. tit 16.

n'aurait pu donner de ses nouvelles, ou en aurait voulu donner qui auraient été interceptées.

Mais il faut observer que le divorce fut établi en faveur de la liberté de celui qui le demande, & non pour punir celui contre lequel on en exerce l'action ; que d'ailleurs, la loi ne distingue rien ni sur le motif, ni sur la nature de l'absence : & que l'art. IV de la loi du 4 floréal an II, suppose que l'absence, même pour la défense de la patrie, est suffisante. A la vérité les dispositions de cette loi ont été suspendues par le décret du 15 thermidor an III ; mais l'art. IV relatif à la nature de l'absence dont il s'agit, ne paraît pas, par la manière dont il est conçu, constitutif d'un droit nouveau : d'où l'on doit conclure que toute espèce d'absence autorise l'action en divorce.

8.º La huitième cause du divorce est fondée sur l'abandon du mari par la femme ou de la femme par le mari, pendant deux ans au moins ( 1 ).

Il faut distinguer l'abandon, de la simple absence : il est caractérisé par l'expression de la volonté de celui qui abandonne l'autre. Il

---

( 1 ) Art. IV. §. I. de la loi du 20 septembre 1792.

ne suffirait pas d'avoir simplement quitté l'habitation commune : ce ne serait alors qu'une
absence qui retomberait dans l'hypothèse précédente ; il faut donc que celui qui s'éloigne
exprime au moins par des faits caractérisés,
le mépris qu'il a pour l'autre, & se comporte
comme s'il avait dessein de ne plus lui appartenir : comme, par exemple, si une femme
avait quitté le domicile marital, & que, malgré
les invitations ou requisitions de son mari, elle
refusât d'y retourner : ou si le mari qui aurait
choisi une autre demeure, ne voulait y recevoir
son épouse.

9.° La neuvième consiste dans l'émigration
de l'un des époux ( 1 ).

Comme le mariage appartient non seulement
au droit civil qui en régle les effets, mais
même au droit naturel & au droit des gens :
l'émigration qui opére la mort civile de l'émigré,
ne brise pas les liens de son mariage ; mais
la loi qui ne reconnaît plus aucun des liens
civils qui l'attachaient à sa patrie, donne à celui
qui est resté fidèle, le droit de rompre ceux
de l'alliance, qu'il avait contractés avec lui.

A ces causes déterminées pour l'avenir, la

_____

( 1 ) Art. IV. §. I. de la loi du 20 septembre
1792.

loi en ajoute (1) une, puisée dans les jugemens antérieurs à notre législation sur le divorce, exécutés ou rendus en dernier ressort, portant séparation de corps, sur lesquels & sans autre motif, les époux sont autorisés à faire prononcer leur divorce.

La loi du 4 floréal an II, avoit aussi ajouté la séparation de fait depuis six mois ; mais l'exécution de cette loi est suspendue par le décret du 5 thermidor an III.

## §. I I.

*Quelle est la manière de procéder au divorce, & quelles sont les autorités compétentes, soit pour le prononcer, soit pour connaître des contestations qui y sont relatives ?*

Les formes de procéder au divorce regardent d'une part & principalement, les préalables à remplir pour parvenir à la dissolution du mariage, & d'autre part, les actes conservatoires des intérêts pécuniaires des époux,

En ce qui concerne les intérêts des époux, c'est-à-dire les biens qui appartiennent à leur société : le mariage subsistant tant que le divorce

─────────

(1) Art. V. §. I. de la loi du 20 septembre 1792.

n'est

n'est pas prononcé, le mari conserve (1) tous ses droits sur la communauté & l'administration des revenus de la dot: il peut toujours les exercer, & son autorisation est nécessaire à la femme, pour tous contrats qu'elle voudrait passer pendant les délais de la procédure en divorce:

Mais il ne doit pas agir en fraude; & comme la mésintelligence qui regne entre les époux, pourrait facilement la faire soupçonner; s'il existe entre eux une communauté, le demandeur (2) en divorce est autorisé à faire apposer le scellé sur les effets mobiliaires qui en dépendent, lequel ne doit être levé qu'en procédant à un inventaire juridique, ou fait à l'amiable.

En ce qui concerne la dissolution du mariage, c'est toujours à l'officier public à prononcer le divorce (3), parce qu'en cette qualité, il doit

---

(1) Décret du 7 novembre 1793, ou 17 frimaire an II.

(2) Décret du 22 vendémiaire an II.

Nota. Quoique ce décret ne parle que du demandeur en divorce; comme cette mesure conservatoire est de droit commun, on doit accorder la même faculté au défendeur, le cas arrivant où ses intérêts l'exigent.

(3) Art. II. section V. titre IV. de la loi du 20 septembre 1792.

en dresser acte sur les registres destinés à constater les mariages.

Mais la forme de procéder pour y parvenir, n'est pas la même dans toutes les causes pour lesquelles on peut le demander.

1.° Si c'est du consentement mutuel des deux époux que le divorce est demandé, ils sont tenus de comparaître (1) en personnes, en une assemblée de six parens, ou amis à défaut de parens, dont trois nommés par le mari, & les trois autres par la femme.

Cette assemblée doit être convoquée à jour fixe (2), dans un lieu convenu, au moins un mois d'intervalle avant sa tenue, par acte signifié par le ministère d'un huissier, aux parens & amis, lesquels seraient suppléés par d'autres du choix respectif des époux, s'ils ne se trouvaient aux jour & lieu indiqués.

Si ces conciliateurs ne peuvent parvenir à réunir les époux, & à leur faire changer de dessein, il en est dressé acte par un officier municipal (3) de ce requis ; cet acte est signé de toutes les parties comparantes, ainsi que de

_____

(1) Art. I. & IV. §. II. de la loi du 20 septembre 1792, sur le divorce.
(2) Art. II. *ibidem.*
(3) Art. IV. *ibidem.*

l'officier municipal, ou du moins on y fait mention de ceux qui ne sauraient signer : il doit être déposé au greffe de la municipalité, où les parties intéressées peuvent gratuitement en prendre expédition.

Dans un mois au moins, & dans six au plus, après la tenue de cette assemblée, si les époux persistent dans leurs projets, ils peuvent ( 1 ) paraître par-devant l'officier public du domicile du mari, & sur leur demande & la présentation d'une expédition en forme de leur acte de non-conciliation, celui-ci est tenu de prononcer le divorce, & d'en dresser acte suivant les mêmes formes que celles prescrites pour constater les mariages : c'est-à-dire, en présence de quatre témoins majeurs ( 2 ), & avec les énonciations & signatures dont on a parlé pages 42 & 43.

Lorsque les époux ont laissé écouler plus de six mois depuis la tenue de l'assemblée de parens, ils ne peuvent ( 3 ) plus faire prononcer leur divorce qu'en recommençant de nouveau.

------

(1) Art. V. §. II. de la loi du 20 septembre 1792, sur le divorce.

( 2 ) Art. III. et IV. section V. titre IV. sur le mode de constater l'état civil des citoyens.

(3) Art. VI. §. II. de la loi du 20 septembre 1792, sur le divorce.

En cas de minorité des époux, ou de l'un deux, ou s'ils ont des enfans, le délai, depuis la convocation jusqu'à la tenue de l'assemblée des parens, ainsi que celui depuis l'acte de non-conciliation jusqu'à la comparution devant l'officier public pour prononcer le divorce, est double, c'est-à-dire de deux mois ( 1 ).

2.º Quand il s'agit de divorce intenté par l'un des époux contre le gré de l'autre, pour incompatibilité d'humeurs & sans autre cause déterminée, il faut passer par trois assemblées de parens, où le demandeur est obligé de paraître en personne.

La première de ces assemblées ne peut être tenue qu'un mois au moins après l'acte de sa convocation ( 2 ), comme dans le cas précédent: la seconde, qu'ensuite de deux mois écoulés depuis la première, & la troisième au bout de trois mois depuis la seconde.

Ces assemblées doivent être tenues en la maison commune ( 3 ) du domicile du mari, à la participation d'un officier municipal qui

---

( 1 ) Art. VII. §. II. de la loi du 20 septembre 1792, sur le divorce.

( 2 ) Art. VIII. *ibidem.*

( 3 ) Art. IX. *ibidem.*

est obligé de s'éloigner pendant les débats de famille, & qui, sur le référé qui lui en est fait ensuite, dresse procès-verbal du résultat.

La première de ces assemblées est convoquée par acte signifié par le ministère d'un huissier, de la part de l'époux demandeur, portant le jour, l'heure & le lieu de la réunion, les noms & domiciles des parens ou amis qui doivent s'y rencontrer, au nombre de trois au moins, après toutefois les avoir prévenus, ainsi que l'administrateur municipal, avec requisition à l'époux défendeur, d'y paraître accompagné d'un pareil nombre de parens ou amis par lui nommés.

Si les deux époux y comparaissent, ils demeurent suffisamment cités à la seconde assemblée ( 1 ), par l'ajournement qui en est prononcé à deux mois, & inséré au procès-verbal: Mais si le défendeur fait défaut, le demandeur est tenu de lui notifier copie du procès-verbal portant indication de la seconde réunion. Il en est de même de celle-ci à la troisième.

Si lors de la tenue desdites assemblées, quelques-uns des parens y manquent, les

_____

( 1 ) Art. X. §. II. de la loi du 20 septembre 1792, sur le divorce.

parties comparantes y suppléent comme dans le cas précédent ( 1 ).

Ce n'est qu'après le délai de six mois (2) depuis la date du dernier des trois procès-verbaux de non - conciliation, que l'officier public peut prononcer le divorce.

Pour tous les autres cas de divorce, excepté les deux précédens, il n'y a aucun délai d'épreuve préalable ; mais il est encore quelques remarques à faire sur la manière de procéder.

Si c'est pour cause d'émigration qu'il soit demandé , il suffit à la partie poursuivante de constater le fait, par un extrait authentique & en forme, de la liste des émigrés portant le nom de l'autre, délivré par l'administration centrale du département où il a été inscrit, avec une attestation qu'il n'est pas rayé : & sur la représentation de ce double acte, l'officier public du domicile de l'époux demandeur , doit pronon-

---

(1) Art. XIII. §. II. de la loi du 20 septembre 1792, sur le divorce.

(2) Huitaine au moins & six mois au plus, suivant l'art. XIV. du §. II. de la loi du 20 septbre 1792; mais on y a dérogé par la loi du 1.er jour complémentaire an V. n.º 1434. des lois du Bult. 2.ᵉ série.

cer le divorce sans qu'il soit besoin ( 1 ) d'avoir, en préalable, cité l'époux émigré à son dernier domicile.

Si c'est pour cause d'absence, & qu'on sache que l'époux absent est en pays étranger ou dans les colonies, il n'est également pas nécessaire de le citer en son dernier domicile ( 2 ), lorsque la partie poursuivante est munie d'un acte authentique ou de notoriété publique, constatant cette résidence de l'autre, en pays étranger ou dans les colonies. Alors , & comme dans le cas précédent, le demandeur, sans autre forme, présente cet acte à l'officier public de son domicile , & le requiert de prononcer son divorce.

Mais si l'on ignore le lieu où est l'absent, alors il est nécessaire de lui donner citation ( 3 ) à son dernier domicile, à comparaître directement à jour & heure fixe par-devant l'officier public du domicile., aussi du demandeur, comme dans les cas ci-dessus, & la partie pour-

_____

( 1 ) Décret du 24 vendémiaire an III. Bult. 74. n.ᵉ des lois 392. 1.ᵉʳᵉ série.

( 2 ) Même loi du 24 vendémiaire an III. Bult. 74. n.ᵉ des lois 392.

( 3 ) Art. V. et VI. section V. tit. IV. de la loi du 20 septembre 1792, sur le mode de constater l'état civil des citoyens.

suivante doit s'y présenter avec un certificat de notoriété publique, constatant l'absence sans nouvelles de l'autre époux, requise par la loi, pendant cinq ans au moins.

Et comme les corps administratifs sont dépositaires des registres d'inscriptions civiques : que c'est à eux à constater la résidence des citoyens : il faut en conclure que c'est d'eux que doivent émaner les certificats de notoriété publique dont il s'agit ici ( 1 ).

Il est cependant des tribunaux par-devant lesquels on est dans l'usage de faire enquête sur la disparution de l'absent, & d'obtenir ensuite

---

( 1 ) Où doit-on demander ce certificat?

Il paraît que c'est à l'administration du dernier domicile de l'absent.

Faut-il des témoins pour le délivrer?

La loi du 4 floréal an II en exigeait six pour l'absence de six mois. Si ses dispositions sont suspendues, le principe de justice reste toujours le même : d'ailleurs comment les administrateurs municipaux pourraient-ils, sans se faire attester à eux mêmes, par les personnes qui auraient été le plus à portée de connaître l'absent & ses relations, si réellement et depuis quand il a disparu, eten donner avec assurance un certificat de notoriété publique? Mais combien doit-on employer de témoins à cet acte? nulle loi n'a prononcé sur sa forme.

un

un jugement qui autorise la partie poursuivante à se présenter par-devant l'officier public
pour faire prononcer le divorce.

Cette voie peut être aussi sure pour constater
l'absence, mais elle nous paraît moins conforme
à l'esprit de la législation, parce que les corps
administratifs sont seuls dépositaires de tous les
registres & actes qui constatent le domicile des
citoyens; que le droit de les réputer absens
& de les inscrire sur la liste des émigrés, n'est
délégué qu'à eux, & que la loi du 4 floréal
an II, qui avait établi le divorce pour cause
d'absence ou de séparation pendant six mois,
consacrait le même principe, en déclarant que
les actes de notoriété publique sur cette absence,
seraient donnés par les conseils généraux des
communes.

Si le divorce est demandé pour cause de
séparation de corps précédemment prononcée,
ou pour jugement infamant qui aurait frappé
l'un des époux : le demandeur se pourvoit
encore directement, & fait citer l'autre par-
devant l'officier public, non pas précisément
de son domicile, comme dans les cas d'émigration ou d'absence, mais du domicile du
mari; & si la partie adverse paraît pour défendre, cet officier doit les renvoyer en justice
ordinaire, pour être, en préalable, statué sur

les difficultés & contestations proposées.

Dans toutes les autres causes de divorce, l'on ne peut se pourvoir directement devant l'officier public pour le faire prononcer.

Avant la constitution de l'an III, on était obligé de citer par-devant un tribunal de famille ; mais aujourd'hui que les arbitrages forcés sont suprimés ( 1 ), c'est d'abord au bureau de conciliation du canton du défendeur, & ensuite au tribunal civil du département, qu'on doit assigner pour faire prononcer sur le mérite des causes alléguées par le demandeur, autres que celles ci-dessus exceptées : & ce n'est qu'après le jugement du tribunal qui aurait accueilli les prétentions du demandeur, qu'il peut ensuite citer devant l'officier public du domicile du mari, pour faire prononcer son divorce.

S'il y avait appel de ce jugement, toute poursuite devant cet officier serait suspendue (2), jusqu'à la décision en dernier ressort.

Lorsque le divorce est demandé du consentement mutuel des époux, l'officier public

---

(1) Voyez la loi explicative du 9 ventôse an IV. Bult. 29. n.º des lois 199.

(2) Art. XX. §. II. de la loi du 20 septembre 1792, sur le divorce.

ne peut le prononcer qu'en présence & à la participation de l'un & de l'autre; & dans tous les cas où l'on ne se pourvoit pas directement, & en premier lieu par-devant lui, l'époux demandeur, après les formalités préalables remplies, est encore obligé de notifier ( 1 ) au défendeur, un acte contenant requisition de se trouver au délai fixé par l'officier public, pour voir prononcer le divorce; & ce délai ne peut être moindre de trois jours, & en outre d'un jour par dix lieues, en cas d'absence (2) du conjoint appelé; mais si l'époux défendeur refuse de comparaître quoique dûment cité, l'officier public prononce en son absence.

Il est défendu à l'officier public de prononcer le divorce & d'en dresser acte, sans qu'il lui ait été justifié des délais, des actes & jugemens exigés par les lois sur le divorce, à peine de destitution, &c. &c. ainsi que nous l'avons dit page 43.

_____

( 1 ) Art. IV. section V. tit. IV. de la loi du 20 septembre 1792, sur le mode de constater l'état civil des citoyens.

( 2 ) Mais quelle doit être l'absence ou l'éloignement requis pour nécessiter cette augmentation de dix lieues ? L'article qu'on vient de citer, ne déterminant rien à cet égard, il paraît qu'on

# §. I I I.

*Quels sont les effets du Divorce ?*

Les effets du divorce sont relatifs :

1.° Au personnel des époux.

2.° Au réglement de leurs intérêts pécuniaires.

3.° Au sort de leurs enfans, quand il y en a.

1.° *Sur le personnel des époux :* la loi regardant le contrat de mariage comme anéanti & dissous par le divorce légalement prononcé, les personnes divorcées deviennent étrangères ( 1 ) l'une à l'autre, & sont rendues à leur entière liberté & pleine indépendance ( 2 ): en conséquence elles peuvent contracter un nouveau mariage, soit entre elles & sans aucun délai, soit avec d'autres, mais en observant les délais ci-après.

---

doit avoir recours à l'art. VII. titre I. de la loi du 26 octobre 1790, sur les citations par-devant les juges de paix, portant qu'il y aura au moins trois jours francs, si la partie est domiciliée dans la distance depuis quatre lieues jusqu'à dix, & qu'il sera ajouté un jour pour dix lieues au-delà.

(1) Décret du 14 messidor an II. Bult. 16. n.° des lois 72. 1.ère série.

(2) Art. I. §. III. de la loi du 20 septembre 1792, sur le divorce.

Si le divorce a été prononcé du consentement de toutes parties, ou pour simple cause d'incompatibilité d'humeurs & de caractères, les divorcés ne peuvent contracter (1) de nouveaux mariages avec d'autres personnes, qu'après le délai d'un an (2). La loi considère ici d'une part, qu'il serait possible que la femme fût enceinte, & que par un nouveau mariage trop précipité, elle rendît incertain l'état de l'enfant : que ce délai d'ailleurs, pour l'un & l'autre des époux, peut combattre l'activité des désirs d'une passion infidelle ; & mettre obstacle à ce que des amours adultères ne les portent l'un ou l'autre au divorce.

Dans les autres cas, il faut distinguer entre le mari & la femme.

Le mari peut se remarier sans délai avec un autre ; mais la femme ne le peut qu'après un an comme dans le cas précédent, parce qu'il y aurait toujours même danger d'incertitude, sur l'état des enfans.

L'on excepte seulement le cas où elle aurait

(1) Art. II. §. III. de la loi du 20 septembre 1792, sur le divorce.

(2) Les lois des 8 nivôse et 4 floréal an II, avaient abrogé ces délais ; mais, comme on l'a déjà remarqué, les dispositions en sont suspendues par le décret du 15 thermidor an III.

obtenu son divorce pour cause d'absence du mari pendant cinq ans : dans cette seule hypothèse la loi lui permet de se remarier tout de suite ( 1 ).

2.º *Sur le règlement des intérêts des époux :* Il faut faire ici plusieurs distinctions.

Si le divorce a été prononcé pour jugement de séparation de corps & de biens, le jugement ou les transactions intervenues alors, doivent être exécutées sur cet objet ( 2 ).

Si le divorce a été prononcé par le consentement mutuel des époux, ou pour incompatibilité de caractères, ou enfin pour la folie ou la démence d'un des époux : dans ces trois cas, la liquidation de la communauté conjugale s'exécute de la même manière que si l'un d'eux était mort ( 3 ).

Il en est de même s'il a été prononcé pour une des autres causes, & que ce soit la femme qui l'ait obtenu contre le mari ; si au contraire, c'est le mari qui l'a obtenu contre la femme, elle perd tous ses droits à la communauté, & ne relève que ses anciens & ses apports ( 4 ).

---

( 1 ) Art. III. §. III. de la loi du 20 septembre 1792, sur le divorce.

( 2 ) Art. X. *ibidem.*

( 3 ) Art. IV. *ibidem.*

( 4 ) Art. V. *ibidem.*

Mais dans tous les cas & sans distinction de cause, les douaire, joyaux, donations singulières ou réciproques & avantages quelconques stipulés entre les époux ou donnés à l'un d'eux par les parens de l'autre, en contemplation du mariage, demeurent éteints & comme non avenus ( 1 ).

Cependant l'époux demandeur qui a obtenu le divorce pour une cause autre que le consentement mutuel, l'incompatibilité d'humeurs, ou le jugement antérieur de séparation de corps, est autorisé à demander ( 2 ) une pension viagère en indemnité des libéralités qui lui auraient été faites ; cette pension doit être réglée par le juge, eu égard aux facultés des parties, & court du jour de la prononciation du divorce.

La loi accorde ( 3 ) aussi & dans tous les cas, une pension alimentaire à celui des époux divorcés qui serait dans l'indigence, sur les biens de l'autre en tant qu'ils peuvent la supporter, & déduction faite des besoins propres de celui-ci.

Mais toutes ces pensions & indemnités

_____

(1) Art. VI. §. III. de la loi du 20 septembre 1792, sur le divorce.

(2) Art. VII. *ibidem.*

(3) Art. VIII. *ibidem.*

demeurent éteintes, dès le jour où celui qui les aurait obtenues contracterait un nouveau mariage ( 1 ).

En ce qui concerne les créanciers, ils ont les mêmes hypothèques & actions que dans le cas de la dissolution du mariage par la mort d'un des conjoints, sans qu'il soit besoin de les appeler dans les contestations du mari & de la femme pour parvenir au divorce, comme il est d'usage de le faire, lorsqu'il s'agit de la séparation de biens qui donne ouverture à une discussion sur le patrimoine de l'époux, où la femme renonçant à la communauté pourrait, à leur préjudice, commettre des fraudes avec son mari.

3.° *Sur le sort des enfans* : Il faut aussi distinguer les causes qui ont occasionné le divorce.

S'il a été prononcé pour incompatibilité d'humeurs, ou du consentement mutuel des époux; dans ces deux cas, les filles à quelque âge qu'elles soient, demeurent avec leur mère ainsi que les garçons, jusqu'à sept ans accomplis; mais, passé cet âge, ceux-ci retournent au père : & néanmoins les père & mère

_____

( 1 ) Art. IX. §. III. de la loi du 20 septembre 1792 , sur le divorce.

peuvent faire à ce sujet tel autre arrangement qu'ils jugent convenable ( 1 ).

Si c'est pour jugement de séparation de corps, les dispositions du jugement ou les transactions intervenues à ce sujet, doivent être exécutées comme pour leurs autres dispositions ( 2 ).

Lorsque le divorce est prononcé pour toutes autres causes, ou que dans les jugemens de séparations de corps ou transactions particulières, on n'a pas pourvu au sort des enfans, les parens doivent être consultés ( 3 ) en assemblée de famille pour savoir à qui leur éducation sera confiée; il en est de même, lorsque celui des époux aux soins duquel ils étaient restés, contracte un nouveau mariage. Sur quoi il faut observer, que si les enfans ont atteint l'usage de raison, & qu'ils sentent déjà le prix de leur liberté & le poids de leur infortune, le respect qu'on doit à la position où ils se trouvent, demande qu'on les invite à paraître à l'assemblée des parens qui délibèrent sur leur sort, qu'on les y entende, & qu'on ait tel égard que de raison, à ce qu'ils pourraient désirer.

---

(1) Art. I. §. IV. de la loi du 20 septembre 1792, sur le divorce.

(2) Art. III. *ibidem.*

(3) Art. II, III et IV. *ibidem,*

Mais dans tous les cas, les père & mère doivent l'un & l'autre contribuer suivant la proportion de leurs facultés & moyens, aux dépenses d'entretien & d'éducation de leurs enfans.

Les enfans de leur côté, conservent tous les droits de successibilité qui leur étaient assurés, soit par les lois, soit par les conventions matrimoniales des père & mère; mais ces droits ne sont ouverts qu'aux mêmes époques où ils l'auraient été, si le divorce n'avait pas été prononcé.

Enfin toutes contestations qui peuvent s'élever entre les époux divorcés, soit relativement à leurs intérêts pécuniaires, ou à ceux de leurs enfans, soit sur le lieu & la manière dont ceux-ci seront entretenus & élevés, doivent être portées devant les tribunaux ordinaires, seuls compétens pour en connaître, d'après la constitution de l'an III, lesquels, lorsqu'il s'agit de l'éducation des enfans, doivent préalablement prendre l'avis des parens.

Fin du premier volume.

# TABLE

## DES CHAPITRES

CONTENUS DANS CE VOLUME.

FIN de la Table des Chapitres.

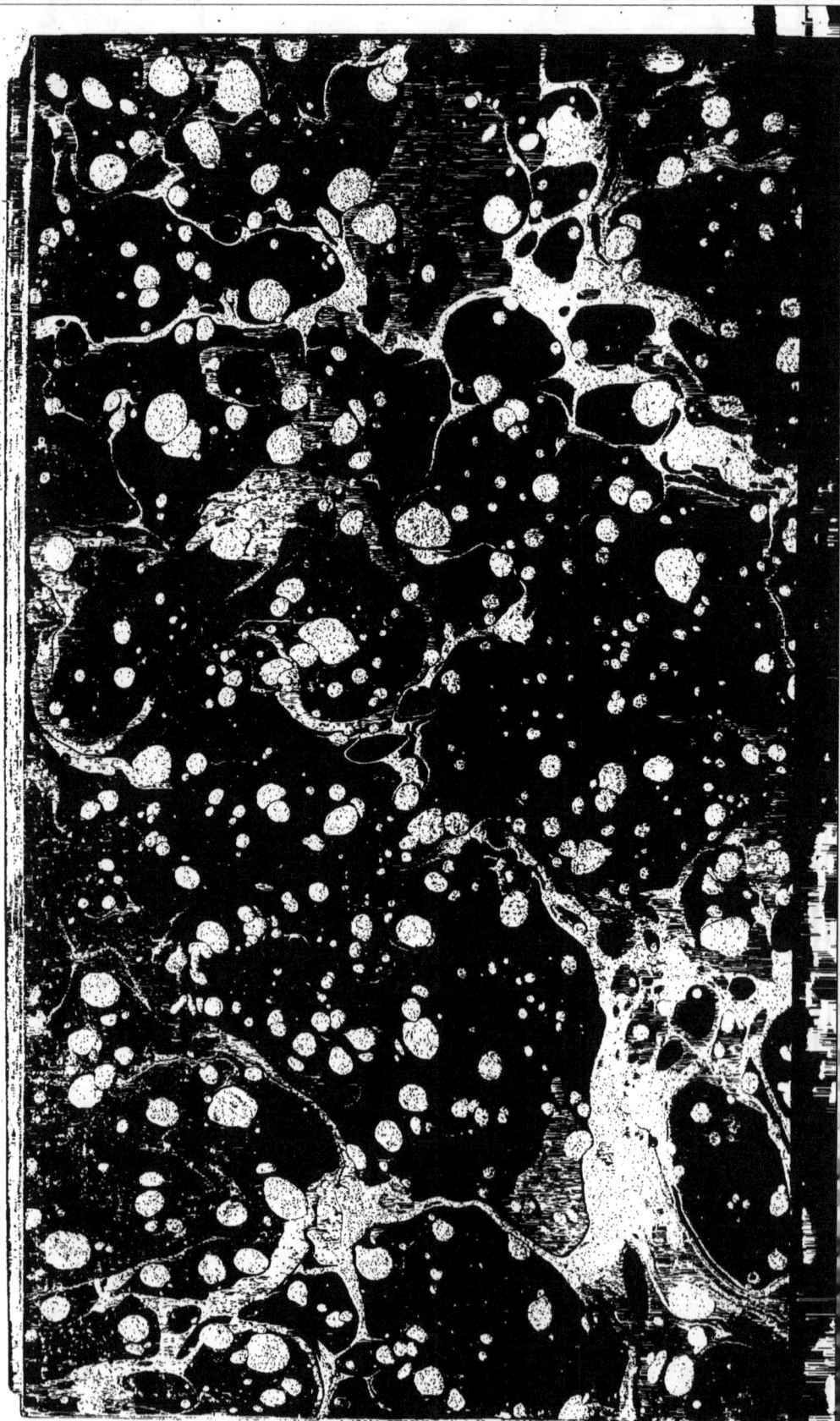

www.ingramcontent.com/pod-product-compliance
Lightning Source LLC
Chambersburg PA
CBHW052100230326
41599CB00054B/3545